JN298134

シリーズ図書館情報学
Library and Information Science Series

1

図書館情報学基礎

Foundations of Library and
Information Science

根本 彰 ——［編］
Nemoto Akira

東京大学出版会

Library and Information Science Series :
Vol. 1 Foundations of Library and Information Science
Akira NEMOTO, editor
University of Tokyo Press, 2013
ISBN 978-4-13-003491-3

シリーズ刊行にあたって

1　図書館情報学とは

　本シリーズは，21世紀になってからの社会的，技術的動向を踏まえて，日本の図書館情報学（library and information science）の全体像を示す概説書である。これは，同時に高等教育機関における図書館情報学専門教育のための標準的な教科書となることも目指している。

　「図書館」と「情報」と「学」という3つの語が合成されたこの分野の特性については第1巻に詳しいが，一言で表現すれば，意味あるいは内容を伴った情報（知識と呼んでよい場合も多い）を時間的空間的にやりとりする過程を対象にし，とくに，それを扱う方法や仕組みの開発に着目した分野といえる。

　19世紀前半にドイツで始まった図書館学（Bibliothek-Wissenschaft）は19世紀末から20世紀初頭に英米圏にも取り入れられ図書館学（library science）となった。情報を紙などの物理的媒体に乗せて配布したり，電波に乗せて伝えた時代には，このような過程あるいは扱う方法や仕組みは新聞学，出版学，放送学などメディア別の学問分野の対象だった。その時代に起こった図書館学は，それらの領域と関わって，メディア生成後の組織化と再利用を扱う分野であった。

　20世紀の半ばに図書館学は，情報や知識を運ぶものとしての文献資料を収集，組織化，保存，提供を扱う社会的な場が図書館であるとし，そのための専門的知識や技術を持った職員を高等教育機関で養成する際の基盤的学問となって，図書館員のプロフェッション化に貢献した。英語圏では，それを強調したライブラリアンシップ（librarianship）という用語が現在でも使われる。

　20世紀末から21世紀初頭にかけてのデジタル情報技術およびネットワーク技術の急速な発展により，メディアに関する分野はすべてデジタル情報学（あるいは略して「情報学」）とでも呼ぶべきものへと統合されつつある。図書館学もデジタル情報，ネットワーク化の技術的要素を取り入れたが，プロフェッシ

ョンの要素を残したために独自の道を選択し，図書館情報学（library and information science）と称した．

　日本では図書館情報学は司書養成の基盤的学問と理解されてきたが，これまでは急速なデジタル技術環境の変化に十分に対応したとはいえず，また，司書自体が必ずしも専門職になりきれていないこともあり，評価されにくかった．しかしながら，今日，デジタル技術革命による情報環境構築の急激な変化は一段落して，この領域の見通しが開けつつある．図書館情報学は，自ら何を成し遂げることができるのか，この環境にどのような貢献ができるのかについての像を明確にすることができるようになっている．

2　本シリーズのねらいと特色

　本シリーズは，図書館情報学について 2000 年以降の社会的，技術的動向を踏まえた記述を行っている．既存の司書養成について教科書が各社より出版されているものの，司書資格が公共図書館司書を前提としているために，図書館情報学の立場からすると限界が指摘されやすかった．本シリーズは，国際的な状況を含めて図書館情報学の全体像を示し，研究に関する最新の知見を反映することを目的としている．

　また，これまでの教科書は，図書館が公的施設であるためもっぱら公共セクターにおける知識情報基盤の構築を前提にしていたが，本シリーズは，近年の政治経済の動向を踏まえて公共セクターと民間セクターが補完し合う状況を想定している．加えて，デジタル情報ネットワーク技術の進展，とくにインターネットが図書館情報学の重要な基盤となってきた状況を強く意識し，メディアの態様がパッケージメディアとネットワークメディアの双方を扱う必要性を持ってきたことや，情報行動や利用者ニーズへの変化や研究の進展についても触れている．

　本シリーズのねらいは，図書館情報学を専攻する研究者や学生，専門分野の実務家に対して，この分野で学ぶことの意味を理解してもらい，基本的な知識を得るための概説書となることである．その際に，内容的に 3 つに分けて，第 1 巻を『図書館情報学基礎』として総論・方法を扱う巻，第 2 巻を『情報資源の組織化と提供』として情報技術とツールおよび提供の方法を扱う巻，第 3 巻

を『情報資源の社会制度と経営』として法律，行政制度，経営と具体的な図書館の種別を扱う巻とした。この分け方は伝統的なものに基づいているが，それはデジタルメディアへの移行においてもこの領域の構造そのものに変化はないことを意味している。

　記述は，それぞれの分野の専門家が初学者を想定して全体像を示すことを目標とした。分野によっては，日本での研究が進んでいる分野と外国での研究はあるが日本では少ない分野がある。それぞれの事情に応じて，紹介する文献や記述の方法にかなりの違いが見られる。また，初学者が次に取り組むための参考文献の紹介を行っている。

　図書館情報学はここ20年ほど足踏みしているように見えたかもしれない。それはデジタル情報システムとネットワークの技術的動きがこの分野のもっとも基本的なところに揺さぶりをかけたからである。しかしながら，本シリーズはその動きが一段落したとの認識のもとに，この動向の全容を踏まえて，図書館情報学は様々な貢献が可能であるとの提案も含んだ出版物として世に問うものである。本シリーズの刊行によって，今後の図書館情報学が21世紀の新たな展開に向けて動き出す一歩を踏み出すきっかけとなることができれば幸いである。

　なお，本シリーズは，2010年に始まり14年まで継続予定の日本学術振興会科学研究費（基盤研究A）に基づく研究プロジェクト「図書館情報学教育を高度化するための研究基盤形成」（研究代表者：根本彰）の支援を受けて行った研究成果の一部である。

　本シリーズの刊行にあたっては多くの人々のお世話になった。とくに上記の研究プログラムにおいて特任研究員として議論のやりとりを支えてくれた今井福司さん（現白百合女子大学専任講師）および東京大学出版会の編集者として細かい点にまで配慮してくださった木村素明さん，丹内利香さんに心より御礼申し上げたい。

第1巻　『図書館情報学基礎』（編者：根本彰）
　第1巻は，本書全体が採用している視点を明確にして，図書館情報学が何を

対象にしてどのような方法でアプローチしているのかについて論じている。とくに，主要な概念である知識と資料，情報メディア，情報利用，学術コミュニケーションといったものを理論的に位置づけ，図書館情報学において開発された方法である計量情報学を概観することで，現在の図書館情報学の学術的な取り組みについて述べる。

　第1章では，以降の巻で扱う「情報資源」について，「言語・情報・知識」，「知識メディアとしての図書」，「コレクションと図書館」という3つの観点から検討し，シリーズ全体を貫く「図書館情報学の視点」を提示する。その上で，図書館情報学を理解するために踏まえておくべき，重要な柱である「メディア」（第2章），「情報利用者と利用行動」（第3章），「学術コミュニケーション」（第4章），「計量情報学」（第5章）の各論を章ごとに概観する。そして，これらの各論を踏まえ，最後の第6章で「図書館情報学」そのものの領域について，歴史，専門職の扱い，図書館情報学教育といった側面から検討を行う。

2013年1月

根本　彰

目　次

シリーズ刊行にあたって　根本　彰 …………………………………… i

1　知識と図書館情報学　影浦　峡／海野　敏／三浦太郎／根本　彰 ……1
　1.1　知識・情報・言語　1
　　1.1.1　言語・情報・知識：図書館情報学の基本的対象として　1
　　1.1.2　情報とコミュニケーション　4
　　1.1.3　図書館情報学の立場　8
　　1.1.4　関連する領域　10
　1.2　知識メディアとしての図書　11
　　1.2.1　知識メディアの起源　11
　　1.2.2　前近代における図書の特権性　13
　　1.2.3　特権性の解体　14
　　1.2.4　現代における図書の特権性　15
　　1.2.5　知識の物象化　17
　　1.2.6　図書館情報学と図書　19
　1.3　コレクションと図書館　21
　　1.3.1　コレクション生産からコレクション提供の場へ　21
　　1.3.2　コレクションの公開：知の共有化　24
　　1.3.3　コレクションの共同構築　25
　1.4　図書館情報学の視点　28
　　1.4.1　資料とは何か　28
　　1.4.2　知識の資源化とその過程　32
　　1.4.3　社会的認識論と図書館情報学　35

2　メディアと知識資源　海野　敏 …………………………………… 43
　2.1　図書館情報学とメディア　43
　　2.1.1　情報メディアと知識メディア　43
　　2.1.2　メディアの範囲　45
　　2.1.3　資料から非資料へ　46
　2.2　メディアの共時態と通時態　48
　　2.2.1　メディア研究の視点　48

   2.2.2　メディアの伝達性能の比較　50
   2.2.3　知識資源のコンテンツ＋コンテナ・モデル　54
   2.2.4　メディア史の概容　56
 2.3　印刷資料　58
   2.3.1　印刷資料の歴史　58
   2.3.2　図書・雑誌・新聞　62
   2.3.3　様々な印刷資料　66
   2.3.4　出版の電子化と電子書籍　68
 2.4　非印刷資料　72
   2.4.1　非印刷資料の歴史　72
   2.4.2　様々な視聴覚資料　75
   2.4.3　その他の非印刷資料　80
 2.5　ネットワーク・メディア　81
   2.5.1　ネットワーク・メディアの歴史　81
   2.5.2　新しい知識資源の特徴　83
   2.5.3　様々なネットワーク・メディア　86

3　情報利用者と利用行動　三輪眞木子／河西由美子　95

 3.1　情報探索　95
   3.1.1　情報探索行動　96
   3.1.2　情報探索プロセス　99
   3.1.3　ブラウジングと情報遭遇　110
   3.1.4　情報探索の評価尺度　113
 3.2　情報リテラシー　117
   3.2.1　情報リテラシー概念の誕生と発展　117
   3.2.2　情報リテラシー理論とその展開　126
   3.2.3　情報リテラシー教育の実態　132
   3.2.4　情報リテラシーを取り巻く課題　141

4　学術コミュニケーション　倉田敬子　153

 4.1　学術コミュニケーションとは　153
   4.1.1　研究者の共同体　153
   4.1.2　学術コミュニケーションの特徴と意義　154
 4.2　学術コミュニケーションを実現させる情報メディア　156

4.2.1　インフォーマルコミュニケーション　156
　　　4.2.2　フォーマルコミュニケーションの特徴　160
　4.3　学術雑誌　161
　　　4.3.1　学術雑誌の機能　161
　　　4.3.2　学術雑誌の編集刊行と流通システム　163
　　　4.3.3　大学図書館と学術雑誌の提供　166
　4.4　電子ジャーナル　168
　　　4.4.1　電子ジャーナルの定義と沿革　168
　　　4.4.2　電子ジャーナル提供の仕組み　170
　　　4.4.3　電子ジャーナルの利用　175
　4.5　オープンアクセス　176
　　　4.5.1　オープンアクセスの理念　176
　　　4.5.2　オープンアクセス雑誌　178
　　　4.5.3　機関リポジトリと主題別アーカイブ　180
　4.6　一般への学術情報の流通　183
　　　4.6.1　一般への学術情報流通の意義　183
　　　4.6.2　一般に専門情報を伝えるための情報メディアと情報サービス　184

5　計量情報学　芳鐘冬樹／鈴木崇史 ……………………………… 189
　5.1　計量情報学とは　189
　　　5.1.1　計量情報学の目的・範囲　189
　　　5.1.2　計量情報学が置く前提　191
　　　5.1.3　歴史・関連領域との関わり　193
　5.2　データとモデル　195
　　　5.2.1　基本的な枠組み　195
　　　5.2.2　簡単な例題　196
　　　5.2.3　標本相対頻度による推定，未出現事象の考慮と推定の修正　199
　5.3　具体的な分析　203
　　　5.3.1　出版情報の分析　204
　　　5.3.2　引用情報の分析　207
　　　5.3.3　テキスト情報の分析　211
　　　5.3.4　ウェブリンク情報の分析　214

6　図書館情報学をつくる　根本　彰 ……………………………… 221

6.1 図書館情報学の領域と特性　221
　6.1.1　概念形成の経緯　221
　6.1.2　図書館情報学の領域　223
　6.1.3　図書館情報学と情報学　227
6.2 図書館情報学の歴史　230
　6.2.1　図書館学の発達　230
　6.2.2　ドキュメンテーションの流れと図書館情報学の誕生　232
6.3 図書館専門職と情報専門職　234
　6.3.1　プロフェッションとしての図書館員　234
　6.3.2　世界の図書館専門職　236
　6.3.3　日本の図書館専門職　238
　6.3.4　情報専門職は可能か　240
6.4 日本の図書館情報学教育　241
　6.4.1　司書・司書教諭資格の現状　241
　6.4.2　図書館情報学教育の進展　243
　6.4.3　図書館情報学教育の改革　244
6.5 図書館情報学の構成　245
　6.5.1　図書館情報学の方法　245
　6.5.2　図書館情報学のステークホルダ　250
　6.5.3　図書館情報学の関連領域　254

索　引

1 知識と図書館情報学

1.1 知識・情報・言語

1.1.1 言語・情報・知識：図書館情報学の基本的対象として

　本「シリーズ刊行にあたって」にも述べられているように，図書館情報学の中心的な課題は，記録された知識を蓄積し，整理し，利用に供することにある。その基本的な対象は，これまで，図書や雑誌，そして雑誌論文や記事といった単位であった。これらは，物理的に独立したパッケージを構成するか，あるいはそれに準ずるものである。この状況は，1990年代以降，インターネットが広まるとともに大きく変わった。テキスト全文（それに加えて画像や映像，音声）が電子形態で蓄積され，文字，形態素，単語，句，節（文），段落，テキスト，テキスト集合，さらにこうした単位の階層を横断する任意の単位に対する様々な操作が可能となり，従来，社会的に有意味な単位と捉えられてきた資料単位と操作可能な単位とが乖離したためである。そのなかで，操作可能な単位こそが社会的に有意味な単位であるという，これまで隠蔽されてきた本質も次第に明らかになってきている。こうした状況を考えると，図書館情報学において，「知識」「情報」「データ」が改めて重要な課題になることがわかる。

　ところで，1990年代以降に見られる「知識」「情報」「データ」の新たな配置に関して，より小さな単位を扱ってきた言語学や自然言語処理，計算機科学が，とくに問題を改めて対象化することなく，研究対象としてきた。例えば，自然言語処理の分野では，ウェブサイトや電子書籍，Twitter，QAサイトなどをめぐる様々な応用研究がなされてきたし，「図書館」あるいは情報環境のイメージを強く持つGoogleも，計算機科学の学生が始めたものである。では，これらの研究領域と，図書館情報学において「知識」「情報」「データ」を扱う

場合とではどう違うのだろうか。本節では，関連する概念の基本的な定義を紹介しながら，この点を整理していくことで，図書館情報学の基本的な立場を明らかにする。

情報・データ・知識
『図書館情報学用語辞典 第3版』では，「知識」「情報」「データ」は次のように解説されている[1]。「言語」の見出しはない。

 知識
 経験や教育によって得られ，判断の際の基準となるもの。哲学における認識論とは異なり，図書館情報学では，メディアを通じて蓄積，伝達される，組織や社会が共有する知識を議論の対象としてきたが，情報学では，科学的知識，ポラニー（Michael Polanyi 1891-1976）の暗黙知，ポパー（Sir Karl Raimund Popper 1902-1994）の客観的知識などを取り込もうとしている。情報との関連に関して，一般化や形式化の進んだ情報，構造が複雑な情報を知識とみなしたり，流れるのが情報で蓄積されるのが知識とするなどの考え方がある。一方では，知識と情報を同一視したり，認知機構の内部か外部かで区別する場合もある。情報処理の領域では，コンピュータに知識を扱わせようとする知識工学があり，情報検索に影響を与えた。

 情報
 送り手と受け手の存在を想定したときに，送り手からチャネルやメディアを通じて受け手に伝えられるパターン。図書館情報学では，ブルックス（Bertram Claude Brookes 1910-1991）による「受け手の知識の構造に変化を与えるもの」という定義が広く知られている。一方，受け手の内部に形成される新しい構造を情報と考えたり，作用の過程そのものを情報と呼ぶ立場もある。情報は，データと知識との区別，また物質やエネルギーとの対比によっても説明される。（中略）日常的な用法では，知識が蓄積であるのに対し，情報は流れとみなされる傾向がある。情報の意味は多様で，分野に依存しているので定義できないという意見もあるが，情報の定義や意

味の探求は図書館情報学の基本的な研究課題の1つとなっている。

データ
既知の事項や判断材料。研究活動においては，調査や実験により得られ，考察の材料となる客観的な結果である。一方，情報処理システムの処理対象でもある。また，データは情報を生み出す材料とみなされることがあり，評価の加えられたデータを情報と定義し，データ，情報，知識という階層関係を強調する立場がある。データを情報といいかえても差し支えない場合も多く見られ，こうした関係付けの一般化には十分な根拠はないが，これにより潜在的な情報（データ）と実際に受容された情報とを便宜的に区別することができる。

　この解説から，文脈や立場によってこれらの用語の定義に揺れはあるものの，データ→情報→知識と，単位や加工度が高くなっていくこと，知識は蓄積されるもので情報は流れるものといった，日常的なイメージはそれなりに妥当であることがわかる。図書や雑誌，論文などを基本的な対象としてきたこれまでの図書館情報学では，「知識」「情報」「データ」のうち，とりわけ「知識」のレベルでパッケージ化されたものを中心的に扱ってきたということができる。
　これらいずれについても，表現と内容，あるいは形式と意味という2つのレベルを考えることができる。ある知識や情報，データは，ある表現形態を取ることなしに存在しないし，一方，あるかたちは，意味がわからなければ知識や情報，データではありえない。知識・情報・データにとって表現と内容は不可欠のレベルである。

言語・コード化
　ここでは，知識を表現するための媒体として特権的ともいってよい位置づけにある言語と，媒体を通した知識や情報，データのやりとりであるコミュニケーションについて基本的な事項を整理する。

言語

「言語」を特権的な研究対象とする言語学の現代的な枠組みは，フェルディナン・ド・ソシュールにより確立された．ソシュールは，社会的に共有される言語の基本的な体系であるラング（共有される辞書と構文）を，一方では，言語を用いる人間の様々な側面まで含めた概念であるランガージュと，他方では言語の個々の使用であるパロールと区別した上で，自律的な体系として特徴づけ，言語研究の基本的な対象に置いた．さらに，言語記号を意味するもの（シニフィアン・記号の表現部分）と意味されるもの（シニフィエ・いわゆる意味）の恣意的な結合であるとし，ラングという体系における項と項が体系において担う値という観点からこの恣意性を説明する．記号が体系とは別に／体系以前に何か本質的に外部の意味を参照しているという考えの否定は，言語に限らず，ヒルベルトに代表される数学の公理化，マルクスの価値形態論，フォン・ケルゼンの純粋法学など，19世紀後半から20世紀初頭にかけて，同時代的にいくつかの分野で出てきた認識であることに注意しよう[2]．

20世紀の半ば，ノーム・チョムスキーは，ソシュールにおいて曖昧なままに残されていた構文を，潜在的に無限の適格な文を生産する規則・計算の体系と定義し，それは人間に生得的に与えられたものとして，その明確化を言語学の中核的な研究プログラムとした[3]．これによって，言語の体系が内包的に定義する適格文の集合を外延的に捉えた範囲は，潜在的に存在する，その言語におけるあらゆる適格文の集合となる[4]．この視点は，言語学が扱う対象が，歴史的・社会的に実際に発話されるあるいは発話されうる，あるいは発話されたときに意味があると考えうるものではなく，かつてまたこれからも誰一人発話しないだろうしまた仮に発話されたとしても社会的に有意味　有意義なものとは認められないとしても形式に従っている限り適格な表現（文）であることを明確に示している．この整理は少し単純化しすぎているが，それにもかかわらず，次で見る「情報」の定義とともに，図書館情報学の領域と認識を明確にするという観点からは有効である．

1.1.2　情報とコミュニケーション

情報を扱う比較的広い領域で，ベルトラム・ブルックスの定義と同様の定義

が採用されることが多い。例えば，甘利俊一は，情報を次のように定義している。

> 情報とはわれわれに何事かを教えてくれるものであり，われわれの不確実な知識を確実にしてくれるものである[5]。

　知識の変化に方向性がある以外は，ブルックスの定義と同様である。このように定義される情報の基本的な性格を見るためには，形式的なレベルで情報を捉える情報理論の基本を把握しておくと便利である。ここでは，甘利の著書の第1章冒頭に沿って，情報とコミュニケーションの数学的理論に関するもっとも基本的な概念を整理しておく。

　まず，確率 p の事象が実際に起きたことを知らせる情報に含まれている情報量を

$$-\log_2 p \text{ ビット}$$

と定義する。p の値が小さいほど情報量が大きくなることに注意しよう。

　情報量については，加法性が成り立つ。すなわち，

$$-\log_2 pq = -\log_2 p + -\log_2 q$$

である。情報量の加法性は情報の量に関する直感に対応している。例えば，偏りのないサイコロを取り上げてみよう。このサイコロで1が出たことを1回で知らせる情報量は，まず出た目が奇数であることを知らせ，次いで，1, 3, 5のうちの1が出たことを知らせる情報量，すなわち，奇数であることを知らせる情報量と奇数の目のうち1が出たことを知らせる情報量の和に等しいというのが素直な情報量の性質である。結局は1が出たという同じ情報を伝えているからである。実際，上記の定義に従えば，

$$-\log_2 \frac{1}{6} = -\log_2 \frac{1}{2} + -\log_2 \frac{1}{3} \approx 2.585$$

である。ところで，$-\log_2 p$ は，確率 p の特定の事象が起きたことを知らせる情報量であるが，そもそも p が起きたことがわかっているなら，知らせてもら

う必要はない。不確定な状況では関心のある対象において起こりうる事象の全体を考慮し，情報量の期待値を考える必要がある。これがエントロピーであり，次のように定義される[6]。

n 個の事象がそれぞれ確率 $p_1, p_2, \cdots, p_n$ で発生するとき，どれが発生したのかの不確定度を

$$H(p_1, p_2, ..., p_n) = -\sum_{i=1}^{n} p_i \log_2 p_i$$

と定義し，これをエントロピーと呼ぶ。

すぐにわかるように，エントロピーは非負であり，n 個の事象が等確率で起こるときに最大となる。

以上を用いると，「われわれに何事かを教えてくれるものであり，われわれの不確実な知識を確実にしてくれるもの」という定義に従った情報の量を，一般に以下のように定義することが可能になる[7]。

情報を得ることによって，状況のエントロピーが H から H' へ変わるとき，この情報の持つ情報量を

$$I = H - H'$$

とする。

どれが起きたかがわかれば，$H' = 0$ となるから，

$$I = H - H' = H - 0 = H$$

すなわち，どれが起きたかを教えてくれる情報量はエントロピーそのものとなる。

コミュニケーションの数学的な理論は，これらの概念に基づいて構築される。まず，一般的なコミュニケーション（通信）システムは，図1-1のように設定される。ここでは，情報源がメッセージを生成する。そのメッセージを送信機

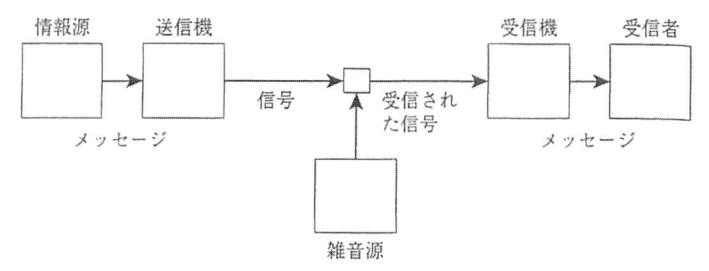

図 1-1　一般的な通信システム
出典：Shannon, Claude E. and Weaver, Warren『通信の数学的理論』［Mathematical Theory of Communication］植松友彦訳，ちくま学芸文庫，2009，p.64．

は信号化して送り出し，通信路を経由して受信機がそれを受け取り，受信機で信号は復号化されメッセージが復元される。不正確さを恐れずにまとめるならば，情報源の性質，それに応じたメッセージの信号化，通信路の雑音などに応じて，符号化やコミュニケーションの効率や頑健さなどを検討するのがコミュニケーションの数学的理論である。

　以上で枠組みのみを説明してきた情報とコミュニケーションの理論体系は，数学的な理論でなくとも一般に情報とコミュニケーションの研究にほぼ共通する2つの性質を明示的に示している。第1に，ウォーレン・ウィーバーも述べているように，「実際に何を言うのかということよりも，何を言うことができるかということに関係している」。これが，ソシュールからチョムスキーに至る現代言語学の言語に対する基本的な認識と対応していることに注目しよう。そして，この基本的な立場は，程度の差こそあれ，情報の社会的な研究も含め，対象を「情報」とする研究には共通している。そして，情報理論と言語学の概念の間には次のような対応を与えることができる。

　　情報源↔言語
　　メッセージ↔文
　　情報↔意味

　実際，クロード・シャノンとウィーバーは，離散的情報源の一例として「英

語，ドイツ語，中国語などの自然言語の書き言葉」を挙げている[8]。

　第2に，コミュニケーションの数学的理論で定義されるコミュニケーションの枠組みは，送信機と受信機が基本的に同じ体系を共有しているという点である。これも，単一言語の抽象的な均質性，したがってその言語コミュニティに属している限り同じ1つの言語をすべての使い手が共有していることを前提とする言語学的な認識と共通する。

　コミュニケーションの社会的・人間科学的な議論も，数学的な議論の基本的な枠組みを参照点として整理すると便利である。例えば，ユルゲン・ハーバーマスのような論者は，純粋に論点を形式化するならば，その「対話的理性」において（少なくともヨーロッパと彼が呼ぶ圏域においては）合意に至ることが可能であることを事前に担保しており，その意味で，結局のところ同一の記号体系が共有されていることを前提としている。これに対して，記号体系を共有しないことを前提としてコミュニケーションを考えることも可能である。独我論的な言語論から言語ゲームへと移行したウィトゲンシュタインの問いは，記号体系の共有を前提としないところで成り立つ。

1.1.3　図書館情報学の立場

　以上の整理を前提に，「知識」「情報」「データ」「言語」に対する図書館情報学の立場を整理しよう。まず，「知識」「情報」「データ」のなかで，図書館情報学のとりわけ中心的な対象である「知識」が，次のように説明されていたことを思い起こそう。

> 経験や教育によって得られ，判断の際の基準となるもの。哲学における認識論とは異なり，図書館情報学では，メディアを通じて蓄積，伝達される。

　認識論については述べてこなかったが，カントの先見的形式のようなかたちで認識の基盤を問うなら，明らかに図書館情報学における知識は哲学における認識論とは異なる。しかしながら，ミシェル・フーコーのエピステーメーと知をめぐる問題系を考えるならば，方法論も範囲も展開も図書館情報学とまった

く異なりはするものの，そこにはある本質的な意味で，情報とコミュニケーション，言語学における言語の問題系とは質的に異なった認識が存在する。この点は，言語学と言説の分析の差異をめぐるフーコーの次のような言葉に典型的に示されている。

> 言語の分析が，ある言説の事実に関して問う問いとは常に，「どのような規則にもとづいて，このような言表がつくられたのか？ また，したがって，どのような規則によって他の同じような言表をつくることができるのか？」であるのに対して，言説の記述が立てるのはまったく別の問いであって，「このような言表が出現した，しかも，他のいかなる言表もその代わりには出現しなかったのは，どのようなわけなのか？」という問いなのだ[9]。

図書館情報学では，もっとも基本的な対象である図書について，「どのような規則によって他の同じような図書をつくることができるのか？」という生成的な問いは問わない。「このような図書が出現した，しかも，他のいかなる図書もその代わりには出現しなかったのは，どのようなわけなのか？」という問いも直接には問うわけではないが，いずれにせよ，出現した図書を，そしてそれのみを対象とすることが基本的な使命であるという点では，フーコーのいう言説の分析に近い。

ここで，知識を，言説の記述が立てる問いのいわば「基盤」として存在するものと位置づけることは自然である。そうすると，知識については，「データ，情報，知識という階層関係」に位置づけられるものではなく，そもそも，とくに上で見た「情報」との対比において考えるならば，質的に異なるものであることが明らかになる。すなわち，知識は，この世界において実際にこのようであるもの，このようでしかなかったもの，として特徴づけられる。ウィーバーの表現を借りるならば，何をいう／知ることができるかよりも，実際に何をいうのか／知るのかに関係している。

以上から，図書館情報学の立場が明らかになる。操作可能性の範囲が図書や論文といったレベルから，一方では図書の集合に，他方では，その一部，章，

節，項，段落，文，句，単語，形態素といった要素に拡張したことに対応して，図書館情報学が扱う単位も多様化するとき，図書館情報学は，あくまで，それらの単位を，この社会で現実に存在したもの，実際に存在しうるものとして捉える立場から扱うことになる。純粋に事後的な後追いの博物学的な収集整理に自らをとどめる必要はないが，その際の展開方向は，情報理論や言語学が扱う形式的に妥当なものに向けてではなく，現実的に存在可能なものに向けられる。また，形式的に存在可能な知識をその歴史社会的な実現とは別に担保した上でその変化をもたらすものを情報と見るのではなく，世界に実際に存在しまた実際に存在しうる知識に限ってその変化をもたらすものを情報と見る。手続きとしての図書選択論だけではなく具体的な蔵書に関わる蔵書構築論が図書館情報学の重要な課題であることは，このような図書館情報学の位置づけを典型的に表している。

1.1.4　関連する領域

　関連する領域のうち，言語学と情報理論の基本的な立場，および図書館情報学の立場との違いについてはすでに述べた。ここでは，その他の関連領域を簡単に紹介する。ここで紹介される領域は，必ずしも「図書館情報学」と同じレベルに位置づけられるわけではないし，また，体系的あるいは包括的であることを意図してもいない。むしろ，必要に応じて自ら関連する領域を開拓する際の最初の踏み台とされるべきものである。

　情報検索は，「大量に蓄積されている情報の集合から，ある特定の情報要求を満たす情報の集合を抽出する」ことに関する研究で，「主にコンピュータの検索システムを用いる場合に使われる言葉」[10]である。計算機科学からアプローチする場合にはおもにアルゴリズムが問題となるのに対し，「蓄積されている情報」の性質を考慮することが図書館情報学的な視点ということになる。

　自然言語処理は，人間が扱う言葉をコンピュータで処理する研究分野である。計算機科学的アプローチの主流は，言語学と同様，潜在的に無限の言語データを扱う規則とアルゴリズムにあるが，図書館情報学の視点からは，歴史的に蓄積された現実の言語表現をそこにどう取り入れるかが課題となる。

　辞書学は，辞書作成の理論と方法を扱う分野である。辞書学が扱う対象は，

過去に目を向けるならば現実に存在した語の集合であり，未来に目を向けたとしても，そこで操作される概念は「形式的に許容可能な語」ではなく，「実際に存在しうる語」である。この意味で，図書館情報学と理論的な視点を共有している。図書館情報学でも，レファレンス情報やレファレンス資料の研究の一部として辞書が研究対象となるのは，このためである。

　翻訳論は，言語を扱うという点で言語学に近いと一般にイメージされているが，言語学が扱う形式的妥当性ではなく，現実的有効性を考えるという点で，図書館情報学の視点に近い視点から問題が設定されている。そもそも翻訳される存在は，現実に存在する表現であり，また，現実に存在するものとしての知識を表したものである。したがって翻訳は，原言語において実際にこれまで表現されてきたものの集合とそれに対応する知識の構成のなかでそのテクストが占める位置づけに対応する位置づけを，対象言語において実際にこれまで表現されてきたものの集合とそれに対応する知識の構成のなかに対象言語によって与える行為である[11]。与えられた任意の文などを対象言語に変換する計算のプロセスとは，本質的に異なる。テクニカル・コミュニケーションやテクニカル・ライティングといった実践領域も，実際に有効な文書を対象とするという点で，これに近い。

　メディア論は，「広義には，情報とメディア，コミュニケーションに照準するあらゆる理論的，実証的研究が含まれる」が，狭義の，「人文社会科学的な批判理論としてメディア論が語られる場合，アメリカを中心にした主流のマス・コミュニケーション論とは異なる仕方でメディアの政治性やコミュニケーションの物質的な次元に注目する理論的潮流を指す」[12]。政治性や物質的な次元は，社会的・歴史的に現実に存在するものであるから，この意味では，対象の位置づけは図書館情報学と共通する。

1.2　知識メディアとしての図書

1.2.1　知識メディアの起源

　前節のように「情報」，「データ」，「知識」を「広義の情報」の異なる位相と捉えた上で，ここでは「知識メディア」に「まとまった分量の知識を記録する

社会的な仕組み，またはそのような仕組みで実現した物理的な実体」というゆるやかな定義を与えよう。そして「図書」には「相当量の紙葉からなる冊子体に，知識を文字言語によって記録した知識メディア」という定義を与えておく[13)]。それでは，知識メディアとしての図書の歴史的な起源は，どこまで遡れるだろうか。

　紀元前数千年，古代メソポタミアの都市国家でつくられた粘土板に何が記録されていたかを考えてみよう。そこには例えば貢納物の数量，公共事業の出費，商取引の証文などが楔形文字で記録されていたことが知られている。しかし，これらは知識というより情報に近い。一方，神話，祭礼の手順，王族の年代記なども記録されていた。こちらの記録は，古代メソポタミアの社会の様態にいっそう深く根ざし，ある種の歴史性（一回性，単独性）を帯びて，そこに生きた人びとの感性，意識，思考の総体を反映し，かつそれらを逆に拘束してもいたという点で知識と呼ぶにふさわしい（むろん前者がまったく歴史性を帯びていないわけではない）。

　したがって，古代メソポタミアで，神話，祭礼の手順，王族の年代記，あるいは国家の法典や軍事遠征の成功などを楔形文字で記録した粘土板は，人類最古の知識メディアといってよいだろう。もしくは古代エジプト王朝で，死者の霊魂が肉体を離れて冥界に入るまでの道のりを象形文字で記録し，死者とともに埋葬された『死者の書』と呼ばれるパピルスの巻物も，知識メディアと呼んでよい。同時にこれらの例は，「相当量の紙葉からなる冊子体」ではなかったとしても，知識を文字言語で記録している点で知識メディアとしての図書の原初的形態である。

　古代社会においては，政治の仕組み（神聖政治）はもちろん，日常生活のすべてが呪術，信仰，神話，祭儀に枠どられていたので，あらゆる知識は聖性をまとっていた。そのため，図書の起源はいずれの文明圏でも神話の記録，あるいは聖典，経典に遡ることができる。古代の知識メディアは，神聖なるもののエージェント，神霊が依り憑いたもの，すなわち聖なる憑代（よりしろ）だったのである。ここでいう「神聖なるもの」が，アニミズムにおける霊魂，シャーマニズムにおける精霊，多神教の神々，一神教の唯一神などなど，何であろうと超越論的な存在であることに変わりはない。

大澤真幸の述べる通り，文字とは「音声に従属した図像である。すなわち，それは，音声言語を一義的に意味することができる記号として機能する，図像表現である」[14]。つまり，文字は声に由来している。したがって，図書の原初的形態は「聖なる声の記録」ともいえるだろう。知識メディアとしての図書は，起源において「聖なる声」としての歴史性，一回性，単独性を帯び，そこに生きた人びとの感性，意識，思考の総体を反映し，かつそれらを逆に拘束していたのである。

1.2.2　前近代における図書の特権性

このような図書の原初的形態は，古代社会では3つの意味で特権的な存在であった。

第1は，超越論的な「聖なる声の記録」として聖性を帯びていたという点である。エミール・デュルケームが論じた通り，古代社会の連帯と秩序は，神聖なるものへの崇拝によって維持されていた[15]。図書の原初的形態は，神聖なるものへの崇拝を成立，安定，発展させるための社会的な仕組みとして，王や神官の肉声や宗教的な絵画・図像と並列的に存在していたのである。

第2は，そもそもアクセスできる人口が極端に限られていたという点である。古代社会で文字を読み書きできるのは，王族や書記官僚などごく一部の特権階級のみであった。その上，手書きによって複写される機会も限定されていたため，同一内容に複数の読者が触れる可能性はきわめて低かった。

第3は，実質的に唯一の知識メディアであったという点である。古代社会には知識を絵画で記録したものもあった[16]が，文字は絵画に比べて知識の記録に圧倒的に適していた。なぜなら，文字は絵画よりもはるかに抽象的できわめて複雑な概念や思考を記録することができたからである（もちろん古代に音声言語や映像によって知識を記録する技術はない）。

この図書の特権性は，その後かなり長い間存続している。

図書が「相当量の紙葉からなる冊子体」のかたちになったのは，羊皮紙のコーデックスが広まった古代ローマ帝国末期，4世紀頃である[17]。それ以降15世紀頃まで，図書はずっと特権的な知識メディアであったといってよい。ヨーロッパでもアジアでも，中世を通して知識メディアと呼べるものはほぼ手書き

の写本以外にはなかった。書簡，絵画，版画などもあったが，文字による知識のまとまった記録という点で写本に勝るものはない。図書は少なくとも 500 年前まで，唯一の知識メディアとして特権的な位置に存在していたのである。

1.2.3　特権性の解体

　しかし，以上のような前近代の図書の特権性は，西欧に端を発する社会の近代化と，たび重なるメディア技術の革新によって少しずつ解体していく[18]。

　まず，社会の近代化を考えてみよう。

　西欧の近代化は，16 世紀の宗教改革，17 世紀の科学革命，18 世紀の啓蒙主義といった大きな波を経由して進展していく。この間の社会の変化は，デュルケーム，マックス・ヴェーバー，タルコット・パーソンズなど多くの社会学者が論じた通り，合理主義精神の形成を伴うものだった。合理主義精神は人びとの日常生活から呪術，迷信を駆逐し，政治権力から神話，信仰を分離させていった。知識に関しても，神学的・形而上学的知識から科学的・実証的知識へと学問の重心が移動するに従って，聖なるものの存在と超越論的な知恵・叡智は次第に社会の表舞台から退いていく。

　イマニュエル・ウォーラーステイン[19]やアンソニー・ギデンズ[20]が論じた通り，西欧に端を発した近代化の潮流はやがて全世界を巻き込んでいく。前近代の図書の第 1 の特権性＝「聖なる声の記録」としての社会的性格は，信仰者にとっての『新約聖書』や『コーラン』などを例外として，すっかり消失して久しい。

　次に，近代化の過程に随伴するメディア技術の革新を考えてみよう。

　15 世紀，グーテンベルクによる活版印刷術の発明とその伝播は，図書にアクセスできる人口を 2 つの側面から増加させた。1 つは，同一内容の大量複製ができるようになり，図書の流通量が急激に増加してアクセス可能性を引き上げたという面から，もう 1 つは，図書の大量流通の結果として識字人口が増加したという面からである。18 世紀の啓蒙主義と市民革命を契機として，19 世紀西欧では識字の技術が急速に民衆へ普及し，図書へアクセス可能な人口を増大させた。かくして近代化の過程に随伴する図書をめぐる 2 つのテクノロジー，すなわち「テキスト複製のテクノロジー」と「識字と読書のテクノロジー」と

が，前近代の図書の第2の特権性＝特権階級のみがアクセスできるという社会的性格も解体していったのである。

17世紀になると，西欧には新聞，雑誌が出現し，前近代の図書の第3の特権性も揺らぎ始める。すなわち，逐次刊行物が図書とは別個の知識メディアとして普及し，図書と同様の有力な知識メディアとなっていくのである。出版メディアの多様化によって，図書は出版メディアの1つの種類と位置づけられるようになった。とはいえ，新聞，雑誌はもとより図書の類縁メディアであり，また新聞，雑誌が「記事」というやや小ぶりの断片的な知識の並置を編集スタイルとしているのに比較して，まとまった体系的な知識の提示という点で，図書の知識メディアとしての優位は根本から揺らいだわけではない。

これに対し，19世紀の欧米における視聴覚メディアの発明とその波及，20世紀のアメリカを中心としたデジタル／ネットワーク・メディアの開発とその地球規模での普及は，前近代の図書の第3の特権性を剥奪するに十分な技術革新だった。19世紀末までに，絵画を超える現実模倣力を持った写真，音声を記録・再生できる蓄音機や音盤，映像を記録・再生できる映画フィルムなどが，新たな知識メディアの候補として続々と登場している。

そして20世紀のデジタルテクノロジーは，まとまった分量の知識を文字，音声，画像，映像で自由自在に記録・再生する社会的な仕組みとして，ハードウェアでは磁気テープ，磁気ディスク，光ディスク，半導体メモリなど，ソフトウェアでは電子メール，ウェブページ，デジタルアーカイブ，リレーショナル・データベース，ソーシャル・メディアなど，無数のバリエーションを生み出し続けている[21]。デジタル／ネットワーク技術によって電子的文字メディアが次々と出現し，図書は出版メディアよりもはるかに広いメディア世界の一角，文字メディアの1つの種類と相対的に位置づけられるようになってしまった。

1.2.4　現代における図書の特権性

それでは，21世紀のいま，図書は知識メディアとしての特権的な位置をすっかり失ってしまったのだろうか。

この点に関して，20世紀後半に登場した電子的文字メディアには，知識メディアとして致命的な欠陥があることを指摘しなければならない。

知識メディアは，そこに記録された知識が一定の時間内は変化しないものと信じて参照できるものでなければならない。この知識の安定性への確信がなければ，グレゴリー・ベイトソンの論じた「コミュニケーションにおける二重拘束（ダブルバインド）」に陥る可能性を排除できないからである。

　ところが，電子的文字メディアは，デジタルデータの特徴として内容の改変がきわめて容易であり，その修正が発信直後から可能であり，さらにまた修正前の内容を消去せずとも修正ができてしまう。CDやDVDのかたちにパッケージ化した電子的文字メディアでさえも図書よりははるかに内容の改変が容易であるし，ネットワーク上の電子的文字メディアは改変の可能性が著しく高い。ジェイ・デイヴィッド・ボルターのいう通り，電子的文字メディアは「意味，構造，視覚的表示といった要素が根本的に不安定になった最初のテキスト」なのである[22]。

　内容の一貫性と安定性を信じて参照することができないという電子的文字メディアの特性は，知識メディアとして致命的な欠陥といわざるをえない。それゆえ，前近代の図書の特権性は解体ずみであるにもかかわらず，現代の図書はいまだ特権的な知識メディアとして存在している。現代の図書は，以下の3つの点において，多種多様な知識メディアのなかで特別な位置を占めている。

　第1に，知識を「文字言語で記録する」という点ですでに特別である。19世紀，20世紀のメディア技術の革新を経て，文字以外の表現様式による知識の記録方法（音盤，映画フィルムなど）と，記録しないままでの知識の伝達方法（電話，ラジオ，テレビなど）が普及した現代においては，「文字」の「記録」であること自体が，図書をほかの知識メディアから識別する重要な特徴になっている。

　第2に，電子的文字メディアと異なり，そこに記録された知識が一定の時間内は変化しないものと信じて参照できるという点で特別である。この特徴は，図書が物理的実体を伴っていること，つまり重さ，手触り，匂いがあるという点にも由来している。図書を手に持ってページをめくるという身体感覚，あるいは紙とインクの匂いは，図書に記録された知識の安定性を信頼する意識を裏打ちする。

　以上の2点は印刷メディアに共通している。しかし，図書は図書以外の印刷

メディアとも異なっている。第3に，新聞，雑誌，小冊子，ポスター，チラシ等の印刷メディアと異なり，断片的な知識の並置ではなく，体系的な知識をまとまったかたちで提示している点で特別である[23]。この点に関しては，電子的文字メディアは，ハイパーテキストの特性ゆえに知識が断片化しやすいこともつけ加えておこう[24]。

今後，電子的文字メディアの内容も，一定の時間内は変化しないものと信じて参照できるような社会制度が整備されるか，そのような社会意識が定着する日が来るであろう。いわゆる「デジタルネイティブ」の世代には，すでにそのような意識が芽生えているようにも思われる[25]。しかし，少なくとも現在の電子的文字メディアは，図書と比較して知識を記録するには総体として流動的，可変的で不安定すぎる。そのために，図書は古代から現代に至るまで，特権的な知識メディアとして存在し続けているのである。

1.2.5　知識の物象化

ところで，プラトンの『パイドロス』には，次のようなソクラテスとパイドロスの会話が記録されている。

> ソクラテス　［書かれた言葉ではない，もう1つの種類の言葉は：引用者注］この書かれた言葉とくらべて，生まれつきどれだけすぐれ，どれだけ力づよいものであるかを，見ることにしようか。
>
> パイドロス　とおっしゃると，それはどんな言葉のことでしょうか。またどのようにして生まれる言葉なのでしょうか。
>
> ソクラテス　それを学ぶ人の魂の中に知識とともに書きこまれる言葉，自分をまもるだけの力をもち，他方，語るべき人々には語り，黙すべき人々には口をつぐむすべを知っているような言葉だ。
>
> パイドロス　あなたの言われるのは，ものを知っている人が語る，生命をもち，魂をもった言葉のことですね。書かれた言葉は，これの影であると言ってしかるべきなのでしょうが。
>
> ソクラテス　まさしくそのとおりだ。[26]

ソクラテスによれば，書かれた言葉は語られた言葉の「影」であり，生命のない，魂を持たない言葉にすぎない。つまり知識を文字で記録することはできない。

知識が歴史性（一回性，単独性）をはらんだ情報である限りにおいて，ソクラテスのいうことは正しい。それを語った人物と語った場所・状況を離れて知識は存在しない。それゆえ知識を文字で記録することはできない。

さらに，それを聞いた／読んだ人物と聞いた／読んだ場所・状況を離れて知識は存在しない。しかも，語られた／書かれた知識と，それを聞きとった／読みとった知識は決して一致しない。

知識は語り手から聞き手へも，書き手から読み手へも，そのままの意味内容が伝わる保証はないどころか，決して原形のままで伝わらない。ただ，言語を解釈する社会的コードを書き手と読み手が共有しているという前提があるので，文字で記録された知識は，その意味内容が書き手（著者）から読み手（読者）へそのまま伝わるかのごとく感じることができるのである。

知識は伝達するかのごとく表層的にふるまうが，本質的に知識は記録することも，伝達することも，複製することもできない。記録，伝達，複製できるのは，データもしくは「記号内容」から隔離された「記号表現」のみである。データは操作できるが，知識は操作できない。このように知識メディアは，操作可能な側面と操作不能な側面を持っている。こうして文字でもテキストでも図書でも，それが情報である限り，操作可能な「一般性」と操作不能な「単独性」という二重性を抱えることになるのである[27]。

ここに，図書館情報学にとってきわめて本質的な問題がある。

まず紀元前 4000 年頃，文字が発明されて，知識をあたかも記録・伝達できるかのように見える社会的擬制が成立した（ソクラテスが批判したのはこの擬制である）。次に 15 世紀，グーテンベルクの印刷術によって文字言語の正確なコピーをつくれるようになり，知識をあたかも大量複製できるかのように見える社会的擬制が成立した。そして 21 世紀，デジタルテクノロジーは文字言語の瞬時の長距離伝達と超高速の大量複製を可能にし，時空間を極限まで超越して知識を流通させられるかのように見える社会的擬制が成立しているのである。このような社会的擬制に支えられて，現在の日常的な感覚・意識では，文字，テ

キスト，図書における情報の価値は，それ自体の属性のように見えている。

しかし，少し考えればわかることだが，文字，テキスト，図書における情報価値は，本源的にはそれを生み出した知識の社会的文脈に由来している[28]。この由来がすっかり忘れ去られて，文字，テキスト，図書における情報の価値が，文字，テキスト，図書それ自体の属性のように実体化されてしまうこと，それが「知識の物象化」と呼ばれる現象である。

見田宗介は，「物象化」を「人と人との関係が，当事者たちの意識に，物象のように映現する事態」と説明している[29]。言い換えれば，人と人との関係が物と物との関係として現れること，人と人との社会関係が，物それ自体の自然な属性のように見えてしまうことである。「知識の物象化」とは，知識が人と人との社会関係に根ざしていることを忘却し，知識を記録，伝達，複製できるかのように考えてしまうことである。

1.2.6　図書館情報学と図書

1.2.4 項で述べたように，図書は知識を文字で記録したメディアとして，いまも特別な位置を占めている。しかし，15 世紀以降の印刷テクノロジー，19 世紀の視聴覚テクノロジー，20 世紀のデジタル／ネットワーク・テクノロジーという技術革新の大波に洗われるたびに，1.2.5 項で述べたような知識の物象化は進行し，本源的には記録，伝達，複製しえないはずの知識が，あたかも記録，伝達，複製しうるかのごとく認識されるようになったのである。

実は，この知識の物象化こそがデジタル／ネットワーク・テクノロジーを出現させたといってもよい。なぜなら，アラン・チューリングの「万能チューリング・マシン」，クロード・シャノンの「情報理論」，ノーバート・ウィーナーの「サイバネティクス」，ジョン・フォン・ノイマンの「ノイマン型コンピュータ」などの理論と技術は，いずれも知識の物象化を前提としたデータと情報の形式化に支えられているからである。あるいは逆から，チューリング，シャノン，ウィーナー，ノイマンの理論と技術によって，データと情報が計算／操作可能なものとなり，20 世紀半ば以降，コンピュータ，データベース，コンピュータ・ネットワークが実用化したのだということもできよう。この形式化が，情報工学におけるテキスト分析，自然言語処理，人工知能研究の発展を促

したことはいうまでもない。

　ところが，図書館情報学の研究は，知識の物象化にアンビバレントな立場で進められている。図書館情報学は，理念的には知識の物象化を否定する。図書館情報学は，文字，テキスト，図書における情報の価値が，それを生み出した社会的文脈を根拠としていることを起点としている。すなわち図書館情報学とは，知識と知識メディアの歴史性＝一回性＝単独性を基盤として遂行される学問である。この点で，普遍性を志向して歴史性への配慮を意図的に捨象する情報工学からは一線を画す。

　ところが同時に，図書館情報学の多くの研究は，実践的にはデータと情報の形式化を受け入れて遂行されている。いまや知識を流通，蓄積するものと考えることなしには，図書館情報学のほとんどの研究は成立しない。図書館情報学は，知識と知識メディアの一般性，すなわち擬似的な計算可能性にも足場を置かなければならない。

　知識の物象化を「図書館情報学にとってきわめて本質的な問題」と指摘したのは，以上のような理由からである。図書館情報学は，知識の単独性と一般性との両者にまたがって，あるいはその両者からずれたところに固有の問題領域を抱えているのである。このような固有の問題領域を「知識の現実的存在可能性」と呼んでおこう。

　図書館情報学にとって，知識の物象化から距離を保つために，図書という知識メディアは重要な基軸となっている。なぜなら，図書は特権的な知識メディアとして，情報の価値が人と人との社会関係に根ざしたものであることを，その古代から現代に至る図書の歴史と，物理的実体としての重量と触感と匂いとによって指し示し続けているからである。

　以上のような意味で，図書館情報学は，次から次へと現れる無数の知識メディアのなかで特権的な位置に君臨している図書を基軸として，情報，データ，知識の社会的な実像である「知識の現実的存在可能性」を，理念的かつ実践的に研究する学問なのである。

1.3 コレクションと図書館

「図書館学（Bibliothek-Wissenschaft）」を掲げた最初の著作『図書館学全教程試論』（1808-23年）において，マルティン・シュレッティンガーは図書館を次のように定義している。「図書館とは，相当数の図書の集合であり，知識を求める人が，その中にある個々の論文を，不必要な時間のロスなしに，自分の要求に従って利用できるように整理されているものである」[30]。単なる「建築資材の山」を家と呼ぶことができないように，未整理の図書は図書館とはいえない。図書館の目的とは「すべての文献要求の迅速な充足」であり，そこでは蔵書を整理し，文献発見を効率化するという先験的な「最高原理」が追求される。シュレッティンガーのいう「図書館学」とは，そのための有効な方法を提示する手段の総体であった。

「インド図書館学の父」として知られるシャーリ・ランガナタンも，1931年に発表した『図書館学の五法則』のなかで「利用者の時間を節約せよ」を第4法則に挙げ，書誌ツールの整備や人的サービスの重要性を論じている[31]。このように利用者要求を速やかに満たすことができるよう，資料に直接アクセスできることは今日の図書館の重要な理念である。図書館では利用者による検索を前提に，それぞれの資料に分類記号をつけて排列したり，目録情報（書誌情報）を記録してデータベース化するような資料組織化の技法が発達，標準化されており，このことは博物館・文書館に比して独自の特色となっている[32]。人類が言語を習得し文字を生み出し，書きとどめるようになって以来，文字媒体のコレクションは築き上げられてきたが，いったいそれはどのように利用が図られ，展開されてきたのだろうか。本節では知の集積としてコレクションを保存し，利用に供してきた図書館の歴史を概観する。

1.3.1 コレクション生産からコレクション提供の場へ

前節で述べたように，古代以来，〈知識〉を文字言語として記録する試みは様々見られる。古代におけるコレクションの集積は王国・宮廷の文書保存庫のかたちで存在しており，古くは紀元前3000年頃に古代メソポタミアの地ニッ

プールに粘土板の文書保存庫が存在し，また，紀元前7世紀にはアッシュールバニパル2世が首都ニネヴェに大規模な文書保存庫をつくり，2万枚を超える粘土板を収蔵した。

　ニネヴェ崩壊から400年後，アレクサンドロス大王が中東を制覇し，その死後，大王の部下だった将軍ソーテール（プトレマイオス1世）が新都アレクサンドリアを建設した。ソーテールは学問所ムーゼイオンと王立図書館を創設し，ギリシア文化圏の学問成果を集中的に集めた。この「アレクサンドリア図書館」には最盛期に50万巻もの巻子本が所蔵されたと伝えられる。初代館長ゼノドトスをはじめ著名な学者が管理にあたったほか，詩人カリマコスによって解題書誌『ピナケス（目録）』120巻が作成されるなど，図書の分類・目録化も行われていた。図書の生産を担っていたのも図書館であり，フィラデルフォス2世の治世には70名に及ぶ学者が招かれ，ヘブライ語の聖書をギリシア語に翻訳した『70人聖書（旧約）』が作成された。アレクサンドリア図書館は情報の収集・生産に加え，組織化，そして学者への提供も行う「知的再生産の場」であったと考えられる。古代に権力者が図書を収集する事例としては，古代ローマ帝国に諸皇帝の図書館やローマ市民の利用に開かれた約30の「公開」図書館が存在したが，これほどに書物の収集・保存を積極的に進め，大規模かつ組織的に運営された事例はなかった。

　中世になると図書の収集・生産と保存・提供の責を負ったのは修道院であった。清貧の生活を送る修道士によって写字作業が行われ，カトリック社会の学問的中心となったベネディクト修道会を中心に，『新約聖書』などの宗教書をはじめギリシア・ローマ時代の古典書も書写された。「修道院の一日の日課には，7時間の肉体労働と2時間の読書がふくまれていなければならなかった。といっても各人が1冊ずつ借り出して黙読したのではなく，誰か1人が声を出して朗読するのを耳で聴くという形の読書だった」[33]と指摘されるように，聴覚的読書を通じた「集団記憶」の場が修道院でありその図書館であった。「祈り，耕し，筆写する」生活のなかに読書が位置づけられ，音読による写本作業を通じて図書は再生産された。書写された図書は装飾を凝らして世俗領主に献上されたほか，修道院世界の内部で利用された。アウグスティノ会では，主唱者（プリセンター）と呼ばれる図書館管理者によって，「使用すべき理由が認め

られれば，本を兄弟へ手渡し，その題名と受取人の名前を登録簿に記入する」ことが求められ，利用規則の成文化も見られた[34]。

　宗教と図書には密接な関連があった。日本でも8世紀には「鎮護国家」の思想のもと，天皇の手厚い保護によって仏教が盛んとなり，大量の経典が集められ写経所がつくられた。「奈良時代，東大寺に置かれた造東大寺司（同寺の維持・管理にあたった役所）にあった写経所は大がかりな写経の場として大量の経典を書写するだけでなく，数多くの経典を蓄積し宮中，公卿，他寺に学習や儀式のために貸し出す」など，仏典の生産・保存・提供の機能を果たした[35]。正倉院に残された木簡には，表裏に法華経の貸出先，借り出された理由，借用者，受けつけた者の名が記されたものもある。現存する世界最古の印刷物「百万塔陀羅尼」はこの時代の日本で刊行されたが，それは称徳天皇の発願によりつくられた小木塔100万基に4種類の陀羅尼経を印刷した紙片が収められたものであった。奈良時代には個人蔵書を他者に提供する貴族も現れている。大納言の地位まで上り「文人の首」と呼ばれた石上宅嗣（いそのかみのやかつぐ）は，仏教の再生を目指して私邸の阿閦寺（あしゅくじ）の一隅に芸亭（うんてい）を建て，漢籍を人びとの利用に供したことで知られる。

　ヨーロッパでは中世中期になると聖堂学校が成立し，11-12世紀にはイタリア・ボローニャ，フランス・パリをはじめ各地に大学が成立した。図書の作成は修道院における書写に拠っていたが，読書方法は音読から黙読に移り，テクストから視覚的に意味の抽出を容易にする工夫（句読法や分かち書き）が用いられるようになった。学習形態は個人学習に移行し，これは図書館の構造にも変化をもたらした。修道院で個人用の閲覧スペース（キャレル）が見られるようになり，13-14世紀の大学学寮では中央ホールに図書室が配置され，机，書見台，長椅子が置かれるようになった。15世紀中頃にルーヴァン大学学芸学部に広大なスコラ学参考図書室が設置されたが，そこにはトマス・アクィナス『神学大全』をはじめ，学者が頻繁に引用する長大な著作の数々が置かれた。「参考図書室を管理する規則では，鎖付きの書物は公共の善のために供せられ，万人が参照できなくてはならない，と強調されている。これ以後図書室ははっきりと，教師や学生が足を運んで，読んだり，書いたり，勉強したりする場所と見なされる」ようになった[36]。図書館は学者コミュニティのなかで研究素材

としての図書を収集・保存し，読書空間を提供する場として位置づけられるようになり，「鎖付き書物」と書見台のシステムは近代までヨーロッパの学術図書館に一般に見られる事象となった。

1.3.2　コレクションの公開：知の共有化

　「グーテンベルク革命」を画期とする近世には，活版印刷術がヨーロッパ世界に広がり，『42行聖書』をはじめ大量の活字本が流布するようになった。図書生産はいまや専業の印刷業者によって担われた。書き手は当代の著作家たちに広く門戸が開かれるようになり，大手の版元は地理的制約を越えて販売網の開拓に乗り出した。この結果，図書の量は16世紀だけで15-20万点にも上ったと試算されている。「標題紙（タイトル・ページ）を使うことがますますふつうになって，書籍一覧表や図書目録作りを楽にしたし，また，それ自身が広告の役目も果たした」[37]と指摘されるように，印刷物上にタイトルや著者といった概念が明示されるようになり，図書館で作成される目録の書式記述要件も整備された。「「活字」の形をとった言葉が，石以上に人を傷つけ，人を生死させる時代のかぼそい開幕」[38]であり，マルティン・ルターの宗教改革を契機として，聖書や典礼書，神学的な演説において，各地方に固有の言語である「民衆の言葉」が採用されるようになった。

　国王や貴族の勢力拡張を背景としながら，図書の増加とともに大規模コレクションも見られるようになる。16世紀には，スペイン・エスコリアル宮殿の「大広間図書館」を嚆矢とする大規模な王立図書館が成立し，フランスでは1537年，フランソワ1世が国内の刊行図書を図書館に納めさせる「納本制度」が始められた。マザラン枢機卿の図書館を差配したガブリエル・ノーデは『図書館設立のための助言』を著し，「守らねばならない第1原則は，まず第1に，最良の版で選んだ古今の主要著者の作品をすべて，さらには，あらゆる学問領域に見いだしうる最善でもっとも学問的な解釈や注釈を，あまり一般的でないが結果としては面白いものも忘れることなく，すべてを図書館に備えること」であると主張した[39]。ノーデは著作の新旧や宗教的立場の相違に配慮しつつ，知識の全分野にわたる収書（収集方針）を説く一方，蔵書を公開し知の共有化を図った。マザラン図書館では1648年時点で1日平均80-100人の来館

者が迎えられ，教会や学者コミュニティに限定されない知の共有化が図られたといえる。また，同時代の数学者ゴットフリート・ライプニッツはヴォルフェンビュッテル大公図書館長としても知られたが，図書館を「人間精神の宝庫」とみなし，啓蒙思想のもとであらゆる書物の保存を説いた。

　18世紀に入ると，ヨーロッパ各地に設立された貴族図書館が社会変革のなかで国家の一元的管理下に置かれるようになる。イギリスでは大英博物館図書室の基礎が築かれ，館長アントニオ・パニッツィのもとで徹底した図書収集が図られた。国内出版物に加えて外国資料も網羅的に収集され，新築のドーム式閲覧室には2万冊におよぶ参考図書コレクションが配置された。帝国の威厳を示した大英博物館の利用は諸外国の人びとにも開放されており，カール・マルクスがロンドンに亡命中，この閲覧室を利用し『資本論』を執筆したことはつとに知られている。

　日本でも江戸時代に，最初の「官立図書館」として紅葉山文庫が設立された。中世以前にも貴族・僧侶・武家の個人文庫はあったが，個人の蔵書はどれほど量が多くとも，その人や家の廃絶とともに散逸するのが常であった。これに対して，紅葉山文庫は幕府が直接これを維持・経営したもので，政治的変動のない鎖国下において安定性を保った。文庫の蔵書管理には書物奉行4名が「司書」の任にあたった。この書物奉行の職制は幕末まで存続し，青木昆陽や近藤正斎ら約90名がその職に就いている。図書の収集方法は献上・購入・謄写の3種に大別され，このうち購入本の主流は長崎から輸入される唐本であった。「将軍の学ぶべき学問は漢学とされた。その漢学の研究のために，中国人の著書や出版物が尊重された。その結果，紅葉山文庫の蔵書の大部分は輸入された唐本によって占められた」[40]のである。ただし，利用の側面で見ると紅葉山文庫の蔵書は将軍の利用を第一義としており，申請すれば幕閣の希望者も借覧を許されたものの，学者をはじめ一般公衆の利用はまったく考慮されなかった。市井における貸本屋の広がりと対照的に，藩校の文庫も含めて日本の図書館では知の囲い込みが志向された。

1.3.3　コレクションの共同構築

　18世紀には王侯貴族の図書館や修道院・大学以外の新たな図書館として，

イギリスやアメリカに会員制図書館や所有者図書館といった「ソーシャル・ライブラリー」が登場した。アメリカでは，若き印刷工だったベンジャミン・フランクリンが討論クラブ（ジャントー）を結成し，1731年に「フィラデルフィア図書館会社」を設立した。これは会員が一定の金額を出し合い図書を共同購入し，皆で利用する仕組みであった。蔵書構成は，当時の大学図書館で蔵書の中心となっていた神学・宗教書が少なく，自然科学書や歴史書（世俗史）を中心に有用な知識の修得が目指された点に特色があった。隣人や社会に役立つ知識が有用視され，ジャントーの議論を通じて消防組合・夜警団・病院など多くの社会事業が実現された。「植民地時代と初期国民主義時代の文化にかんする既存の知識に照らした場合，ソーシャル・ライブラリーの蔵書は，多種多様な関心や，嗜好への全般的な包容性，とりわけ各会員の主要関心事であった政治的，経済的な問題や論争といったことが，蔵書構成に反映」[41]されていた。ソーシャル・ライブラリーには，工場に付設された図書館のように事業主が労働者の教育・管理のために設置するケースもあったが，フィラデルフィア図書館会社や商人の組織した商事図書館のように，構成員が自発的にコレクションの共同構築を図るケースも多く，この点で前代までと大きく異なっていた。人びとの関心を反映して，19世紀にかけて蔵書中にフィクションの占める割合が確実に増える傾向にあった。

　19世紀には，コネティカット州ソールズベリーやニューハンプシャー州ピーターボロのように，地方自治体が図書館の設置・運営に財政援助を行う事例が見られるようになった。そして1848年にはマサチューセッツ州でボストン市が図書館を設置・維持することを認める州法が制定され，これを受けて54年にボストン公立図書館が開館した。ここにおいて，地方自治体が設立し，法的に公費を支出し，無料で住民に公開するという，近代的な意味での「パブリック・ライブラリー」が誕生することになった。ボストン公立図書館初代理事長エドワード・エヴァレットは公立図書館の必要性について，民主政治が正しく機能するには，最良の教育手段が全住民に平等に用意されていることが前提となり，そのためには初等教育制度の整備だけでは不十分であって，「諸分野の本をそなえた公立図書館が，一般市民の調査と勉学のために必要となる。公立図書館は公教育制度を仕上げ，教育機会を継続させるのである」[42]と述べた。

人びとが社会的な問題について，また自らの代表となる代議員の選出にあたって，的確な判断を下すための材料を提示する機関として，公立図書館が民主主義政体に欠かせないとする考えが示された。今日，図書館の基本理念，いわゆる「知的自由」「図書館の自由」として，図書館コレクションが多様な見解に開かれていることが重視されるが，その根底にはこうした民主主義理念が流れている。

　公立図書館は人びとによるコレクションの共同構築を体現したといえる。しかしそこには社会的な力学が強く作用し，「持てる層」から「持たざる層」への影響も小さくなかった。例えば，公立図書館立法化の動きはイギリスでも見られ，1850年に「公立図書館法」が制定されたが，法制化に際して議会では，公立図書館をパブに代わる労働者の受け皿と捉える考え方が支持された。公立図書館は「安あがりの警察」であることが期待され，社会政策の一環とみなされたのであり，公立図書館法は52年に大都市部で最初にマンチェスターが採択したのち産業新興都市に広がっていった[43]。20世紀になると公立図書館は中産階級のための機関として展開されていくが，初期においては図書館利用者を特徴づけたのはまさしく労働者階級であった。また，「鉄鋼王」として知られるアンドリュー・カーネギーは，アメリカをはじめ各国で2500館以上の図書館を寄贈し，「図書館の守護神」とも称されるが，彼の慈善においては「援助に値する貧者」への助力の提供が重視された。「カーネギーによれば，公立図書館利用者は勤勉でやる気があり，かつ自分の少年時代のように自力で本を買えない貧者」[44]であった。こうした社会的主流派の価値意識は，良書提供や善意の「検閲」というかたちで図書館コレクションに反映された。

　日本では，明治期になって最初の「官立公開図書館」である文部省書籍館（しょじゃくかん）が開館し，1875年には無料公開を規定した「フリー・パブリック・ライブラリー」として東京書籍館（とうきょうしょせきかん）が開館したが，いずれも法的な根拠は持たず短期に閉鎖された。その後，昭和戦前期にかけて全国的に通俗図書館の設置が進められるが，政府による思想善導の強調は欧米よりもコレクションや図書館利用を強く制約することとなった。公立図書館が図書館法のもとで民主主義思想を普及する機関として位置づけ直されるのは，戦後1950年のことである。

1.4 図書館情報学の視点

1.4.1 資料とは何か

1.1 節では，図書館情報学はパッケージ化されたメディアの特性をとくに知識のレベルで扱い，そのパッケージおよびそれを構成する言語内容の存在理由を示すのではなく，最初から存在することを前提にしていることを述べた．1.2 節では，この知識パッケージのなかでもひときわ図書館情報学と密接に関わる図書の特性について述べた．図書は歴史的に超越的な聖性を帯びた声を記録したものであり，そのアクセスが一部の特権層に限定されていたメディアであったが，これが印刷術の普及のために特権性を剥奪され，近代においては多様なメディアの1つとなった．だが，近年の電子情報ネットワーク社会においては，図書が時間的に安定しており（不変性）さらに最初から持つ知識を体系的に記述する点で，再評価される傾向があることが述べられた．1.3 節では，図書を中心として蓄積し，閲覧や貸出サービスを行う図書館の歴史について述べた．図書館は古代文明の遺跡からも発掘されているように，歴史という現象と密接な関係を持つが，近代以降はその権力と結びついた特権性が知識の共同所有の機関へと変貌を遂げる様が述べられた．

メディアの資源化と資料

ところで，メディアパッケージには言語の記録物に限らず，言語以外の記号や画像，写真，音声，動画を収めたものがある．このうち，写真，音声，動画はそれぞれ，16 世紀のカメラ・オブスキュラに起源を持つ写真術，1877 年トーマス・エジソンによって発明された円柱型アナログレコードから出発する録音術，そして 91 年に同じくエジソンらが開発したキネトグラフ，および 95 年にリュミエール兄弟によって開発されたシネマトグラフを起源とする映画術によって，固定化，複製，蓄積，配布の基礎が築かれ，20 世紀末には電子的な利用が可能になった．

これらのメディアパッケージが受け手に対してもたらすものは，従来の意味では知識とは呼べない多様性を持つ．もちろんアクセスは何らかの目的を持っ

て行われる。新しいデータや情報を得ること，新しい知識を得ること，何らかの楽しみを得ること，その文学的，美的なメッセージを受け取って送り手と共感すること，等々である。人間の諸活動のために役立つものを資源と呼ぶ慣例からいえば，これらは資源となる。そして，さきの分類を適用すれば，メディアはデータ資源，情報資源，知識資源，エンターテインメント資源などと呼ぶことができる。図書館情報学はこうした資源の有効活用を対象とする領域とみなすことができるが，そのなかではとくに知識資源がもっとも重要な対象である。というのは，知識資源がとくに研究や教育活動における位置づけを明確にしてきたからである。逆にいえば，それ以外の資源は市場をはじめとするほかの流通ルートでも提供されうる。

　ところで，これらの資源は学問の世界では資料と呼ばれる。そして図書館や文書館で管理される資料に依存する学問としては，一般的に哲学・思想，歴史，文学などの人文学が挙げられる。これらの学問は人間を研究するための方法として残された資料にそれらを書いた人や関係者の人間性が現れているという立場をとり，その資料をもっとも重要な研究資料（一次資料）としている。それ以外の学問にとって文献資料は，先行研究を確認したり自らの論拠をより強固にしたりするものであり，二次資料とされるものにすぎない。

資料とアーカイブ

　人文系の学問における研究資料の意義について，フランスの思想家ジャック・デリダはアーカイブ（フランス語でアルシーヴ archive）を取り上げながら，精神分析学の創始者ジグムント・フロイトの関連資料のアーカイブを素材にした議論をまとめて次のように述べる。

>　アーカイヴを，それが非常に頻繁に還元されるものから，とくに，記憶の経験や起源への回帰から区別するばかりでなく，また蒼古的なものや考古学的なもの，回想あるいは発掘，要するに失われた時の探究からも区別することから，始める必要はないだろうか。場所の外在性，記載の技術の局所論的な実行，1つの審級と1つの権威の場所（執政官，*arhkeîon* すなわちしばしば国家，しかも族長制あるいは友愛的（兄弟制）国家）の設立，

こうしたものが，アーカイヴの条件であろう。ゆえに，アーカイヴは決して，生き生きとして，無垢で中立的な，1つの出来事の原初性を蘇らせるような，直感的な早期の行為の流れに身を委ねはしない。[45]

　アーカイブの語幹を形成するギリシア語「アルケー」には物事の始まりという意味と規範や権威という意味がある。考古学（archaeology）には前者の意味が込められ，引用にある執政官（archeion）や建築家（architect）には後者のニュアンスがある。デリダが述べているのは，アーカイブがしばしばものごとの起源を示す資料であることが重視されるが，もう1つの意味であるアーカイブ自体が権力や支配と結びつくことが忘れられやすいということである。人は手紙を書いたり，日記を書いたり，メモを残したりしているが，そのなかでとくにアーカイブとして残されるものがあること，また，それが図書館，文書館，博物館といった公的施設で収集管理されることにはどのような偶然あるいは意図的な必然があるのだろうか。近年，「記憶」というキーワードのもとにそこに存在する権力や恣意を読み出す作業が行われてきた[46]。

　実際，人文学におけるアーカイブの位置づけも，資料が持つ起源を知らせるという役割に依存することはいうまでもないが，同時に起源そのものを明らかにすることに伴う困難性についても十分に意識されている。それが一般的に資料批判（text critique）と呼ばれているものである。歴史研究において新しいとされる資料（史料）の出所・存在そのものが信頼できるのか，どのように読むのが正しいのか，さらにこれまで明らかにされてきた史的事実のなかでどのような位置を占めるのか，といった議論である。また，文学研究や伝記においては作品（出版物，原稿）なり資料なりの意義がその著者や被伝者のような研究対象者にとってどのような意味を持つものなのかを明らかにすることである。

資料を扱う視点

　図書館情報学にとって身近な書誌学（bibliography）という領域は，著者が表現しようとした作品について，公表された図書の版や刷りそしてそのもとになった原稿にまで遡り，どのような過程を経てそれらが形成されたのかを明らかにするものである[47]。その前提は，著者が最終的に著そうとした作品は制作お

よび出版の過程で様々なかたちで外部に表出され，あるいは資料として残されるので，最終形（理想本 ideal copy）は不確定であるということであり，それを明らかにするのが書誌学の役割だということになる[48]。そこでは，ある作品 W は版レベルで E_1, E_2, ..., E_m によって構成され，個々の版は刷り P_1, P_2, ..., P_n によって構成され，それらのもとになった原稿 M_1, M_2, ..., M_o が存在する。したがって，理念的にはある作品研究のもとになる資料は m×n×o 通りの表現があることになる。実際にはこのなかで残されたものは一部にすぎず，それらの断片により理想本である作品 W が推定される。作家の理想本を集めた全集が刊行される場合，個々の作品ごとにこのような表現資料を比較分析して最良のものが選ばれて収録される。これは文学あるいは人文学における最良のテキストを選別する問題である。

歴史においても類似の過程が存在する。歴史学では対象となる資料は「史料」と呼ばれる。フォン・ランケ以来の近代歴史学における史料批判（Quellenkritik）は，文献史料を中心として歴史を記述するために，その史料の来歴と真偽性，オリジナル性を検証し，いつどこで誰が書いたのかを検討し，最終的に史料の信頼性を確定することが目的となる。確定された史料が一次史料と呼ばれ，次の段階としてそれをどのように読むのかが問題となる。歴史書とは基本的にこのような過程を経て書かれたものである。

さらに詳細は省略するが現在の歴史学は，史料によって確定されたとされる事実にもいくつものレベルがあることを主張する[49]。また史料には日記，書簡，公文書のようなものだけでなく，遺跡・遺物，碑銘，さらには口碑伝説，風俗習慣のようなものまで含まれる。従来の史料が文献を中心にしていたのに対して，近年，歴史伝承の語りや記憶，そしてそれに伴って残された儀式，行為や身体性をもとにした議論が強まっている。この場合，そうした非定形のものの記録（オーラルヒストリー，フィールドノートなど）が重要な歴史資料ということになる。

以上述べてきたことは，文献資料に書き連ねられた言語に人間の思考や思想，営みを読みとろうとする人文系の学問はそのための資料批判の方法を持つということである。しかしながらその方法は人文系に限らずあらゆる学問に共通する。社会科学や自然科学であっても，学術雑誌に掲載された研究論文を批判的

に読むことが自らの研究の出発点になり，研究の仮説や方法を導き，調査や実験，観察の結果を評価するときにほかの研究を参照する際の視点をつくる。

またこの態度は学術分野に限られない。リテラシー（literacy）という言葉はもともと読み書き能力という意味であった。近年拡張解釈されて様々な場面で使われるようになっているが，いずれも批判的に読みとるという意味が含まれる。読むという行為は，読んでいる自分の内的な声を通して自分自身を合わせ鏡にして物語や他人の思考を聞くことであり，それによって反省的な自己が確立され批判的な精神が生まれる。読み書き能力が初等教育の最初の段階に位置づけられているのは，読むことを通してこのような自己が形成され，批判的な思考が学習の基盤になるからである[50]。人は，自らの行動の規範をほかの人が発信した知識やほかの人とのコミュニケーションによって得られた知恵に学ぶことによってつくりあげる。そのときに，単なるデータ，情報ではなく，図書を中心とする文献資料が重要であるというのは，文献資料のみが生産から蓄積までの知識の生成過程をたどることができるからである。

1.4.2　知識の資源化とその過程

知識という公的空間

ここで知識資源の利用行為について考えてみよう。例えば私的な日記や2者間の書簡が時代を経ることで，歴史家にとって歴史を検証する史料となり，それらは史料集に収録，出版されることで公的な存在となる。しかしそれらがその読み手にとって1.1節で述べた知識となるためには，歴史にとって新しい知見をもたらすものであることを読み手が理解することが必要である。そうでない限り，それらはある人が日記に書いた，あるいは2者間でやりとりされた文字列というデータあるいは何らかの事実を読みとることができる情報にすぎない。そこに歴史学上の新しい知見を読みとり歴史的知識として発表する行為が伴って，初めてその史料は知識資源となる。乱暴にいえば，知識という現象は第三者の解釈によって成り立つことが仮定されており，この解釈が共有される学術研究や教育，ジャーナリズム，出版編集といった公的な空間こそが，図書館情報学が関わる領域である。

この空間においては，データ資源や情報資源が知識資源に変換されるプロセ

スがもっとも重視される。学術研究はこの変換のもっとも重要な担い手である。また，学術は知識の形成に自律的に関わる唯一の場とされ，学会での口頭発表や学術雑誌が新しい知識の発表の場であり，その場で十分に批判的検討を経た上でデータや情報は確立された知識へと変換されていく[51]。また，ジャーナリズムや出版編集はデータや情報を集め解釈を行う知識作成の過程に関わり，学術研究によって確定された知識の普及を行う。知識のあり方をめぐって学術とジャーナリズム，出版編集は緊張関係を持つ場合も少なくない。教育は知識普及に関わるもう1つの重要な過程である。

知識空間の変化

　この過程は現代社会において，大きな2つの軸で考える必要がある。1つの軸は，メディアの形式であり，もう1つは制度のあり方である。メディアの形式では，図書に関して手書きの時代，印刷出版の時代，そして電子出版の時代について述べた。この分類において気をつけなければならないのは，印刷出版の時代においても，手書きのレベルは原稿という知識生産のもっとも基本的な部分を構成しているということである。同様に電子出版の時代においても，手書き原稿あるいは印刷本，そして電子的に制作されプリントアウトされた原稿や出版物も存在する。知識利用のコンテクストでは，作品，版，刷り，原稿のいずれもが資源となるが，印刷出版の時代においてこれらはモノとして存在していたために，商業的な出版流通に乗るもの以外を資源として活用するためには，図書館や文書館，博物館のような制度的な整備が必要であった。

　これがもう1つの制度のあり方の軸である。手書きの時代にはメディアの内容を伝えることは直接的なコミュニケーションに依存していた。その意味で，1人の教師が複数の生徒に知識を伝授する学校という制度がもっとも原型的な知識メディアを支える仕組みであった。それが印刷出版の時代になると市場的な流通が始まり出版が産業化し，知識流通がそれに伴うことになる。

　ところが電子出版の時代には様相が一変する。このことについては本シリーズ2巻で詳細に述べるが，電子ネットワーク上には作品も版も刷りも原稿も区別なく電子コンテンツとして置くことができる。同じタイトルを持つ作品の新しい版と古い版，もともとの原稿が区別なくネットワーク上に存在することが

起こりうる。これは，原稿，刷り，版の区別が危うくなることを意味しているが，もっと本質的な問題は，これらを区別していた知識形成のプロセス自体がネットワーク社会の到来によって危うくなっていることである。

　かつて百科事典や分野ごとの専門事典は，学術コミュニケーションにおいて知識を確定させる過程における最終的な生産物とされたが，それを保証するのは編集過程において学界の権威者が編者を務め，書き手も専門家であることだった。しかしながらインターネット上の百科事典 Wikipedia は匿名の著者が自由に書き込みすることで知識記述の過程を大きく変容させようとしていることが知られている[52]。そこでは知識の生成過程に大きな揺らぎが生じていることがわかる。

　インターネット上のウェブサイト，ブログ，掲示板，Twitter や Facebook などソーシャル・ネットワーキング・サービス（SNS）と呼ばれるものは大量の文字列の集合である。その多くは個人的なデータや情報にすぎないものであるが，なかには確かに知識資源の候補になるもの，例えば長年の個人的な研究の成果をまとめたものや，歴史的な証言の素材になるような書き込み，科学的な発見につながる潜在性を持つレポートや論文も含まれている。印刷出版の時代には，これらのごく一部が自費出版された程度で，ばらばらに存在していたために資源化されないままだった。だが，少なくともインターネット上ではこれらは知識資源として同等の位置づけを主張している。

　ここまで知識メディアとしての図書について述べてきたが，実はどのような形式のメディアでも類似の歴史的過程をたどっている。ただ，印刷術に匹敵する大量生産・配布・保存の技術が開発されたのは近代それも 19 世紀以降のことである。とくにここ数十年のデジタル技術の発展によって，画像，音声，動画も標準的なデジタルファイルに変換できるようになり，電子コンテンツとしてインターネット上に置くことができるようになった。こうして，個人のスナップ写真でも，誰でもがアクセス可能にすることが可能になっている。

　Google 型のインターネットの全コンテンツ検索システムが現れたのは，このようにデータ資源，情報資源，知識資源が利用可能になった状況に対応してである。図書館情報学はこれに対してどのような関係になるのだろうか。

1.4.3　社会的認識論と図書館情報学

社会的認識論とは何か

　社会的認識論（social epistemology）という研究分野がある。イギリスの社会学者スティーヴ・フラーが1988年に同名の著書を著し，同時期に同タイトル名の学術雑誌 *Social Epistemology* が創刊されている。この分野は，科学研究の制度や科学知識の流通を社会科学的に研究する科学社会学に対して，知識開発の基盤にある探究（enquiry）の正当性を規範的に問うにあたって，それを可能にしている大学，研究開発，学界，政府そして科学研究のディシプリンおよびその方法や科学知識の文化的民族的な基盤を含めた総合的な検討を行う分野として位置づけられる[53]。

　ところが，フラーに先立つこと35年前の1950年代初頭に，この社会的認識論という用語を図書館学において使用した論文があった[54]。著者のマーガレット・イーガンとジェシー・シェラは当時シカゴ大学大学院図書館学部（GLS）の同僚であり，図書館学を支える基盤的な学問として社会的認識論を提唱した。彼らは，経済学がモノの生産流通利用に関わる領域だとすると社会的認識論は知的生産物の生産，流通，利用に関わる分野であると述べた。

　その後，図書館学の代表的研究者となったシェラは1960年代後半から積極的にこの用語を使い出し，「社会が全体としてその環境について認知する仕方の研究」と定義し，社会的な認識の結果として書かれた文献の発生，流通，利用を研究することはすなわち図書館学のもっとも基本的な部分を構成すると述べた[55]。シェラの議論は，知識の生成プロセスに対する考察や規範性についての視点が欠けていると批判されることがあるが，少なくとも図書館学が図書館情報学に変化しようとしていたこの時期に，図書館学が単に文献の効果的な流通を扱うだけでなく，それが知識の流通過程と密接な関係を持っている研究領域であることを指摘した功績は評価しなければならないだろう。そのときに知識の資源化をテーマとした議論が始まっていたのである。

　図書館学のコンテクストにおける社会的認識論として，シェラは初期にはまずイーガンとともに書誌（bibliography）を取り上げ，次いで文献の分類システム，文献の自動検索およびシソーラスを検討した。書誌は文献への汎用のアクセスツールであり，書誌的な記述を文献の代替物として一定の原理で並べ替

て，文献へのアクセスを容易にするものである。分類はその配置原理であり，これを科学文献検索ツールとして検索システムの検討も行っている。いずれも知識パッケージを利用するための仕組みを理論的に工夫したり，新しい仕組みを開発したりしたものである[56]。

本書が扱う内容

図書館情報学は彼の取り組みに典型的に現れているように，知識資源から人が知識を取り出すための様々な研究開発を行ってきた。そのなかでは，本シリーズ第2巻で扱う情報資源組織化（organization of information resources），索引（indexing），レファレンスサービス（reference service），情報検索（information retrieval）のような領域が重要な役割を果たした。これらは1950年代から80年代にかけてのコンピュータ技術の大きな進展と関わったこともあり，図書館学は図書館情報学に名前を変えた。この頃から，資料の流通や利用についての科学的分析に関する議論が盛んになり，その動きや分布についての計量的な分析（計量書誌学 bibliometrics, のちに計量情報学 informetrics）や知識や情報利用者の利用行動についての心理学的ないし社会学的な研究（利用者研究 user study）が活発になった。

1990年代以降になると，本格的な電子出版時代になり，デジタル化した知識資源のなかみを直接扱うことができるようになったことで，図書館情報学は新しい局面を迎えることになった。それまでパッケージにつけたラベル（書誌情報ないしメタデータ）やパッケージとパッケージの関係（引用情報や販売情報）のような表層的情報をもとに組織化の工夫をしていたのに対して，パッケージの内容を構成している文字，語，段落，章節，また，目次や巻末索引のようなパーツをもとにした全文検索が可能になってきた。

他方，知識資源を扱うときには技術的領域だけでなく，社会制度的な領域もまた重要である。図書館情報学という名称は，印刷図書の時代にこうした知識資源化の仕組みを開発し，それらを備えた中心的な機関である図書館の名前をまだ残している。しかし，知識資源の社会的利用に関わる制度的な議論は，必ずしも図書館という機関がなくとも成立する。知識資源をつくりだし流通させるための制度的な前提である学術研究，教育，出版，文学等の制度的な状況，

図書館のみならず博物館，文書館等の類縁機関，また知識を生み出す人の権利である知的財産権，知識資源の利用に関わる人権や倫理，利用に関わる社会福祉的制度，プライバシー等々がそこに関わる。

　以上の内容が本書の本章以外の第1巻および第2巻，第3巻で扱うものである。

注
1) 日本図書館情報学会用語辞典編集委員会編『図書館情報学用語辞典　第3版』丸善，2007，296p.
2) Saussure, Ferdinand de. Cours de Linguistique Generale (Lecture Notes Taken by Emile Constantin). X vols., 1910/1911.
3) Chomsky, Noam. Aspects of the Theory of Syntax. MIT Press, 1965.
4) Lyons, John. Language and Linguistics: An Introduction. Cambridge University Press, 1981.
5) 甘利俊一『情報理論』ちくま学芸文庫，2011，p.11.
6) 前掲5)，p.20.
7) 前掲5)，p.23.
8) Shannon, Claude E. and Weaver, Warren『通信の数学的理論』[Mathematical Theory of Communication] 植松友彦訳，ちくま学芸文庫，2009，231p.
9) Foucault, Michel. "Sur l'archéologie des sciences : réponse au cercle d'épistémologie," Cahiers peur l'Analyse 9 (Géneaolgie des Sciences), 1968, p. 9-40. [「科学の考古学について〈認識論サークル〉への回答」石田英敬訳，『ミシェル・フーコー思考集成 III　1968-1970　歴史学／系譜学／考古学』筑摩書房，1999，p.100-143.]
10) 前掲1)．
11) 影浦峡「翻訳の社会的意味」『ひつじ意味論講座第7巻　意味の社会性』澤田治美編，ひつじ書房，2013/to appear.
12) 北川高嗣，須藤修，西垣通，浜田純一，吉見俊哉，米本昌平『情報学事典』弘文堂，2002，1140p.
13) この定義では，図書と逐次刊行物や小冊子とを区別していない。
14) 大澤真幸『電子メディア論―身体のメディア的変容』新曜社，1995，352p.
15) Durkheim, Émile『宗教生活の原初形態』[Les Formes Élémentaires de la Vie Religieuse] 古野清人訳，岩波文庫，1975，上巻430p，下巻380p.
16) 前述の『死者の書』には絵も描かれていた。

17) 中国では，胡蝶装の広まった唐代末期，9世紀頃である。
18) メディア史の詳細は本書第2章「メディアと知識資源」参照。
19) Wallerstein, Immanuel『ヨーロッパ的普遍主義―近代世界システムにおける構造的暴力と権力の修辞学』[European Universalism: The Rhetoric of Power] 山下範久訳，明石書店，2008，189p.
20) Giddens, Anthony『近代とはいかなる時代か？―モダニティの帰結』[The Consequences of Modernity] 小幡正敏，松尾精文訳，而立書房，1993，254p.
21) 本書第2章2.5節「ネットワーク・メディア」参照。
22) Bolter, Jay David『ライティング スペース―電子テキスト時代のエクリチュール』[Writing Space: The Computer, Hypertext, and the History of Writing] 黒崎政男，伊古田理，下野正俊訳，産業図書，1994，452p.
23) ただし，内容が断片的か体系的かの区別は明白な境界があるわけではなく，断片的に知識を並置した図書もあれば，体系的に知識を提示するチラシもある。
24) 本書2章2.5節「ネットワーク・メディア」参照。
25) 橋元良明，奥律哉，長尾嘉英，庄野徹『ネオ・デジタルネイティブの誕生―日本独自の進化を遂げるネット世代』ダイヤモンド社，2010，189p.
26) Plato『パイドロス』[$\Phi\alpha\iota\delta\rho o\sigma$] 藤原令夫訳，岩波文庫，2010，258p.
27) 言語学や論理学の用語を用いれば，この「一般性／単独性」は「タイプ性／トークン性」に対応している。タイプ（type）とは，抽象的な概念そのものであり，トークン（token）とは，その概念で指示される個別の対象，事物のことである。本書第5章では，タイプの出現頻度を「異なり数」，トークンの出現頻度を「延べ数」と呼んでいる。
28) ミシェル・フーコーは，この知識の社会的文脈の集積を「言説」と呼んだ。
29) 見田宗介，栗原彬，田中義久編『社会学事典』弘文堂，1988，p.762.
30) 河井弘志『ドイツ図書館学の遺産―古典の世界』京都大学図書館情報学研究会，2001，p.164.
31) 竹内哲解説『図書館の歩む道―ランガナタン博士の五法則に学ぶ』(JLA図書館実践シリーズ15) 日本図書館協会，2010，p.217-244.
32) 石川徹也，根本彰，吉見俊哉編『つながる図書館・博物館・文書館―デジタル化時代の知の基盤づくりへ』東京大学出版会，2011，p.4-15.
33) 箕輪成男『中世ヨーロッパの書物―修道院出版の900年』出版ニュース社，2006，p.156-157.
34) Petroski, Henry『本棚の歴史』[The Book on the Bookshelf] 池田栄一訳，白水社，2004，p.46.
35) 小川徹，奥泉和久，小黒浩司『図書館・サービス運動の歴史1』(JLA図書館実

36）Chartier, Roger and Cavallo, Guglielmo 編『読むことの歴史―ヨーロッパ読書史』［Histoire de la lecture dans le monde occidental］田村毅ほか訳，大修館書店，2000，p.175-176.
37）Eisenstein, Elizabeth L.『印刷革命』［The Printing Revolution in Early Modern Europe］別宮貞徳監訳，みすず書房，1987，p.27-28.
38）香内三郎『活字文化の誕生』晶文社，1982，p.26-27.
39）Naudé, Gabriel『図書館設立のための助言』［Advis pour dresser une bibliothèque: presenté à Monseigneur le président de Mesme］（図書館学古典翻訳セレクション 1）藤野寛之訳，金沢文圃閣，2006，p.35-52.
40）福井保『江戸幕府の参考図書館 紅葉山文庫』（東京郷学文庫）郷学社，1980，p.33.
41）Shera, Jesse H.『パブリック・ライブラリーの成立』［Foundations of the Public Library: The Origins of the Public Library Movement in New England, 1629-1855］川崎良孝訳，日本図書館協会，1988，p.110.
42）川崎良孝『アメリカ公立図書館成立思想史』日本図書館協会，1991，p.160.
43）Black, Alistair and Muddiman, Dave『コミュニティのための図書館』［Understanding Community Librarianship: The Public Library in Post-Modern Britain］根本彰，三浦太郎訳，東京大学出版会，2004，p.29.
44）川崎良孝『図書館の歴史 アメリカ編』増訂版，日本図書館協会，1995，p.166.
45）Derrida, Jacques「著者による原著の栞（訳者解説より）」『アーカイヴの病―フロイトの印象』［Mal d'archive: une impression freudienne］福本修訳，法政大学出版局，2010，p.181.
46）例えば，笠原一人，寺田匡宏編『記憶表現論』昭和堂，2009，296p. 松尾精文，平田雅博，佐藤泉編『戦争記憶の継承―語りなおす現場から』社会評論社，2011，383p.
47）bibliography には書誌と書誌学の 2 つの訳語がある。両者の関係については，Harmon, Robert B.『書誌入門―書誌学と書誌の展望と文献案内』［Elements of Bibliography: a Simplified Approach］長沢雅男監訳，日外アソシエーツ，1984，215p. を参照。
48）書誌学の定義や範囲，また内容，そして関連の図書学や文献学との異同については論者によってかなり違っている。例えば，廣庭基介，長友千代治『日本書誌学を学ぶ人のために』世界思想社，1998，206p. 杉浦克己『文献学』放送大学教育振興会，2008，295p. を参照。
49）史料論を含めた歴史学については，遅塚忠躬『史学概論』東京大学出版会，2010，

486p. を参照。
50) Sanders, Barry『本が死ぬところ暴力が生まれる―電子メディア時代における人間性の崩壊』［A is for Ox: The Collapse of Literacy and the Rise of Violence in an Electronic Age］杉本卓訳，新曜社，1998，357p.
51) 学術研究の方法と知識確立過程との関係について，中山茂『歴史としての学問』中央公論社，1974，302p. を参照。
52) 渡辺智暁「われわれはウィキペディアとどうつきあうべきか―メディアリテラシーの視点から」『情報の科学と技術』61巻2号，2011，p.64-69.
53) Fuller, Steve『科学が問われている―ソーシャル・エピステモロジー』［Science］小林傳司ほか訳，産業図書，2000，247p.
54) Egan, Margaret. E. and Shera, Jesse H. "Foundations of a theory of bibliography," Library Quarterly, Vol.22, No.2, 1952, p.125-137.
55) Shera, Jesse H.『図書館の社会学的基盤』［Sociological Foundations of Librarianship］藤野幸雄訳，日本図書館協会，1978，185p.
56) Wright, H. Curtis. Jesse Shera, Librarianship, and Information Science, School of Library and Information Science. Brigham Young University, 1988, 103p.

【参考文献】
・1.1節の参考文献
Eisenstein, Elizabeth L.『印刷革命』［The Printing Revolution in Early Modern Europe］別宮貞徳訳，みすず書房，1987，303p.
　　現代社会の基盤を構成する印刷出版文化を理解するため，そして新しいメディアが出現するたびに繰り返される「メディア革命」を批判的に考えるために。なお，原著 Eisenstein, Elizabeth L. 1983. The Printing Revolution in Early Modern Europe. Cambridge University Press, 1983 は Eisenstein, Elizabeth L. Printing Press as an Agent of Change. Cambridge University Press, 1979. を要約し図をつけ加えたものである。
甘利俊一『情報理論』ちくま学芸文庫，2011，348p.
　　情報理論に関する非常に明晰な入門書。とくに第1章はすべての図書館情報学研究者にとって必読である。
Chomsky, Noam『生成文法の全て』［Noam Chomsky on the Generative Enterprise: A Discussion with Riny Huybregts and Henk van Riemsdijk］福井直樹，辻子美保子訳，岩波現代文庫，2011，406p.
　　言語学の研究プログラムを理解し，図書館情報学の視点を差異的に位置づけるため

に。

Burke, Peter『知識の社会史―知と情報はいかにして商品化したか』［A Social History of Knowledge: From Gutenberg to Diderot］井山弘幸，城戸淳訳，新曜社，2004，408p.
Febvre, Lucien and Martin, Henri-Jean『書物の出現（上・下）』［L'Apparition du Livre］関根素子，宮下志朗，長谷川輝夫，月村辰雄訳，ちくま学芸文庫，1998，上巻466p，下巻456p.

　活字印刷術誕生の社会的環境を丁寧に読み解く印刷・出版史の基本文献。

Foucault, Michel『言葉と物』［Les Mots et les Choses (Une archéologie des sciences humaines)］渡辺一民，佐々木明訳，新潮社，1974，413p.

　図書館情報学が情報をどう扱うかをめぐる認識論・方法論的な考察としては同じ著者の L'Archéologie du Savoir が必読。日本語版（『知の考古学』河出書房新社）の旧版は非常に意味が取りにくいのでお薦めできなかったが，2012年に出版された河出文庫版は新訳で，読めるようになった。

・1.2節の参考文献

Chartier, Roger and Cavallo, Gugulielmo ed.『読むことの歴史―ヨーロッパ読書史』［Histoire de la Lecture dans le Monde Occidental］田村毅ほか訳，大修館書店，2000，634p.

　古代ギリシア・ローマ時代から現代まで，ヨーロッパにおける読書のありようを詳細に描き出した論文集である。それぞれの時代，地域における読書行為の様態から，図書が社会においてどのように特権的であったか，そしてその特権性がどのように変容していったかを知ることができる。

Lyons, Martyn『本の歴史文化図鑑　ビジュアル版―5000年の書物の力』［Books: A Living History］蔵持不三也監訳，三芳康義訳，柊風舎，2012，223p.

　古代メソポタミアの粘土板から現代の電子書籍まで，図書の生産と流通の歴史についての概説書である。多数のカラー写真が掲載されているのが特徴で，モノ（物理的実体）としての図書の多様性と変化が一目瞭然である。とりわけその歴史的な変遷からは，社会における図書の位置づけの変容を知ることができる。

・1.3節の参考文献

Battles, Matthew『図書館の興亡―古代アレクサンドリアから現代まで』［Library: An Unquiet History］白須英子訳，草思社，2004，302p.

　欧米における図書館機能の変遷を古代から現代までたどりつつ，とりわけ，一国の文化を集積する図書館が異民族によって破壊されてきた歴史を論じている。

和田万吉『図書館史』改訂新版，慧文社，2008，299p.

戦前，東京帝国大学図書館長を務めた和田万吉の講義ノートを刊行した『図書館史』(1936) の新訂版であり，古代パピルス時代から20世紀初頭まで欧米の図書館史を描いた古典書。

岩猿敏生『日本図書館史概説』日外アソシエーツ，2007, 248p.
　日本の文庫・図書館の発展過程について，貴族文庫・僧侶文庫・武家文庫・市民図書館という時代区分に基づき，古代から戦前期まで通史的に述べている。

・1.4節の参考文献

Budd, John. Knowledge and Knowing in Library and Information Science: A Philosophical Framework. Scarecrow Press, 2001, 368p.
　アメリカの図書館情報学界において哲学的な視点からのアプローチを行った数少ない著書。「知識」あるいは「知ること」がこの分野の最大のテーマであることが伝わってくる。

McNeely, Ian F. et al.『知はいかにして「再発明」されたか―アレクサンドリア図書館からインターネットまで』[Reinventing Knowledge] 冨永星訳，日経BP社，2010, 340p.
　西欧の歴史を「知の再発明」というテーマから描いたもので，図書館，修道院，大学，文字の共和国，専門分野（ディシプリン），実験室，インターネットが扱われている。

2 メディアと知識資源

2.1 図書館情報学とメディア

2.1.1 情報メディアと知識メディア

　図書館情報学で対象とする「メディア」とは何かを説明するため，はじめに第1章の「情報」と「知識」をめぐる議論を振り返って確認しよう。

　1.1節の冒頭では，「図書館情報学の中心的な課題は，記録された知識を蓄積し，整理し，利用に供することにある」と述べた。そして図書館情報学における知識は，情報と質的に異なるものであり，「知識は，この世界において実際にこのようであるもの，このようでしかなかったもの，として特徴づけられる」と説明し，さらに，図書館情報学は「形式的に存在可能な知識をその歴史社会的な実現とは別に担保した上でその変化をもたらすものを情報と見るのではなく，世界に実際に存在しまた実際に存在しうる知識に限ってその変化をもたらすものを情報と見る」と宣言した。

　1.2節では，「知識メディア」に「まとまった分量の知識を記録する社会的な仕組み，またはそのような仕組みで実現した物理的な実体」というゆるやかな定義を与えた。そして「知識は，この世界において実際にこのようであるもの，このようでしかなかったもの」であるがゆえに，図書館情報学は，理念的には知識の物象化を否定し，知識と知識メディアの歴史性（一回性，単独性）を基盤とすることを宣言した。しかし一方で，図書館情報学は，実践的にはデータと情報の形式化を受け入れ，知識を流通，蓄積するものと考えること，すなわち，知識と知識メディアの一般性＝擬似的な計算可能性にも足場を置いていることも説明した。第1章では，このような知識の歴史性と一般性の両者あるいはその両者からずれたところに存在する図書館情報学固有の問題領域を，「知識の

現実的存在可能性」と呼んだのであった。

さて、『図書館情報学用語辞典　第3版』では、「メディア」と「情報メディア」は次のように解説されている[1]。

メディア
(1) 情報メディアのこと。(2) 記録媒体のこと。広義にはアナログメディアを含むが、狭義にはコンピュータの外部記憶装置に用いる可般のデジタル記憶媒体。(3) マスコミのこと。新聞、テレビなどのいわゆるマスコミが1990年代にメディアと呼ばれるようになり、報道や社会学の領域で定着した。「メディアの時代」,「メディアイベント」などの「メディア」はマスコミを指している。

情報メディア
人間の情報伝達、コミュニケーションを媒介するもの。情報伝達に関与するものはきわめて多様なため、さまざまに概念規定が可能である。媒介する物体・装置もしくは技術的特性に焦点を合わせる場合や、単に技術ではなく社会的なシステムであることを強調する場合がある。なお、information media は日本語からの訳語としての使用例が中心で、英語圏ではあまり使われない表現である。

また、すでに本書第1章1.1節では、同辞典が「知識」を「図書館情報学では、メディアを通じて蓄積、伝達される」と説明していることを紹介した。

整理しよう。図書館情報学で対象とする「メディア」は、単なる記録媒体のことでもマスコミのことでもなく、知識と知識メディアの一般性＝擬似的な計算可能性を認識したときに可視化される「情報メディア」である。

もしも知識と知識メディアの歴史性に重きを置くならば、「知識メディア」と呼ぶ方がふさわしいし、実際、本書第1章ではその語を用いた。しかし、そもそもメディア（単数形"medium"、複数形"media"）の原義は「媒介するもの」であり、メディアは「社会において情報、データ、知識の流通、蓄積を媒介する何か」と一般に了解されている。すなわち、「メディア」という発想自体に、

「知識は流通，蓄積しうる」という一般性への志向が潜在しているのである。

本章では，基本的に知識と知識メディアの一般性に立脚した議論を行う。それゆえ「知識メディア」ではなく「情報メディア」という語の方がふさわしい。ただし，以後は「メディア」という語で「情報メディア」を表すことにする。

2.1.2　メディアの範囲

メディア論の創始者であるマーシャル・マクルーハンは，その記念碑的な著作である『メディア論』の第2部で，彼がメディアと考えるものを26の章に分けて論じている[2]。その章見出しは次の通りである。

> 話されることば，書かれることば，道路と紙のルート，数，衣服，住宅，貨幣，時計，印刷，漫画，印刷されたことば，車輪・自転車・飛行機，写真，新聞，自動車，広告，ゲーム，電信，タイプライター，電話，蓄音機，映画，ラジオ，テレビ，兵器，オートメーション

マクルーハンは，人間の身体的・知的機能を拡張するもの一般をメディアと考えたので，肉体を保護する衣服や住居も，走行能力を向上させる車輪・自転車・飛行機や自動車もメディアとみなしている。しかし，これらは上述したメディアの暫定的な定義，「人間の情報伝達，コミュニケーションを媒介するもの」に直接的には当てはまらず，図書館情報学ではメディアとみなさない。

では，「人間の情報伝達，コミュニケーションを媒介するもの」とも考えられる紙，数，衣服，貨幣，時計，ゲーム，タイプライターなどは，図書館情報学の対象とするメディアであろうか。

本書第1章1.2節で指摘したように，図書館情報学は，知識メディアのなかの特権的存在である図書を基軸とする学問である。したがって，メディアの範囲も図書を参照点に据えなければならない。図書館情報学が対象とするメディアは，少なくとも次の要件を満たすものである。図書がこれら4つの要件を満たすことはいうまでもない。

1　人間から人間への意識的・意図的な情報伝達を媒介する。

2 まとまりのある知識の構成に寄与するような情報伝達を媒介する。
3 情報伝達を一次的な機能とする社会的な仕組みとして定着している。
4 情報の発信から受信までの過程に関与する包括的な仕組みである。

第1の要件より，人間以外から情報が伝わる場合（夕焼け，動物の鳴き声など）や，人間から意図せず無意識に伝わる場合（くしゃみ，赤面など）はメディアの範囲に含めない。第2の要件より，単独ではまとまりのある知識の構成に寄与しない場合（交通標識，数，貨幣，時計など）は含めない。第3の要件より，情報伝達が一次的な機能でない場合（衣服，紙，ゲームなど）は含めないし，また，社会的な仕組みとして定着していない場合（現代の日本であれば，伝書鳩，腕木信号，テレックスなど）は含めない。第4の要件より，情報伝達の過程に局所的にしか関与しない場合（カメラ，スクリーン，アンテナ，タイプライターなど）は含めない。

以上の4つの要件を満たすものとしては，図書，雑誌，新聞を代表とする出版メディア（≒印刷メディア）以外に，肉筆メディア（写本，絵画など），郵便メディア（手紙，ハガキなど），放送メディア（ラジオ，テレビなど），通信メディア（電信，電話など），録音・録画メディア（音楽CD，映像DVDなど），劇場メディア（映画，演劇，コンサートなど），ネットワーク・メディア（電子メール，ホームページ，ブログ，SNSなど）がある。

また，対面して肉声で情報伝達を行う仕組みは上記の要件を満たすが，器具，機械を使わない原初的な方法であるため，メディア未満とみなされることが多い。しかし，対面発話は原初的，基底的であるがゆえにほかのメディアを分析するための参照点となるため，身体系メディア（対話，会議，演説など）と呼んでメディアの範囲に含めることがある。

2.1.3　資料から非資料へ

メディアによってまとまりのある知識が物理的な実体に蓄積されている場合，その実体を「資料」と呼び，資料を生成するメディアを「蓄積系メディア」あるいは「パッケージ系メディア」，「記録メディア」という。肉筆／出版／郵便／録音・録画メディアは蓄積系メディアであるが，放送／通信／劇場／身体系

メディアは非蓄積系メディアである。

また，まとまりのある知識を不特定多数の人間へ伝達する機能のあるメディアを「マス・メディア」，特定の個人または少数の人間へ伝達する機能のあるメディアを「パーソナル・メディア」という。出版／放送／劇場メディアは一般的にマス・メディアであるが，肉筆／身体系メディアは限られた人数へしか情報伝達できないので原理的にパーソナル・メディアであり，通信／郵便／録音・録画メディアはマス／パーソナルのどちらにもなりうるメディアである。

もう一度，本書第1章1.1節の冒頭を繰り返せば，「図書館情報学の中心的な課題は，記録された知識を蓄積し，整理し，利用に供することにある」。そして，図書館情報学が成立した17世紀から1980年代まで，「記録された知識」は図書を頂点とする蓄積系マス・メディアに集中，偏在していたため，蓄積系マス・メディアが生成する資料を中心的な研究対象とし，非蓄積系メディア，パーソナル・メディアは周辺的にしか取り扱っていなかった。

ところが，1990年代以降，図書館情報学は2つの理由で，非蓄積系メディア，すなわち非資料を軽視することはできなくなっている。

第1の理由は，コンピュータ・ネットワークが情報流通の基盤となりつつあり，まとまった知識がネットワーク上に膨大に蓄積されるようになったからである。ネットワーク・メディアの伝達内容は，ネットワーク上のどこか（のサーバ）に少なくともいったん記録される。サーバ上のデジタル記憶媒体は物理的な実体ではあるが，利用者が直接見たり触れたりできないので資料とは呼びがたい。しかし，「記録された知識を蓄積し，整理し，利用に供すること」を中心的な課題とする限り，図書館情報学はネットワーク・メディアという非資料を無視することはできない。

第2の理由は，ネットワーク・メディアの普及によって，図書館情報学の実践フィールドである図書館が，その社会的機能を徐々に縮小させているからである[3]。図書館は，かつては（1）資料の網羅的収集と永久的保存，（2）図書館自体の地理的な増殖と棲み分けという戦略を用い，情報アクセスの効率化という社会的機能を安定的に果たしてきた。ところが近年，知識の効率的な提供をネットワーク・メディアが担うようになったため，これらの戦略の有効性が急速に低下している。図書館情報学は，図書館の社会的機能を問い直すために

も，ネットワーク・メディアという非資料を無視することはできない。

さらに加えるならば，ネットワーク・メディアにおいては，マス・メディアとパーソナル・メディアの境界線が明確ではない。電子メール，ホームページ，ブログ，SNSなどは，いずれもスケーラブルな（拡大・縮小が自在にできる）メディアとして，特定の個人への情報伝達にも不特定多数への情報伝達にも利用されている。そのため，図書館情報学は，いままで周辺的なものとして扱ってきたパーソナル・メディアへも視線を向けなければならない。

以上を踏まえて，2.2節では，資料のみでなく非資料も含めてメディア全般を研究するためのいくつかの視点を提供する。一方，2.3節，2.4節では，1990年代以降も図書館情報学と図書館の中心的な対象であり続けている「資料」について，印刷資料／非印刷資料に分けて概説する。2.5節では，90年代以降に普及し，いまだ拡大と変化の速度が止まらないネットワーク・メディアについて，多少の未来予測も含め，現時点で可能な範囲の議論を行う。

2.2 メディアの共時態と通時態

メディアは，その共時態および通時態から把握することができる。共時態とは，特定の時代・地域において安定した構造を備えた姿であり，通時態とは，時代の遷移に伴って動的に変動する姿である。本節では，まずメディア研究の方法論を検討した上で，メディアの共時態を現代日本に焦点を絞って分析し，次にメディアの通時態を「制約の縮小・軽減」という観点から簡潔に論じる。

2.2.1 メディア研究の視点

データと情報の形式化を受け入れ，まとまりのある知識はメディアによって構成されると考えるならば，情報伝達の仕組みであるメディアと，メディアが伝達する「メッセージ」とを識別することが方法論的に可能である。すなわちメッセージとは，メディアによって流通，蓄積する，まとまりのある知識（の構成に寄与するような情報）のことである。メディア研究は，メッセージはとりあえず括弧で括り，メディアそのものの社会的な機能と効果を通時的（歴史的），共時的（同時代的）に考察することを出発点としている。

この見方を確認するため，マクルーハンの有名な「メディアはメッセージである」という命題を銘記しておこう。これは本来識別されるべきメディアとメッセージを逆説的に並置することで，メディアそのものにメッセージと同等の効果があるということ，すなわちメディアはそれが伝達するメッセージの内容によってではなく，その成り立ちそれ自体によって人間の感覚や思考や意思に作用するという事実を表現したものである。例えば，同一のメッセージでも，肉声，手紙，電話，電子メールのいずれのメディアを用いるかにより，発信者と受信者のどちらにおいても感じ方，考え方（思考），行動の仕方がおのずと異なるのは，メディアにメッセージ性があるためである。また例えば，携帯電話が広まったことで，携帯電話のなかった時代と比べて人びとの感受性，思考方法，行動様式が何かしら変わったはずである。

メディアのメッセージ性をあまり強調しすぎると，テクノロジーが社会の様相を一方的に規定すると主張する「技術決定論」に堕するおそれがある。しかし，メディア研究にとって，メッセージではなくメディアそのものに社会的な機能と効果を見出す視点は肝要である。メディアには，メッセージとは独立に人間の身体に作用し，現実を変容させる力がある。メディア環境の変容は，人びとの身体感覚，世界観，思考や記憶の様式，ひいては社会の構造をも変えてしまう契機となりうるのである。

しかし，ここにメディア研究の難題が存在している。なぜなら，メディアを研究しようとしても，メディアを把握するための認識の枠組みそれ自体が，常にすでにメディアの成り立ちに依存しているからである。研究者を含めた人間の認識の枠組みは，その時代・場所のメディア環境によって拘束されている。

メディア研究は，ややもすると（a）認識の枠組みはアプリオリなものとしてメディアの社会的な機能と効果を考察する研究になりやすい。しかし，（b）その枠組み自体は問わないまでも枠組みの存在を強く意識し，個人の認識とメディアとの相互作用を通してメディアの機能と効果を論じる研究が必要であるし，さらには（c）その枠組み自体を明らかにするために，人間の認識の存立条件としてのメディアの配置・構造を考察する研究への志向も不可欠である。

実際，メディア研究のほとんどは（a）の研究であるが，（b）あるいは

(c) を志向していると評価できる優れた研究も少なくない。本節では、メディアの通時態を論じていて、(b) または (c) と評価できる代表的な著作を 10 点挙げることで、議論と方法論の広がりを俯瞰しておこう。

　まず、メディア論の先駆的な著作としては、表音文字（アルファベット）の文化的影響を論じてマクルーハンに影響を与えたハロルド・イニスの『メディアの文明史』[4]、ホメロスなどの口承文学を通じて文字メディアが普及する以前の人間の思考様式を推測したウォルター・J・オングの『声の文化と文字の文化』[5]、そしてマクルーハンの『メディア論』[6]および『グーテンベルクの銀河系』[7]が、広く読まれている。

　時代を限定した研究としては、「アウラ」の喪失という観点から 1930 年代のメディアを同時代的に論じたヴァルター・ベンヤミンの『複製技術時代の芸術』[8]、ジャック・ラカンの精神分析論とミシェル・フーコーのアルケオロジー[9]に基づいて 1900 年前後の変容を論じたフリードリヒ・キットラーの『グラモフォン・フィルム・タイプライター』[10]、15-18 世紀のヨーロッパにおける知識の商品化を詳細に検討したピーター・バークの『知識の社会史』[11]が典型的である。

　21 世紀のメディア環境を先取りした研究としては、アーヴィング・ゴフマンの演劇論的メタファーで社会的行動への電子メディアの影響を分析したジョシュア・メイロウィッツの『場所感の喪失』[12]、ジャン・ボードリヤール、フーコー、ジャック・デリダなどポスト構造主義の理論を援用して電子メディアの時代を論じたマーク・ポスターの『情報様式論』[13]、さらに日本では、「超越的な他者」（第三者の審級）を鍵概念として古代帝国から現代資本主義までを論じた大澤真幸の『電子メディア論』[14]を紹介しておこう。

2.2.2　メディアの伝達性能の比較

　レジス・ドブレは、メディアの政治性をその情報伝達作用の技術的な機制や性能との関わりで探究する「メディオロジー」という研究領域を提唱している[15]。この研究も、(c) 人間の認識の存立条件としてのメディアの配置・構造を考察する志向を備えている。彼は『メディオロジー宣言』において次のように述べた。

私はつまり，高度な社会的機能を伝達作用の技術的構造との関わりにおいて扱う学問を「メディオロジー」と呼んでいるのだ。人間集団の象徴活動と，その組織形態，そして痕跡を捉え，保管し，流通させるその様態の間に，できるならば検証可能な相関関係をケース・バイ・ケースで論証すること，それを私は「メディオロジー的方法」と呼んでいる。[16]

　彼のいうメディオロジー的方法は，21世紀の図書館情報学においても有効である。すなわち，メディア環境全体をターゲットとするのに先んじて，個別メディアをその情報伝達作用の技術的な性能や機制において論じることが，資料のみでなく非資料も含めたメディア全般の研究にとって，さらに新しいかたちのメディアを続々と出現させているネットワーク・メディアの研究にとって，大きな効用が認められるのである。なぜならば，メディアをメッセージから識別するのみでなく，その利用実態からも切り離して情報伝達作用の技術的な性能や機制のみに注目することで，各メディアの配置やメディア間の距離が明らかとなり，さらにどのような新奇のメディアが出現しても，あるいは過去のどんなメディアについても，同時代のメディアとの位置関係を推定できるようになるからである。

　個別メディアをその情報伝達作用の技術的な性能や機制において論じる方法はいくつもあるが，その1つは，メディアに固有の「情報伝達性能」の分析である[17]。

　表2-1は，メディアの伝達方法／内容の形式がもたらす情報伝達の「制約」を手がかりとして，網羅的に選定した18個の比較項目である。これらは，伝達方法の形式に関する空間的な制約が6項目（S1-S6），時間的な制約が6項目（T1-T6），伝達方向の制約が2項目（D1，D2），伝達内容の形式に関する制約が4項目（M1-M4）からなっている[18]。

　この比較項目のセットを用いて，現代日本のメディア環境の共時態を分析した一例を示そう。まず，現代日本で一般的に利用されているメディアを，21種類のメディア・カテゴリで代表させた。次に，21種類のメディア・カテゴリそれぞれについて，18個の比較項目について順位尺度で評価し，クラスタ

表2-1　メディアの伝達性能の比較項目

			比較項目	説明	制約対象
伝達方式の形式	空間的な制約	[S1]	発信地点随意性	発信可能な地点の多さ	発信／受信の空間的な位置に関する制約
		[S2]	受信地点随意性	受信可能な地点の多さ	
		[S3]	受発信地点近接性	発信地点と受信地点の距離の近さ	発信／受信の空間的な距離の制御に関する制約
		[S4]	受発信地点遠隔性	発信地点と受信地点の距離の遠さ	
		[S5]	発信空間可動性	移動しながら発信できる	発信／受信の空間的な位置の制御に関する制約
		[S6]	受信空間可動性	移動しながら受信できる	
	時間的な制約	[T1]	発信時刻随意性	発信可能な時刻の多さ（常時性）	発信／受信の時間的な位置に関する制約
		[T2]	受信時刻随意性	受信可能な時刻の多さ（常時性）	
		[T3]	受発信時刻近接性	発信から受信までの時間的な距離の近さ（即時性・同期性）	受信の時間的な距離の制御に関する制約
		[T4]	受発信時刻遠隔性	発信から受信までの時間的な距離の遠さ（記録性・延期性）	
		[T5]	発信時間可動性	時間を操作しての発信	発信／受信の時間的な位置の制御に関する制約
		[T6]	受信時間可動性	時間を操作しての受信	
	方向の制約	[D1]	多方向・発信同報性	同時に発信できる方向の多さ（マス性）	発信の方向の数に関する制約
		[D2]	双方向・発受信交替性	発信と受信の方向を変えられる（双極性）	発信と受信の方向の制御に関する制約
伝達内容の形式	言語的・感覚的な制約	[M1]	音声言語	話しことばを伝達できる	伝達記号に関する制約
		[M2]	文字言語	書きことばを伝達できる	
		[M3]	非言語的聴覚情報	音声，音楽を伝達できる	
		[M4]	非言語的視覚情報	静止画，動画を伝達できる	

2　メディアと知識資源　　　　　　　　　　　53

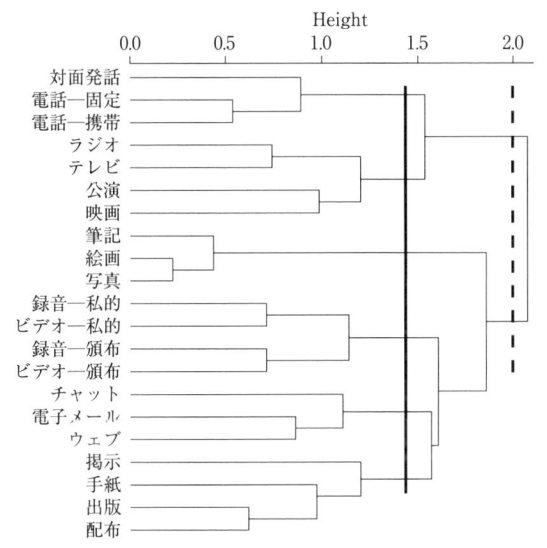

図2-1　メディアの階層的クラスタリング

ー分析を行った。クラスター分析には様々な手法があるが，実用性が高い最遠距離法（完全連結法）によって階層的クラスタリングを行った結果が図2-1である[19]。

　21のメディアを6つのグループに分ければ，次のa-fの通りとなる（図2-1の縦の太い実線）。

a　対面発話，電話―固定，電話―携帯
b　ラジオ，テレビ，公演，映画
c　筆記，絵画，写真
d　録音―私的，ビデオ―私的，録音―頒布，ビデオ―頒布
e　チャット，電子メール，ウェブ
f　掲示，手紙，出版，配布

　また，21のメディアを2つのグループに分けると，非記録メディア（a + b）と記録メディア（c + d + e + f）に2分される（図2-1の縦の点線）。

この結果からは，例えば電話と対面発話の類似，ネットワーク・メディアの蓄積系メディアとしての性格などを読み取ることができる。このような研究方法によって，日常的，通念的なメディアイメージに囚われることなく，メディア相互の関係と配置を，共時的にも通時的にも把握することができる。

2.2.3 知識資源のコンテンツ+コンテナ・モデル

ドブレのメディオロジー的方法に従って，個別メディアをその情報伝達作用の技術的な性能や機制において論じるもう1つの方法は，メディアに固有の「知識伝達機制」の分析である。

メディアを知識資源の記録，伝達，提示のための機制と位置づけたとき，その装置・機構の構造は，「コンテンツ」と「コンテナ」の組み合わせとみなすことができる。コンテンツとは，知識資源となる（メッセージとして受信される）ことを意図して記録，伝達，提示された記号ないしデータである。一方コンテナとは，そのような記号，データを記録，伝達，提示するための物理的な

表2-2　コンテンツ+コンテナ・モデル

		構成要素		説明
コンテンツ		[A1]	知的情報コンテンツ	知的ないし芸術的活動の成果として創出された記号，データ
		[A2]	主体情報コンテンツ	知的情報コンテンツの制作，伝達，記録，利用に関与した個人・団体（人的主体）についての情報
		[A3]	内的構造コンテンツ	当該の情報資源の内部がどのような構造になっているのか，データの構成およびデザインに関する情報
		[A4]	外的構造コンテンツ	当該の情報資源がほかの情報資源とどのような関係にあるのかを示した情報
コンテナ	蓄積搬送コンテナ	[B1]	搬送前コンテナ	発信直前に，コンテンツを記録・蓄積しておく装置
		[B2]	搬送時コンテナ	発信後に，コンテンツを受信者へ搬送（移動）するための装置
		[B3]	搬送後コンテナ	受信直後に，コンテンツを記録・蓄積しておく装置
	再生提示コンテナ	[B4]	再生処理コンテナ	コンテンツを人間が知覚（視聴）できる状態にするための装置
		[B5]	提示コンテナ	再生・提示用に加工処理されたコンテンツを人間の感覚器官（視聴覚）に対して実際に提示する刺激装置

表2-3　コンテンツ＋コンテナ・モデルによる知識資源の比較

		図書	手紙	映画フィルム	音楽CD	テレビ放送番組	音楽ネット配信	電子メール	ウェブページ
コンテンツ	A1. 知的情報コンテンツ	テキストデータ	テキストデータ, 画像データ	映像・音声データ	音声データ	映像・音声データ	音声データ	テキストデータ, 画像データなど	テキスト, 音声, 画像, 映像・プログラムなど
	A2. 主体情報コンテンツ	著編者名, 出版社名など	差出人名, 宛名など	制作者名, 出演者名, 配給会社名など	作曲者名, 演奏者名, 発行者名など	制作者名, 出演者名, 放送局名など	作曲者名, 演奏者名, 発行者名など	発信者名, 受信者名など	制作者名, 公開利用者の属性・利用履歴など
	A3. 内的構造コンテンツ	章節構成, 目次・索引, ページデザインなど	文章構成など	カット割り, 映像構成など	演奏順序, 楽曲構成など	カット割り, 番組構成など	演奏順序, 楽曲構成など	文章構成など	ページデザイン, ページ内リンクなど
	A4. 外的構造コンテンツ	参照・引用, 献辞・謝辞など	通常なし	通常なし	通常なし	通常なし	通常なし	返信元メールの情報など	外部ページへのリンク, 外部ページからのリンク
コンテナ	B1. 搬送前コンテナ	印刷された紙の冊子	手書きされた便箋	映画用フィルム	音楽用CD	放送設備の記憶装置	サーバシステムの記憶装置	サーバシステムの情報など	ウェブサーバの記憶装置
	B2. 搬送時コンテナ					放送電波, CATV回線	インターネット回線, 携帯電話回線	インターネット回線, 携帯電話回線	インターネット回線
	B3. 搬送後コンテナ					通常なし	PC, DAP*, 携帯電話の記憶装置など	PC, 携帯電話の記憶装置など	PC, 携帯電話の記憶装置など
	B4. 再生処理コンテナ			映画館の映写機	CDプレイヤー	テレビ受像機	PC, DAP*, 携帯電話	PC, 携帯電話	PC, 携帯電話
	B5. 提示コンテナ			映画館のスクリーン, スピーカー	CDプレイヤーのスピーカー	テレビ受像機のディスプレイ, スピーカー	PC, DAP*, 携帯電話のスピーカーなど	PC, 携帯電話のディスプレイ	PC, 携帯電話のディスプレイ, スピーカーなど

（注）＊DAPはデジタルオーディオプレイヤーの略。

装置・機構である．知識資源のソフトウェア的な成分がコンテンツ，ハードウェア的な成分がコンテナと考えてもよい．

　知識資源のコンテンツ＋コンテナ・モデルでは，知識資源一般を9種類の構成要素の組み合わせで理解する．表2-2に，コンテンツを構成する4つの要素と，コンテナを構成する5つの要素を示した[20]．

　表2-3は，図書，手紙，映画フィルム，音楽CD，テレビ放送番組，音楽ネット配信，電子メール，ウェブページという8種類の知識資源を，コンテンツ＋コンテナ・モデルに従って比較したものである．

　メディアに固有の「知識伝達機制」については，例えば，そのコンテンツとコンテナの分離に注目することができる．図書と手紙ではコンテンツとコンテナが一体であるが，映画フィルム，音楽CDでは蓄積搬送コンテナと再生提示コンテナが分離している．そのため，前者では特定のコンテンツを利用するとき利用者はコンテナを選べないが，後者では再生提示コンテナを自由に選択することができる．さらに，ネットワーク・メディアでは，搬送時コンテナ，搬送後コンテナも利用者の選択に任される．表2-3のXが示す二重線より下が，利用者が選択可能なコンテナである．

　このような研究方法を発展させれば，例えばどのような新奇のネットワーク・メディアが出現しても，メディアの特徴や性格を共時的，通時的に把握することが容易になる．コンテンツ＋コンテナ・モデルは，2.5節でネットワーク・メディアの特徴を論じるときにも利用しよう．

2.2.4　メディア史の概容

　粘土板からBlu-ray Discまで，洞窟絵画からソーシャル　メディアまで，人類が発明，利用してきたメディアは数限りなく，はなはだ多様である．しかし，ここで再びメディアをその情報伝達作用の技術的な性能や機制において論じるならば，複雑で見通しにくいメディアの発展過程を情報伝達性能の向上として概観することができる．

　上述の通り，情報伝達性能の向上は，伝達方法／内容の制約が縮小・軽減することによって達成されている．この「制約の縮小・軽減」という観点から，メディアを通時的に考察してみよう．

受発信地点遠隔性（S4；表2-1参照）という「空間的な制約」は，通信系メディアにおいて，情報を送受信できる距離が増大することで縮小・軽減してきた。音声メディアを例とすれば，わずか150年前まで，即時的に伝達できる距離は肉声の届く数百mがせいぜいであったが，19世紀後半に電話が発明されて数百kmに延び，20世紀後半には海底ケーブルと人工衛星の技術によって地球の裏側と（数万km），さらに地球と月の間（数十万km）でさえ音声を即時的に伝達できるようになっている。

多方向・発信同報性（D1；表2-1参照）という「方向の制約」は，蓄積系メディアにおいては複製技術の向上によって，通信系メディアにおいては放送技術の向上によって縮小・軽減してきた。

複製技術の向上は，文字メディアを例とすれば，書写（手書き）の時代には1時間に複製できるのはシートにしてせいぜい数枚であったものが，15世紀に手引き印刷機が発明されて1時間に数十枚，19世紀に蒸気式印刷機が発明されて1時間に数万枚の複製ができるようになった。さらにデジタル化した文字ならば，1時間に複製できる数量は無限大に近づいたといってよい。

放送技術の向上は，音声メディアを例とすれば，19世紀末に電話が発明された当初は1人へ向けての発信であったものが，20世紀前半にラジオ放送が開始されて不特定多数へ発信できるようになった。また，ラジオ放送の開始当初はたかだか数百人へ向けての発信であったが，20世紀後半には，中波放送では全国規模で数千万人へ，短波放送では全世界へ向けて数十億人へ の発信が可能となっている。

言語的・感覚的な制約（M1-M4；表2-1参照）は，1つのメディアで複数の表現形式が処理できるようになることによって縮小・軽減してきた。例えば映画は，発明当初は動画のみを再生するメディアであったが，20世紀前半にサウンドトラックが発明されて動画と音声を同時に再生できるようになった。また電話は，発明当初は音声のみを伝達するメディアであったが，20世紀後半になって音声と動画を同時に伝達するテレビ電話が登場している。20世紀末になると，コンピュータを用いたデジタル化の技術が進展し，あらゆる表現形式を単独のメディアで一元的に処理できるようになった結果，いまや「スマートフォン」と名づけられた電話では，文字，音声・音楽，静止画・写真，動

画・アニメーションなど，あらゆる視聴覚情報が伝達可能である[21])。

2.3 印刷資料

資料＝蓄積系メディアには，コンテンツの中心が文字言語のものと文字言語以外のものがあり（2.2節参照），前者を「文字資料」，後者を「非文字資料」と呼ぶ。また，コンテンツが印刷されている資料を「印刷資料」，それ以外の資料を「非印刷資料」と呼ぶ。この2通りの二分法で資料は4つに分類できる。本節では，文字・印刷資料を中心に扱うが，非文字・印刷資料についても言及する。文字・非印刷資料，非文字・非印刷資料は次節で扱う。

2.3.1 印刷資料の歴史

文字資料の歴史に関しては，すでに本書第1章1.2節で知識メディアとしての図書の起源とその特権性の解体について述べ，1.3節で図書コレクションの登場とその社会的な公開・共有への道のりについて触れた。ここではおもに15世紀の「グーテンベルク革命」以降の西洋における歴史を，(1) 印刷技術の進展と (2) 刊行形式の多様化という2つの側面から簡単に概観する。

印刷技術の進展

印刷技術の進展は，整版印刷術の発明と普及，活版印刷術の発明と普及，そして印刷技術の多様化と電子化という段階を経ている。

整版印刷とは，1枚の版木にページイメージをそのまま彫刻し，これを原版とする木版印刷法である。7～8世紀，唐代の中国で発明され，その後ユーラシア大陸全体へ時間をかけて伝播した。東方へは，8世紀中に奈良時代の日本へ伝わった[22)]。西方へは，13世紀末にマルコ＝ポーロが印刷紙幣を持ち帰り，14世紀末になると西欧で1枚ものの宗教画や護符，免罪符などが印刷された。

活版印刷とは，活字を並べ（植字），組み合わせてページイメージをつくり（組版），これを原版とする印刷法である。11世紀，宋代の中国で陶製活字が発明され，14世紀，元代の中国で木製活字が発明されている。しかし，陶製・木製活字は，整版印刷術のようには普及しなかった。金属製活字は，1403年，

2 メディアと知識資源

図2-2　グーテンベルクの42行聖書
出典：第1巻（1454/55），第1ページ，Harry Ransom Center, University of Texas 所蔵。
URL:http://en.wikipedia.org/wiki/File:Gutenberg_bible_Old_Testament_Epistle_of_st_Jerome.jpg

李氏朝鮮で数十万本に及ぶ銅製活字が鋳造された記録がある。この技術は中国へ伝わり，明代，清代には，比較的人規模に銅製活字による印刷が行われたが，東アジア圏の表意文字（漢字）は字種が多く字形が複雑であり，また金属製活字になじむ油性インキが発明されなかったため，広くは普及しなかった。

近代的な活版印刷術は，1440年頃，ドイツのマインツでヨハネス・グーテンベルクが完成させた。彼が発明したといわれる技術には，鉛を主材とした活字用合金，活字鋳造のための鋳型のシステム，木製の手引き印刷機，そして油性インキがある。彼の活版印刷術は，ルネサンスによって文字メディアへの需要が高まっていたヨーロッパ中に短期間で伝播した。15世紀末までの欧州の印刷図書をインキュナブラと呼ぶが，インキュナブラは3-5万種でおよそ2000万部が印刷され，その4分の3はラテン語であったと推定されている。

19世紀，産業革命の時代になってグーテンベルクの印刷術は全面的に更新

された。第1に，印刷の機械化が進展した。1810年代，ドイツのフリードリヒ・ケーニッヒが蒸気力による印刷機を発明したのに端を発し，19世紀のうちに円圧式，輪転式，オフセット式，謄写式などの印刷機械が次々に発明されている。第2に，鋳植の機械化が進展した。1880年代，アメリカでライノタイプ，モノタイプと呼ばれる活字鋳造機が相次いで発明されている。また，同時期に木材パルプと抄紙機（紙漉き機）が発明され，製紙の機械化が進んだことも重要な技術革新であった。

20世紀になると，まず写真植字が発明される。その先駆は，1924年，石井茂吉と森澤信吉が発明した写植機であった。1960年代，電算写植が発明され，80年代，文字パターンもページイメージもすべてデジタル情報で処理する段階へと進んでいる。かくして印刷技術は大きな変貌を遂げたが，21世紀に入って電子書籍が登場し，「紙への印刷による大量複製」という文字メディアの生産様式は，長期的に規模を縮小させてゆく可能性が高い。

刊行形式の多様化

現在，印刷資料には次のような刊行形式が存在している。

・1枚もの（1枚刷り）
・リーフレット・パンフレット
・図書
　　単行書
　　多冊物
　　シリーズ
・逐次刊行物
　　雑誌
　　新聞
　　その他の逐次刊行物
・その他の印刷資料

これらのうち15世紀のグーテンベルク革命の時代に，1枚もの，リーフレ

ット・パンフレット，単行書，多冊物はすでに存在していた。多冊物の例として，インキュナブラの出版者として有名なアルドゥス・マヌティウスが印刷した『アリストテレス全集』は5巻セットであった。

インキュナブラの時代，ドイツではすでに事件や災害を伝える不定期刊行のビラ，パンフレットが印刷されており，これが新聞の起源といわれている。16世紀になると，宗教改革が原因となってヨーロッパ各地で宗教戦争が始まり，ニュースへの需要が社会的に高まったため，16世紀末以降，時事報道を掲載した不定期刊行物が盛んに刊行されるようになった。

ユグノー戦争（1562-98年）終結後のフランスでは，1605年，ストラスブールで世界初の定期刊行の新聞 *Relation* が刊行された。これは週刊であったが，三〇年戦争（1618-48年）終結後のドイツでは，1650年，ライプツィヒで世界初の日刊新聞（週6日）*Einkommende Zeitung* が創刊されている。一方イギリスでも，清教徒革命（1642-49年），名誉革命（1688年）という政情不安が続くなか，検閲制度の廃止も後押しして，17世紀後半に週刊・日刊の新聞が次々と創刊された。

17世紀の西欧は，宗教戦争の時代であると同時に，ガリレイ，ケプラー，デカルト，パスカル，ニュートンが活躍する科学革命の時代でもあった。当時，科学者同士のおもなコミュニケーションメディアは手紙であったが，17世紀半ばに学術的な定期刊行物が登場する。世界初の雑誌は，1665年，パリで創刊された *Journal des Sçavans* と，同年，ロンドンで創刊された *The Philosophical Transactions* であるといわれている。いずれも同時代の研究成果を記録し，学術文献の目録や要約を掲載する定期刊行物であった。

18世紀になると，雑誌の内容は多様化・専門化し，例えば評論雑誌，娯楽雑誌，文芸雑誌，随筆雑誌などが登場する。1731年，ロンドンで創刊された娯楽雑誌 *The Gentleman's Magazine* は，初めて"magazine"の語を使用した雑誌として知られている。しかし，印刷資料の刊行形式は，17世紀に図書，雑誌，新聞と出揃って以降，20世紀末まで大きな変化はなかったといってよい。

2.3.2 図書・雑誌・新聞

刊行形式と物理的形態

図書は，紙葉を冊子体に製本した資料である。図書館界では「図書」を用いるが，出版界では同義語の「書籍」を用い，物理的な実体に注目するときには「書物」を用いることもある。本節で扱っている印刷資料としての図書は，手書きの「写本」と区別して，「刊本」と呼ばれることもある。また，相当量のページ数があることによって，パンフレットとは区別される。

図書の刊行形式には，1点ずつ単独の冊子で刊行される「単行書」，複数の冊子のセットとして刊行される「多冊物」，各冊子ごとのタイトルのほかに，グループ全体に共通する総合タイトルを持ち，相互に関連づけられている「シリーズ」（叢書）があるが，単行書と多冊物の境界は必ずしも明確ではない。多冊物とシリーズは，前者が刊行の終期を予定するのに対し，後者はしない点が異なっている。またシリーズのうち，出版社名を冠した「〜文庫」，「〜新書」，「〜選書」などの総合タイトルを持ち，終期を予定せず逐次刊行するものを「出版社シリーズ」と呼ぶ。

逐次刊行物は，1つのタイトルのもとに，終期を予定せず，巻次・年月次を追って継続刊行される資料である。個々の資料が固有のタイトルを持たない点で，シリーズとは区別される。逐次刊行物は，一定期間を隔てて刊行される「定期刊行物」と，刊行時期が定まっていない「不定期刊行物」がある。前者の刊行頻度には，頻度の高い順に，日刊，週刊，旬刊，隔週刊，月刊，隔月刊，季刊，年刊などがある。

雑誌は，通常は週刊から季刊の頻度で刊行され，主題，読者層，執筆者層などにおいて一定の編集方針のもとに複数の記事を掲載している定期刊行物である。雑誌と図書は逐次刊行か否かで区別されるが，学術論文を1点ずつ刊行する「モノグラフ・シリーズ」や，日本の出版界に特有の「ムック」は，雑誌と図書の中間的な刊行形式である。

新聞は，通常は日刊から週刊の頻度で刊行され，最新ニュースの報道をおもな目的として，一定の編集方針のもとに複数の記事を掲載している定期刊行物である。雑誌と新聞には，雑誌は綴じられていて新聞は綴じられていない，新聞の方が刊行頻度が高い，雑誌の方がページ数が多い，雑誌の方が1本の記事

表 2-4　日本の印刷資料の判型

判　型	寸法（mm）	印刷資料の種類
B4 判	257 × 364	大判の画集，グラフ雑誌など
A4 判	210 × 297	写真集，美術全集など
B5 判	182 × 257	週刊誌，一般雑誌など
A5 判	148 × 210	学術書，文芸雑誌，総合雑誌，教科書など
B6 判	128 × 182	単行書など
A6 判	105 × 148	文庫本
菊判	150 × 220	単行書など
四六判	127 × 188	単行書など
AB 判	210 × 257	大判の雑誌など
新書判	103 × 182	新書シリーズ，コミック単行書など
タブロイド判	273 × 406	新聞
ブランケット判	406 × 546	新聞

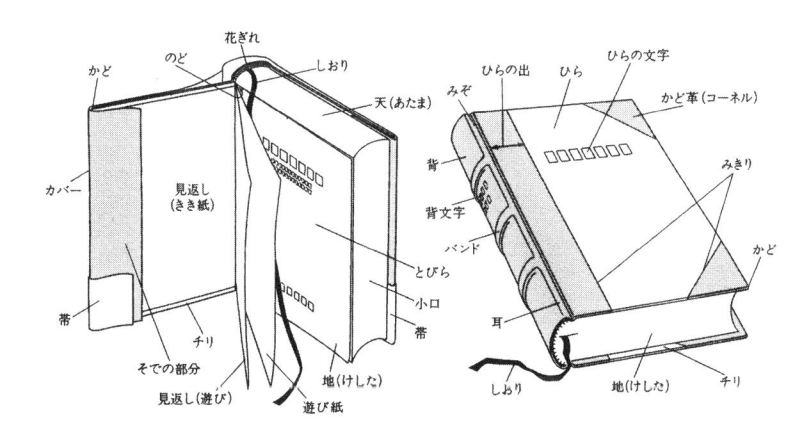

図 2-3　洋装本の部分名称
出典：日本エディタースクール編『標準編集必携第 2 版』日本エディタースクール出版部，見返し。

が長いなど一般的な差異はあるものの，専門誌紙になると刊行形式がきわめて多様で，その境界は必ずしも明確ではない。

　図書の物理的形態は，紙の判型，印刷の方法，製本の様式など，それぞれの言語文化圏ごとに一定のフォーマットが確立している。表 2-4 には，日本における印刷資料の典型的な判型を示した。また，図 2-3 には，単行書の製本の伝統的な様式として，洋装の上製本における部分名称を図示した。

図書と雑誌は物理的形態において，図書の方が紙質がよい，雑誌は並製本（中綴じ，無線綴じ，平綴じなど）で判型がA5判，B5判，A4判のものが多いなどの一般的な差異はある。ただし，これらの特徴が当てはまらない図書，雑誌も多い。一方，新聞の物理的形態は，紙質が劣る，綴じていない，判型はブランケット判またはタブロイド判であるのが一般的な特徴である。

図書館情報学の関連領域である書誌学では，用紙，インキ，活字，装丁，製本など，印刷資料の物理的形態を客観的に分析する研究領域を「分析書誌学」と呼んでいる。分析書誌学では，インキュナブラなど稀覯書の分析による出版文化の研究や，シェイクスピアなど古典籍の分析による偽書・贋本の識別などが行われている。

日本の出版流通

印刷資料の社会的な流通は，それぞれの国・文化圏に固有の出版流通制度によって支えられている。ここでは日本の商業出版の流通について，その特徴を概説する。

日本の図書・雑誌の出版流通は，第1に，出版取次業者を仲介した販売が大きな割合を占めているのが特徴である。近年は，販売額のおよそ8割は取次業者を経由している。第2に，流通経路のうち，「出版社→出版取次業者→書店」という書店ルートがもっとも大きな割合を占めていると同時に，この15年間はCVS（コンビニエンス・ストア）ルート，インターネット・ルートの成長が著しい点が特徴である。日本のおもな出版流通経路は，書店ルート（2010年度は73％。以下同じ），CVSルート（15％），インターネット・ルート（7％），駅売店ルート（3％），生協ルート（2％）である[23]。

第3に，「再販制」（再販売価格維持制度）と「委託販売制」が広く定着している点が特徴である。再販制とは，商品の製造者が問屋，小売店，消費者への販売価格（再販売価格）を決定し，その価格（定価）での販売を守らせる制度であり，出版流通においては，出版社が図書・雑誌の価格を決定している。委託販売制とは，小売店がメーカーの生産した商品を買切りではなく，返品可能な委託という方法で仕入れることのできる制度である。日本の出版流通では一般に，出版社が取次業者へ6カ月間，取次業者が書店へ4カ月間，それぞれ委託して

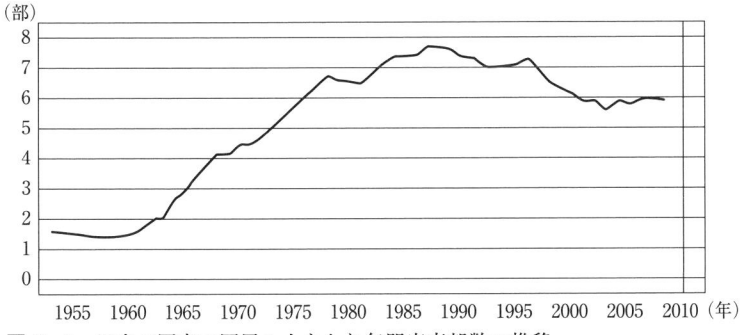

図2-4 日本の図書の国民1人あたり年間実売部数の推移

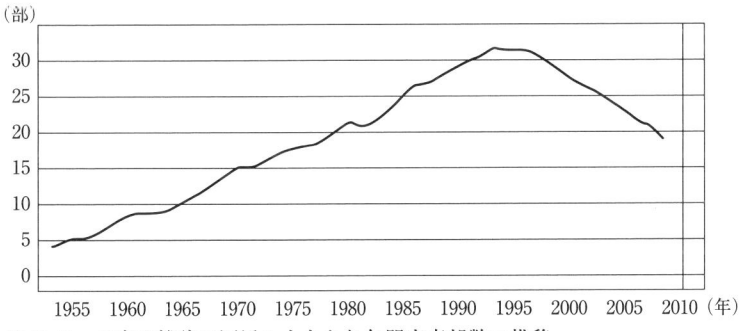

図2-5 日本の雑誌の国民1人あたり年間実売部数の推移

いる。近年の金額返品率は，図書が約40%，雑誌が約35%である。

　一方，日本の新聞の出版流通は，第1に，戸別宅配制度が整備されている点が特徴である。「新聞社→各新聞社の特約販売所→読者の自宅・事業所」という流通経路が全国に張り巡らされており，世界でも珍しく，数百万部を発行する全国紙がいくつも存在している。近年の戸別配達率は約95%であり，駅売店等での即売は5%前後にすぎない[24]。第2に，図書・雑誌と同様，再販制が広く定着していて，新聞社が価格を決定している点が特徴である。日本では出版物の再販制について，その功罪，存廃の議論が長く続いている。

　次に，日本の図書・雑誌の出版流通について，経年変化を見てみよう[25]。日本では，図書，雑誌の年間推定販売金額は，第二次世界大戦後の50年間，順調に伸び続けた。しかし，図書は1996年（約1.1兆円），雑誌は97年（約1.6兆

円）にピークとなり，その後は十数年間にわたり減少傾向が続いている（2011年は図書が約 0.8 兆円，雑誌が約 1.0 兆円）。

図 2-4 と図 2-5 は，それぞれ図書と雑誌の国民 1 人あたり年間実売部数をグラフに示したものである。国民 1 人あたりの販売部数は，図書は 1987 年（7.7 部／人），雑誌は 93 年（31.2 部／人）がピークで，いずれも市場規模よりも早くピークを越えている。

日本では 1990 年代後半に，インターネットと携帯電話が急速に普及した。これらのメディアが図書・雑誌の市場を圧迫したことは確かであるが，国民 1 人あたりの図書の販売部数が 80 年代末から減少していることを考えると，市場縮小の原因を出版の電子化のみに帰することはできない。

2.3.3 様々な印刷資料

図書・雑誌・新聞以外の印刷資料

図書，雑誌，新聞とは刊行形式が異なる印刷資料として，1 枚もの，リーフレット・パンフレット，雑誌・新聞以外の逐次刊行物，その他について述べる。

1 枚ものとは，1 枚の紙の片面または両面に，折り畳まずに閲読することを想定して文字・画像を定着させた資料で，非印刷資料も含む。1 枚ものの印刷資料には，チラシ（フライヤー），ビラ，ポスター，写真，版画，複製絵画，絵ハガキが含まれる。また，1 枚ものの多い資料に，地図，図面，楽譜がある。

リーフレットとは，印刷した 1 枚の紙を 1 回折るか，2 回以上折って観音開き状または蛇腹状にするかした印刷資料である。パンフレットとは，分量が数ページから数十ページと少なく，簡易な方法で綴じてあるか，綴じずに丁合しただけの印刷資料である。広義のパンフレットはリーフレットを含む。リーフレット・パンフレットとして製作されやすい資料には，商品のカタログや説明書，施設・サービスの利用案内，催し物の宣伝やプログラム，会議の資料や記録，政治的な主張の解説などがある。これらの資料はチラシ，ビラ，ポスターとしても作成されるものである。また，地図，図面，楽譜がリーフレット・パンフレットの形態でつくられることも多い。

1 枚もの，リーフレット・パンフレットは，「短命資料」，「灰色文献」と重なりが大きい。短命資料（エフェメラ）とは，一時的な情報提供を目的に作成

され，通常は長期に保存されない資料である。灰色文献とは，一般の出版流通経路を通らないため，存在・所在の確認や入手が困難な資料である。また，1枚もの，リーフレット・パンフレットは，ファイリング・システムを用いて管理されるため，「ファイル資料」にも分類される。

雑誌・新聞以外の逐次刊行物としては，(1) 特定の団体・組織のメンバー向けに刊行される逐次刊行物（会報，ニュースレターなど），(2) 逐次刊行される官公庁刊行物（官報，公報，白書，法規集など），(3) 逐次刊行される学術資料（紀要，テクニカルレポート，モノグラフ・シリーズなど），(4) 逐次刊行される二次資料（年鑑，年報，統計集，会議録など）がある。これらは互いに重複している。また，これらには非定期刊行物も少なくない。

最後に，ここまでに含まれない印刷資料としては，(1) 日本独自の児童向け資料形態である「紙芝居」，(2) 雑誌・新聞の記事を台紙やノートに貼りつけて整理した「切抜資料」（クリッピング資料），(3) 折本や巻子本など特殊な装丁の印刷資料，(4) 封筒，団扇，ジグソーパズルなど特殊な形状の印刷資料，(5) 1980年代まで標準的に用いられていた図書館目録用の印刷カードがある。

図書・雑誌・新聞を横断する資料群

図書館情報学では，図書，雑誌，新聞，あるいはその他の刊行形式を横断して，特定の属性を持つ資料群をほかから区別して扱うことがある。そのような資料群の存在は，図書館サービスの実践で，すなわち資料の収集，整理，提供で特別な扱いを必要とすることに由来している。以下では，そのような資料群のうち，「二次資料」，「学術資料」，「官公庁刊行物」を取り上げる。なお，現在では，以下の資料群のいずれも，非印刷資料，とりわけデジタル資料を含めて論じることが多くなった。

二次資料は「一次資料」と対になる概念である。一次資料とは，学術論文，雑誌・新聞の記事，文芸作品など，新奇性，独創性のある情報を提供する資料であるのに対して，二次資料とは，一次資料のコンテンツを編集，加工，抜粋，圧縮して作成された資料である。二次資料は，通読せずに一部を参照するだけで利用目的が達成されるので，レファレンス資料（参考資料）とも呼ばれる。

二次資料には，指示的加工をしたものと解説的加工をしたものがある。指示

的な二次資料は，一次資料のコンテンツを資料（図書のタイトル，雑誌・新聞の記事，合集中の著作など）を単位として組織化し，特定の情報要求に合致した資料を迅速かつ網羅的に探索できるようにしたものである。代表的なものに，書誌，目録，索引がある。一方，解説的な二次資料は，一次資料のコンテンツを事項（単語，事物・事象，人物・団体，地名，日時など）を単位として組織化し，特定の情報要求に合致した事項を迅速に探索し，正確に理解できるようにしたものである。代表的なものは，辞書，事典，便覧，図鑑，地図，年表などであり，広義には，教科書，概説書，入門書を含める。

学術資料は，学術コミュニケーション[26]の目的で作成され，流通する資料である。そのうち一次資料としては，原著論文，学位論文と，学会誌，紀要，研究年報などの学術雑誌が典型である。それ以外にも，プレプリント，リプリント，レター誌，シノプシス誌，モノグラフ・シリーズ，テクニカルレポート，学術会議の予稿集や報告書なども含まれる。一方，指示的な二次資料としては，学術文献を収録対象とする索引誌，抄録誌など，解説的な二次資料としては，学術的な専門事典，専門年鑑，ハンドブックなどがある。

官公庁刊行物は，国または地方公共団体が刊行する資料である。一次資料としては，官報・公報・公告，国会・地方議会の議事録，裁判所の判決など，二次資料としては，白書，職員録，法令集，統計集，センサス資料などがある。これらの官公庁刊行物は，行政，立法，司法に関わる政治的な情報のみならず，経済・産業，教育・文化に関わる有用・必要な基礎情報を提供する資料として重要である。

以上に挙げた3つ以外にも，図書，雑誌，新聞，その他の刊行形式を超えて扱われる資料群として，児童向け資料，ヤングアダルト資料，コミック資料，郷土資料，地図資料，音楽資料，特許資料，規格資料などがある。

2.3.4　出版の電子化と電子書籍

4つの電子化

出版の電子化は，これまで(1)執筆，(2)編集・印刷，(3)流通，(4)読書の4つの段階でそれぞれ進行している。

編集・印刷の電子化は，もっとも早く始まった。1960年代からCTS（Computer Typesetting System：電算植字システム）の開発は始まっていたものの，長らくディスプレイで印刷結果を確認することができなかった。しかし，84 年にページ記述言語 PostScript が発表され，印刷結果とディスプレイ上の表示を一致させる WYSIWYG（What You See Is What You Get）の技術が開発されたことで，編集・印刷の電子化が一気に本格化することになった。

執筆の電子化は，日本では 1970 年代末にワープロ専用機が登場し，80 年代初めにワープロソフトが動くパーソナルコンピュータが登場したことで始まった。80 年代前半にはかな漢字変換ソフトが普及し，原稿用紙に手書きする時代から，キーボードを打って文章を入力する時代へと移り変わる。

流通の電子化は，物流に依存する段階と依存しない段階に分けることができる。まず 1980 年代に CD-ROM が登場する。辞書，事典，書誌，目録，記事索引など大部なレファレンス資料を中心として，それまで印刷資料として流通していたコンテンツの一部が，CD-ROM でも販売されるようになった。デジタル蓄積系メディアによる流通の電子化は現在も進んでおり，DVD，IC カード，USB メモリなど，様々なメディアが用いられるようになっている。これは文字メディアからの「再生提示コンテナ」の分離に相当する（2.2.3 項参照）。

1990 年代には，オンライン書店による流通の電子化が進んだ。94 年に創設された Amazon 社が成功すると，インターネット上には多数のオンライン書店が開設され，印刷資料をネットで見つけ出して注文し，現物を自宅や職場へ配送してもらう購入方法が急速に広まる。また，注文に応じて必要な部数だけを印刷・製本して販売する「オンデマンド出版」も，品切れや絶版の図書や，大きな販売部数が見込めないコンテンツを中心にして行われるようになった[27]。

これらデジタル蓄積系メディアと印刷資料を販売するオンライン書店では，いずれも商品を輸送・運搬するための物流が必要である。しかし，読書が電子化すれば物流は必要なくなる。現在，読書の電子化によって，流通の電子化は物流に依存しない段階へ向かっている。

読書の電子化は，1980 年代，パソコンのディスプレイで文字を読む習慣として始まった。上述の CD-ROM の閲覧に加えて，80 年代後半には，電子メール，電子掲示板，ネットニュースの利用が広まった。また日本では，80 年代末，外国語辞書をコンテンツとした携帯型の電子辞書の市販が始まり，90 年代初

頭には，CD-ROMやフロッピーディスクをメディアとした携帯型の読書専用機（電子ブックリーダー，電子書籍ビューワー）が早くも発売されている。これは文字メディアからの「再生時／再生後コンテナ」の分離に相当する（2.2.3項参照）。

　1990年代後半，携帯電話が普及すると，電子メールや各種のニュースを携帯電話で読む習慣が徐々に定着した。日本では2002年頃から「ケータイ小説ブーム」が起きた。これは携帯電話向けに執筆された小説が，印刷・製本されて物流に乗ってもベストセラーになったもので，出版電子化の過渡的な現象として興味深い。

　2010年代初頭，新しい読書デバイスとして有力視されているのは，新世代の携帯電話としてのスマートフォン（例：アップル社のiPhone，07年発売），汎用のタブレットパソコン（例：アップル社のiPad，10年発売），そしてネットワーク型の電子書籍端末（例：Amazon社のKindle，07年発売）である。いずれも紙やCD-ROMのような蓄積系メディアを必要とせず，ネットワークからコンテンツを直接ダウンロードする流通形態である。

　出版産業の縮小
　本節は印刷資料を対象としている。しかし前項では，出版の電子化の進行によって印刷資料として流通していたコンテンツが，紙を必要としない非印刷資料として流通するようになりつつあること，さらには物流を必要としないネットワーク・メディアとして流通するようになりつつあることを説明した。例えば，世界最大規模のオンライン書店であるAmazon社では，2011年にアメリカで，12年にイギリスで，電子版（Kindle向け）＝ネットワーク・メディアの販売部数が，紙版＝印刷資料の販売部数を超えている。また12年1-3月期，アメリカでの電子書籍の販売額が，ついにハードカバーの販売額を上回った。

　これまでの出版産業は印刷資料の販売によって成り立っていた。出版の電子化が進むと，印刷資料として流通していたコンテンツを，出版産業以外の様々な業界が扱うようになるため，出版産業の市場規模は必然的に縮小せざるをえない。1990年代以降の市場縮小は，図2-4と図2-5に示した通りである。

　ただし，印刷資料として流通していたコンテツは，そのタイプによって電子

化の進行速度がだいぶ異なっている。

　もっとも早くから電子化が進んだのはレファレンス資料のコンテンツである。1980年代に辞書，事典，書誌，目録，記事索引などがCD-ROM化したこと，その後，電子辞書が普及したことは前述した。さらに90年代以降，画像情報を含む地図，図鑑，マニュアル類も電子化が進んだ。2010年代，オンラインで検索して閲覧するスタイル，つまり流通・読書の電子化もほぼ完了している。12年，英語の最古の百科事典であるEncyclopaedia Britannica（初版は1768年）が，紙版を絶版にしてオンライン版のみ存続となったのは，象徴的な出来事であった。

　次に電子化が進んだのは新聞，雑誌のコンテンツである。新聞，雑誌のコンテンツは速報性が求められること，1本の記事が数百字から数ページのコンパクトな分量であること，拾い読みされる，または読み捨てられる傾向があることなどが，電子化を進める要因となった。2000年代になると欧米でも日本でも，新聞社・出版社の経営不振，老舗新聞の廃刊，伝統ある雑誌の休刊が報道されるようになると同時に，新聞・雑誌のオンライン化が盛んに模索されるようになった[28]。

　また，ビジネス書・実用書，娯楽的な文芸作品，コミックなども，すでに一部の電子化が進んでいる。2010年代には，学校教育で用いる教科書の電子化を，各国政府が政策として進めている。

　一方，電子化が遅いのは，(1) 数十－数百ページを読み通す必要がある長い文章，(2) コンテンツの構造が複雑であったり専門性が高かったりするため，読み返す可能性が高い文章，(3) コンテンツを鑑賞するために，ゆっくり味わうことが求められる作品である。例えば (1)-(3) のすべてに当てはまるコンテンツとして，人文社会系の専門書，長編の文芸作品がある。(1)，(2) は当てはまらないが，(3) の当てはまる文芸的な詩歌集・句集，芸術性の高い写真集，絵本なども，ペーパーメディアとして長く残るであろう。

読書の未来

　読者にとっての電子化のメリットは，いつでもどこからでも大量の情報にアクセスできる，常に最新情報が入手できる，検索ができる，表示方法・デザイ

ンをカスタマイズできる，二次的な加工がしやすいなど，枚挙にいとまがない。2.2.4項で述べた「情報伝達性能における制約の縮小・軽減」という歴史の方向からも，電子化は必然とも思える。それでは，いずれあらゆるコンテンツが電子化することによって，印刷資料はなくなるであろうか[29]。

読者にとって印刷資料のメリットは，第1に，紙に印刷された文字を反射光で読む方が，ディスプレイの透過光で読むよりも圧倒的に読みやすいという点である[30]。Kindleのように反射光で読む電子ペーパーも普及しつつあるが，紙の視認性の電子書籍端末に対する優位は当分揺るがない。第2に，コンテンツを読み飛ばしたり，読み流したりするのに，ページをぱらぱらとめくれる冊子体の操作性，ブラウザビリティはきわめて優れている。第3に，栞を挟む，附箋を貼る，書き込みをするなどの行為は，いまのところ冊子体の方がすばやく手軽に実行できる。

以上のメリットは，いずれ電子化の新しい技術によって失われるかもしれない。しかし，第4に，文字コンテンツを所有したり収集したりしたいという欲求は，紙の冊子体という物理的実体なしには満足されない。第5に，メリットとはいえないかもしれないが，ページをめくる感触やリズム，紙の手触りや冊子体の重み，紙とインクの匂いなどの身体感覚を，図書を読む楽しみや達成感と不可分に感じる読書家は少なくない。はっきり意識していなくとも，これらの身体感覚は読書という行為に随伴している。

印刷資料に対する読者の感覚と嗜好は，すぐには更新されない。出版市場は大幅に縮小しても，読者の身体性が変わらない限り，紙による読書はなくならないであろう。ただし，生まれたときから電子書籍で読書をすることが当たり前の世代が人口の大半を占めるようになったとき，現在のアナログ・レコード盤のように，印刷資料が趣味的な物品ないし貴重な骨董品として扱われるようになる可能性は否定できない。

2.4 非印刷資料

2.4.1 非印刷資料の歴史

非印刷資料は，視聴覚資料とそれ以外に大別される。ここでは視聴覚資料の

2 メディアと知識資源　　　　　　　　　　73

西洋における歴史を，（1）19世紀における視聴覚メディアの発明（アナログ革命）と（2）20世紀におけるコンピュータ・メディアの登場（デジタル革命）という2つの段階に分けて概観する。

視聴覚メディアの発明

　産業革命が進展した19世紀に，西欧と北米で画像，動画，音声を表現様式とする蓄積系メディアが次々と発明された。これをメディアのアナログ革命と呼ぶことがある。

　画像（静止画）資料については，古代から手描きの絵画は存在していたが，視覚情報の正確な記録は，写真の発明によって初めて可能になった。写真は，19世紀前半のフランスにおいて発明されている。1826年，ジョセフ・ニセフォール・ニエプスが銀板（銀メッキした金属板）を使った撮影に成功したのに続いて，37年，ニエプスの協力を得たルイ・ジャック・マンデ・ダゲールがダゲレオタイプと名づけた写真術を発明した。さらに40年，イギリスのウィリアム・ヘンリー・フォックス・タルボットが，ネガから紙製のポジを複製する写真術カロタイプを発明している。その後，写真はあらゆる面で急速に発展し，カラー写真，マイクロ写真の技術も19世紀のうちに完成している。

　動画資料は，視覚の残像効果を応用した動く絵を見せる機械と，写真を連続的に撮影できる機械が結びついて成立した。前者としては，1834年，イギリスのウィリアム・ジョージ・ホーナーが発明したゾートロープが有名である。後者としては，78年，イギリスのエドワード・マイブリッジが，走る馬の断続写真を連続撮影することに成功した。これらの技術の延長に，19世紀末の映画の発明がある。91年，アメリカの発明王トーマス・エジソンは，写真の連続撮影機であるキネトグラフと，撮影した動画を1人で鑑賞するための機械であるキネトスコープを発明した。95年，フランスのリュミエール兄弟は，多数の観客が眺めるスクリーンへ動画を投影する機械を発明し，シネマトグラフと名づけて公開している。

　音声資料の萌芽は，古代から存在する楽譜に見出すことができる。18世紀には，スイスの時計職人がオルゴールを発明している。しかし，聴覚情報の正確な記録は，蓄音機の発明によって初めて可能になった。最古の蓄音機は，

1857 年にフランスのレオン・スコットが記録法を発明したフォノートグラフであるが，円筒形蓄音機であるフォノグラフを完成させたのはエジソンであった。彼は，77 年に錫箔円筒式蓄音機，87 年に蠟管式蓄音機を発明している。同じ 87 年に，ドイツ出身のエミール・ベルリナーが円盤式蓄音機のグラモフォンを発明し，レコード（音盤）の大量生産に道を開いた。さらに音溝ではなく磁気による音声の記録技術も，98 年，デンマークのヴァルデマール・ポールセンが実験に成功している。

デジタル・メディアの展開

20 世紀のメディア史における最大の展開は，文字，画像，動画，音声のすべてを二値のデジタル情報（バイナリ・データ），すなわちビット列（0/1 の信号の並び）で表現して記録，伝達する技術が確立したことと，このデジタル情報を処理する機械としてのコンピュータの発達である。これをメディアのデジタル革命と呼ぶことがある。

デジタル化技術は，例えば 1837 年にモールスが発表したモールス信号を起源と考えることもできるが，二値のデジタル情報を処理する電気・電子的な汎用機械としてコンピュータが登場するのは，20 世紀半ばである。最初期の真空管式コンピュータとしては，配線でプログラムを実現していた ENIAC（1946 年）と，初のプログラム内蔵方式（ノイマン型）コンピュータである EDSAC（1949 年）が有名である。

コンピュータの記憶素子は，1940 年代の真空管に始まり，50 年代後半にはトランジスタ，60 年代後半には IC（集積回路），70 年代以降は LSI（大規模集積回路）へと移り変わってゆく。電子回路の集積密度は日進月歩で向上し，コンピュータのダウンサイジングは急速に進んだ。71 年，インテル社が最初のマイクロプロセッサ（i4004）を発表し，76 年，アップル社が最初のパーソナルコンピュータ（Apple I）の販売を始めた。

コンピュータの外部記憶媒体は，1940-60 年代のパンチ式（紙テープ，パンチカード）に始まり，1970-80 年代に磁気式（磁気テープ，フロッピディスク）へと移り変わった。そして 81 年に CD-DA，85 年に CD-ROM の規格が発表になって以降，光学式の時代となる。95 年に DVD（Digital Versatile Disc），2002 年に

BD（Blu-ray Disc）の規格が発表となっている。また，現在は半導体式（メモリカード，IC カードなど）が様々なデジタル機器の外部記憶媒体として普及している。

2.4.2 様々な視聴覚資料

アナログ画像資料

　画像資料とは，静止画を伝達する蓄積系メディアであり，広義には印刷資料も含む概念である。また，非文字・印刷資料を狭義の画像資料に含めることがある。2.3.3 項で扱った 1 枚ものの多く，例えばポスター，絵ハガキ，地図，設計図，家系図，掛図，版画，複製絵画，紙芝居などは，画像資料と分類されることもある。一方，絵本，画集，写真集も非文字・印刷資料とみなせるが，画像資料と分類しないことが多い。いずれにせよ，画像資料の範囲は便宜的である。

　文字・非印刷資料のうち，図書館情報学が扱ってきたアナログ・メディアとしては，「写本」，「手稿」，「マイクロ資料」がある。

　写本とは，手書きの文字資料であり，書写本，筆写本，鈔本とも呼ばれる。印刷術発明以前の文字資料はすべて写本であり，書写材としては，古代エジプトではパピルス，古代メソポタミアでは粘土板，2 世紀以降の東アジアでは紙，中世の西欧ではベラム（子牛の皮），パーチメント（羊，山羊の皮）と呼ばれる獣皮紙が用いられた。日本では，聖徳太子以来，室町末期までの写本を「古写本」と呼び，そのほとんどが仏教書である。

　手稿とは，著作者本人が手書きあるいはタイプライターで打った原稿のことである。手稿は広義の写本に含まれるが，一般には，近代以降の文学者，科学者，政治家など，歴史的な著名人の手による自筆原稿，メモ，ノートなどを指す。また，東洋の墨跡（書道の作品）や西洋のカリグラフィーの作品も，手稿の一種と考えることができる。

　マイクロ資料とは，マイクロ写真術を用いて，画像を肉眼では読み取れない大きさまで縮小した資料である。縮小率は，一般に 10 分の 1 から 50 分の 1 程度である。ここではマイクロ資料を文字・非印刷資料に分類したが，地図や設計図などの非文字資料を縮小することも多い。そのコンテンツを読むためには，

マイクロ資料リーダーと呼ばれる光学的な画像拡大装置を用いる。マイクロ資料の形態は，ロール状とシート状に分けられる。ロール状のものには，リール式（オープン・リール式）とカートリッジ式がある。シート状のものは，フィルムに画像を定着させるマイクロフィッシュ，アパーチュア・カード，マイクロフィルム・ジャケット，印画紙に画像を定着させるマイクロ・オペークなどがある。

マイクロ資料は，1980年代に蓄積系デジタル・メディアが普及するまで，印刷資料に比較して圧倒的に保管スペースが節約できること，安価な送料で文献複写サービスが行えることなどから，学術情報を中心とする文字資料の流通と保存において重要な役割を果たしていた。そのため，図書館等において膨大なコレクションが構築されている。現在では，流通における役割は蓄積系デジタル・メディアと交代し，保存においても，既存のマイクロ資料コレクションをデジタル・メディアへ変換する作業が徐々に進んでいる。

一方，非文字・非印刷資料の画像資料のうち，図書館情報学が扱ってきたアナログ・メディアとしては，「絵画」，「スライド資料」がある。

絵画とは，紙，板，キャンバス（麻布）など平面的な素材の上に，墨，絵具，鉛筆，パステルなどの画材によって，様々な色彩と形状を配置して製作される造形芸術である。絵画には，製作技法によって，水彩画，油彩画，水墨画，テンペラ画，フレスコ画，デッサン（素描）など，多数の種類がある。博物館資料の1つであり，おもに美術館が収集，保管，展示しているが，図書館資料となることもある。なお，版画，写真，ポスター，絵ハガキなども，色と形による平面の造形芸術である点で絵画の一分野とも考えられるが，ここでは印刷資料に含めた。

スライド資料とは，映写機（スライドプロジェクタ）を用いてスクリーンに画像を拡大投影する目的で製作される小型の透明陽画フィルム（ポジフィルム）である。通常は，紙，プラスチック，金属などで作られた枠（マウント）がはめられている。また，ロール状の透明フィルムを短冊状に切断した「フィルムストリップ」や，オーバーヘッドプロジェクタで投影するための「トランスペアレンシー」（OHPシート）も，スライド資料の一種である。これらは，企業の会議，学校の授業，学会の研究発表などで，プレゼンテーション用の資料

として用いられていたが，最近では，パソコンの画面をそのまま投影できるプロジェクタや，原物をそのまま拡大提示できる書画カメラへ役割が移行している。

アナログ音声・動画資料

音声・動画資料とは，音声または動画（映像）を伝達する蓄積系メディアである。そのアナログ・メディアには，音声のみの伝達に特化したメディアと，音声と動画を同期させて伝達するメディアとがあるが，現在，動画のみの伝達に特化したメディアは利用されていない。図書館情報学が扱ってきたアナログ・メディアとしては，「レコード」，「映画フィルム」，「磁気テープ」がある。

レコード（音盤）とは，ポリ塩化ビニールの円板に，細い1本の音溝を渦状に刻んで音声信号を記録し，レコードプレーヤーの針が音溝をたどることで音声・音楽が再生できるようにしたものである。円盤上の渦巻には，外側から内側へ向かって音声が記録されている。再生時の回転速度の違いによって，LP盤（毎分33⅓回転），EP盤（毎分45回転）などの規格がある。1980年代に音楽CDが普及するまでは，音楽を鑑賞するための代表的なメディアであった。近年はきわめて小さな市場しかないものの，音楽CDでは欠落している20 kHz以上の高周波数帯域を再生できる特徴があるとされ，一部のオーディオ・マニアが注目している。

映画フィルムとは，長いテープ状の写真フィルムに，長方形の透明陽画（ポジ画像）を連続的に記録し，映写機で断続的な光線を透過することで動画をスクリーン上に再生できるようにしたものである。動画と同期させる音声は，フィルム上のサウンドトラック（同調録音帯）に記録する場合と，フィルムとは別に記録しておく場合がある。映画フィルムは，そのテープ幅によって，8 mm，16 mm，35 mm，70 mmがある。映画館における商業的な上映には，現在でもアナログの35 mmフィルムがおもに利用されている。しかし，2000年代になると3D映画のヒットをきっかけとして，撮影から上映まですべてデジタル化した「デジタル・シネマ」が普及し始めている。

磁気テープとは，フィルム素材に磁性体を塗布したテープに，磁化の変化によって音声・動画情報を記録し，再生装置のヘッドがテープをなぞることで音

声・動画を再生できるようにしたものである。その形態には，リール式（オープン・リール式）とカートリッジ式があり，それぞれ多数の規格が存在している。広く普及したものとして，音声用は，テープ幅 6.25 mm（1/4 インチ）のオープン・リール，3.81 mm のコンパクト・カセット，音声・動画用は，テープ幅 12.7 mm の VHS カセットが代表的である。

なお，これらはアナログ情報の記録を想定した規格であるが，磁気テープにはデジタル情報の記録も可能である。例えば，DAT（Digital Audio Tape）は，デジタル録音用の磁気テープの規格である。しかし，光学式デジタル・ディスクの普及によって，磁気テープは次第にデジタル情報の記録には使われなくなった。一方，光学式ディスクでも，LD（Laser Disc，レーザー・ディスク）のように，音声・動画をアナログ情報として記録するための規格が一時期普及していた。磁気式のデジタル・テープ，光学式のアナログ・ディスクは，いずれも過渡期のメディアであった。

デジタル資料

デジタル資料とは，デジタル情報を伝達する蓄積系メディアであり，「蓄積系デジタル・メディア」と同義である。コンピュータの外部記憶媒体（ストレージ・メディア，リムーバブル・メディア）はいずれもデジタル資料となるが，コンピュータ以外の専用機器で再生するデジタル資料もある。

デジタル資料では，文字，画像，動画，音声のいずれもビット列（0/1 の信号の並び）で表現するため，特定の表現様式に特化した規格は少ない。そのため，デジタル資料は表現様式ではなく，デジタル情報の記録方式や物理的な形状・形態によって分類されることが多い。現在，デジタル情報の代表的な記録方式は，磁気式，光学式，光磁気式，半導体式である。また，デジタル資料の形態には，テープ状，ディスク状，カード状，スティック状のものがあり，テープおよびディスクはカートリッジ（カセット）に収納されているタイプもある。1980 年代までは磁気式テープ／ディスクが広く使われていたが，現在では使用頻度が低くなり，代わって光学式のディスク，半導体式のカード／スティックが主流となっている。

光学式のディスクは，厚さ数 mm の合成樹脂の円盤に，ピットと呼ばれる

きわめて微細な凹みによって情報を記録し，その情報をレーザー光線の反射によって読み取れるようにしたもので，「光ディスク」と呼ばれる。光ディスクには，前述のレコード（音盤）とは逆に，内側から外側へ向かって情報が記録されている。現在，光ディスクの代表的な規格は，CD，DVD，BD（Blu-ray Disc）で，標準的な大きさは直径 12 cm の円盤である。いずれも記録情報の追加や書き換えができるかどうかなどの違いによって，複数の規格が存在している。直径 12cm の場合，それぞれの記憶容量は，CD が 640 メガバイトに対し，DVD は 4.7 ギガバイト（片面1層），BD は片面1層でも 23.3 ギガバイト，多層式では 100 ギガバイト以上も可能である。

半導体式のカード／スティックは，半導体メモリを小さなカード／スティック状のパッケージに組み込み，メモリセル上のビット情報をコンピュータなどの電子機器で読み書きできるようにしたもので，「メモリカード」と「IC カード」が代表的である。半導体メモリには，揮発性の RAM，不揮発性の ROM，両者の性質を持つフラッシュメモリ（EEPROM：Electrically Erasable Programmable ROM）などがある。

メモリカードは，フラッシュメモリを用いた小さなカード状の蓄積系デジタル・メディアで，携帯電話，携帯オーディオプレーヤー，デジタルカメラ，ノートパソコンなどで広く用いられている。カードの大きさ，記憶容量，インタフェースの異なる多数の規格が存在しており，代表的な規格に，コンパクトフラッシュ（CFカード），スマートメディア，SD メモリカード，メモリースティックなどがある。また，フラッシュメモリに USB コネクタを組み合わせてスティック状にした USB メモリも，メモリカードの一種に含めることができる。

IC カードは，半導体メモリや CPU を 85-86 mm×54-57.5 mm のプラスティックのカードに組み込んだもので，読み書き装置と密着させる接触型と，電波で読み書きできる非接触型がある。かつての磁気ストライプカードに代わって，プリペイドカード，クレジットカード，キャッシュカード，電子マネー，ID カード（身分証明書），ライセンスカード（運転免許証など）として広く用いられている。

デジタル化の技術は日進月歩であり，用途に応じて新しいメディアの規格が

次々と登場している。10年後に,どのような情報の記録方式が登場し,どのような形状のメディアが普及するのかは予想しがたい。

しかし,文字資料,画像資料,音声・動画資料のいずれであっても,今後はアナログ・メディアの生産量,流通量が相対的に減少し,デジタル・メディアの割合が増えることは間違いない。また,当初はアナログ・メディアとして製作された資料を,蓄積系デジタル・メディアに変換して収集,保管,提供することも,ますます一般化するであろう[31]。

さらに加えるならば,2.1.3項で述べた通り,現在は知識の社会的な蓄積・流通において,資料=蓄積系メディアの生産量,流通量が相対的に減少し,ネットワーク・メディアの割合が増加する傾向にある。2010年代,従来は手元にあるデジタル・デバイスに保存していたデータやプログラムをインターネット上のサーバに保存して利用する「クラウド・コンピューティング」が普及しつつあり,情報・知識の非資料化の流れが加速している。

2.4.3 その他の非印刷資料

視聴覚資料以外の非印刷資料として,視覚障害者向け触覚資料,3次元地図資料,博物館資料について述べる。これらの多くは,デジタル・メディアにすることができず,アナログ・メディアとしてしか存在できない。

視覚障害者向けの資料には,聴覚資料として「トーキングブック」などの録音資料[32]と,触覚資料として「点字資料」,「さわる絵本」,「触地図」がある。点字は,視覚障害者が手で触れて読めるように,縦3個,横2個の点の突起を組み合わせて文字を表す記号で,言語ごとに標準化されている。この点字を用いて情報を記録したものが点字資料であり,通常の印刷資料と同様に冊子体のかたちに製作されることが多い。

さわる絵本は,視覚障害のある児童が触覚で楽しめるように,布,皮革,毛糸,羽毛など触感の異なる素材を用いて,絵の部分を半立体的に製作した絵本である。通常,文字部分は点字と墨字(視覚で読み取る通常の文字)とを併記する。素材に香料を染み込ませて,嗅覚でも楽しめるように工夫する場合もある。近年は,さわる絵本と同じように,視覚障害者が触覚,嗅覚で鑑賞することを前提に製作した美術作品も存在している。「触地図」は,視覚障害者が手

で触って形状を認識できる地図であり，次の3次元地図資料の一種に含めることもできる。

　3次元地図資料には，「球儀」，「立体地図」，「ジオラマ」がある。球儀とは，地球や天体の様子を一定の縮尺で球体の表面に描いた立体資料で，地球儀，月球儀，天球儀などがある。立体地図とは，レリーフマップとも呼ばれ，高さも一定の縮尺で実体化させた地図である。ジオラマとは，建造物や人物などの模型を配置して，特定の場所や歴史的な情景を3次元的に表現した立体模型であり，次に述べる博物館資料の一種でもある。市街や戦場の全景のように広大な空間を表現する場合は縮小されるが，情景をリアルに表現する場合には原寸大のジオラマがつくられることも多い。

　博物館資料とは，広義の博物館が収集，保管，展示するあらゆる資料である。博物館資料には印刷資料，視聴覚資料も含まれているが，多種多様な非視聴覚資料が含まれていることが特徴的である。例えば，美術館における彫刻，陶芸・漆芸，染織，インスタレーションなどの立体作品，産業博物館や歴史博物館における道具・機械，工芸品，服飾品，遺跡出土品，化石，剥製などの展示物，そして動物園，植物園，水族館における生きた動植物は，いずれも非視聴覚資料である。これらの一部は，図書館資料となることがある。また，これらは「文化財」とも重なるが，文化財には，建造物・遺跡，文化的景観，風俗慣習・民俗芸能などの非資料が含まれる。

2.5　ネットワーク・メディア

2.5.1　ネットワーク・メディアの歴史

　現代のメディア環境のもっとも重要な特徴は，情報・知識の記録と複製の水準でも，公開と伝達の水準でも，収集と蓄積の水準でも，メディアのネットワーク化とデジタル化が徹底的に進展し，人びとの情報利用行動をそれまでの時代とはまったく異なる仕方で支援するようになったことである。20世紀後半，この遠隔通信技術とデジタル化技術の結合によって生まれたメディアが「ネットワーク・メディア」である。

　人類史における遠隔通信技術は，古代の鐘・太鼓，狼煙，伝書鳩まで遡るこ

とができるが，ネットワーク・メディアに直接つながるのは，19世紀の電気・電子的な通信技術の発明である。おもな発見としては，1835年，サミュエル・モールスが有線通信の実験に成功し，76年，アレクサンダー・グラハム・ベルが電話を発明し，94年，グリエルモ・マルコーニが無線通信の実験に成功している。

デジタル化技術は，1940年代後半に真空管式コンピュータが登場して以降，現在に至るまで長足の進歩を遂げている。その概略は2.4.1項で述べた通りである。

1960年代には，コンピュータ・ネットワークの研究が始まった。69年，インターネットの起源となるARPAnetがアメリカ国防総省の研究プロジェクトとして登場し，83年，このネットワークにTCP/IPが導入される。86年，全米科学財団がインターネットのバックボーンとなるNSFnetを構築し，インターネットは学術研究用のネットワークとして成長したが，91年，アメリカで「高性能コンピューティング法（High Performance Computing Act）」が成立したのをきっかけに，民間企業や一般家庭へ利用が著しく拡大した。インターネットの普及が進むと，それまで複数存在した大規模コンピュータ・ネットワークは役割を終え，インターネットに統合されていった。

最初のネットワーク・メディアである電子メールは，1960年代に登場している。70年代にはチャットが，80年代にはソーシャル・メディアの萌芽というべきネットニュース，電子掲示板（BBS），メーリングリストが登場した。大きな画期点は，91年，ティム・バーナーズ=リーによるWWW（World Wide Web）の開発である。WWWの登場で，インターネット上に分散している知識資源や各種のサービスを，ハイパーテキストのかたちに組織化できるようになった。

本書執筆時に大きな影響力を持っているアメリカのネットワーク・メディア関連企業を列挙すれば，1994年にAmazon社，98年にGoogle社，2004年にFacebook社，06年にTwitter社が創設されている。変化の激しい業界なので，常に新しい動向を把握しておく必要がある。

2.5.2 新しい知識資源の特徴

2.1.3 項で述べた通り，ネットワーク・メディアは非資料である。ネットワーク・メディアが記録，伝達，提示する知識資源は，1980 年代まで図書館情報学の中心的な対象であった印刷／非印刷資料とは，まったく異なる特性を持っている。ここでは，図書館情報学に新しい課題をもたらしているネットワーク・メディアの（1）分節性，（2）結合性，（3）流動性について，2.2.3 項で紹介したコンテンツ＋コンテナ・モデルを用いて説明する。

分節性

ネットワーク・メディアが伝達する知識資源では，知的情報コンテンツ（A1；以下表 2-2 参照）が細分化，断片化している。ネットワーク上では，テキストデータであれ音声・映像データであれ，細かく分割されたものがハイパーリンクによってつなぎ合わされているのが通常である。例外は，図書や映画など，旧来のメディアが提供する知的情報コンテンツをまるごとネットワーク・メディアで提供する場合ぐらいであろう。

ただし，この知的情報コンテンツの細分化，短小化は，メディアのデジタル化よりもはるかに早く，近代化の流れに沿った変化であることも確認しておこう。例えば文字メディアでは，読み通すのに日数を要する長編に代わって，新聞・雑誌の記事やレファレンスブックの項目のようなコンパクトな文章が著しく増加した。音声メディアでは，演奏に数時間を要する古典音楽に代わって，数分間で完奏するポピュラー・ミュージックが普及し，映像メディアでは，上映に数時間を要する映画に代わって，短いコーナーで構成されたテレビ番組や数分間のビデオクリップが量産されている。

ネットワーク・メディアの分節性は，一層深いところでは，コンテンツ＋コンテナ・モデルで示したコンテンツ，コンテナそれぞれの分解，およびコンテンツとコンテナの分離として生じている。例えば，図書では知的情報コンテンツと内的構造コンテンツ（A3）は一体となって物理的に存在していたが，ネットワーク・メディアでは，内部構造の一部をスタイル・シートとして分割管理するようになっている。コンテナも，図書などの印刷資料では蓄積搬送コンテナ（B1-B3）と再生提示コンテナ（B4, B5）が一体であるのに対し，ネットワ

ーク・メディアではコンテナが分離し，利用者が自由に選択できるようになっている。

結合性

　ネットワーク・メディアが伝達する知識資源は，リンク情報を豊富に持っている。リンク情報とは，コンテンツ＋コンテナ・モデルで示した外的構造コンテンツ（A4）のことで，これは外部へのリンク情報と外部からのリンク情報の2種類に区別することができる。

　リンクを豊富に持つ情報資源は，WWWの普及によって初めて出現した。図書でも，参照・引用，献辞・謝辞などを外的構造コンテンツと考えることができるが，ウェブ化した知識資源では，リンクを利用してほかの情報資源へ即時的にアクセスできる点が異なっている。この知識資源を直接連結するハイパーリンクの機能は，人びとの情報利用行動への影響が決定的に大きい。

　WWWは，発明された当初から，HTMLの<a>（アンカー・）タグによって外部へのリンク情報をコンテンツへ簡単に組み込めることを特徴としていた。その後，WWWのプラットフォーム化が進むにつれて，外部へのリンク情報の実装方法が急速に多様化かつ効率化した。例えば，ブログの特定の記事へリンクを張るためのパーマリンク（固定リンク），地図サイト・動画共有サイトのAPIをウェブページに嵌め込むマッシュアップ，SNSの代表格であるFacebookのシェア機能，ミニブログの代表格であるTwitterのリツイート機能などの活用により，外部へのリンク情報は著しく効率化している。そもそも外部からのリンク情報は，ウェブ化以前にはコンテンツとして認識すらされていなかったが，トラックバックの仕組みが外部からのリンク情報を簡単に実装できるようにしたことは画期的であった。

流動性

　ネットワーク・メディアが伝達する知識資源は，形状も存在も流動的で，同一性が安定していない。すなわち動的に変化する知識資源である。

　知識資源の動的変化は，第1に，受信者によるコンテンツの再生・提示コントロールによって発生する。これはデジタル化以前からの潮流であり，デジタ

ル化によって一層進行した。

　電気・電子的な視聴覚メディアにおいては，19世紀に発明された当初から蓄積搬送コンテナ（B1-B3）と再生提示コンテナ（B4, B5）が分離しており，利用者が再生提示コンテナを直接操作して再生の速度や順序を変えることができた。20世紀後半，蓄積搬送コンテナがアナログのテープからデジタルのディスクへ変化したことで，その自由度は飛躍的に向上した。そして1990年代後半以降，WWWをプラットフォームとするネットワーク・メディアにおいては，ウェブブラウザソフトの機能を使うことで，文字も画像も音声も，きわめて柔軟に提示のスタイルを変更できるようになった。

　知識資源の動的変化は，第2に，情報発信者によるコンテンツの改変によって発生する。これはデジタル化によって，データ処理のコスト（費用，時間，労力）が著しく低下したことの結果といってよい。デジタル情報は適切なアプリケーション・ソフトウェアさえ用意すれば，加工，修正，複製，抹消がきわめてたやすい。そのため，ネットワーク・メディアが伝達する知識資源は頻繁に更新され，長期の同一性が保証されない。また，知的情報コンテンツが同一であったとしても，ネットワーク上での物理的な所在（ディレクトリ，サイト）が変更されるなど，内的構造コンテンツ（A3），外的構造コンテンツ（A4）の改変も起こりやすい。

　第3に，一層深いところでは，知識資源の動的変化はコンテンツの動的な生成によって発生する。従来の情報資源では，知的情報コンテンツが利用者のコントロールで組み変わることはありえなかった。ところがネットワーク・メディアにおいては，コンテンツまたはコンテンツの集合をプログラムによって自動的に処理することで，コンテンツを再帰的に生成することが一般的に行われている。とくにWWWの応用技術として，利用者のアクセス情報に基づいてコンテンツの動的な生成ができるようになったことは大きな変化である。

　例えば，サイバーモールでは，クッキーやウェブビーコン（ウェブバグ），ユーザ・プロファイル・データベースなどの仕掛けを用いることで，利用者の属性を参照してHTMLレスポンスを生成している。各種の検索サービスでは，利用者が選択した検索条件，入力した検索語に応じて検索結果を自動生成している。各種のソーシャル・メディアが，膨大な数の利用者の書き込みを自動処

理して，個別の利用者ごとに異なったコンテンツを提示していることはいうまでもない。ただし，このようなネットワーク・メディアにおけるパーソナライゼーションについては，利用者の趣味・嗜好や見解・主張に合致した情報のみが提供されるため，利用者とは異なる意見や，利用者にとって新奇な領域の情報にアクセスしにくくなり，認知の歪みや学習機会の減損が生じるという問題点が指摘されている[33]。

2.5.3 様々なネットワーク・メディア

ネットワーク・メディアの類型

2.2.2項の分析例では，ネットワーク・メディアのカテゴリとして，電子メール，チャット，ウェブの3つを取り上げた。しかし，ウェブをプラットフォームとするサービスは多種多様で，しかも本書執筆時点でも次々と新しいサービスのかたちが登場している。十数年後に，どのネットワーク・メディアが生き残り，どれが消えていくのか，どんな新しいメディアが登場するのかを予想することはむずかしい。図書館情報学を学ぶものとしては，最新の動向に目配りをしていなければならない。

ここでは，メディアの伝達性能に関する同期的／非同期的（T3, 受発信時刻近接性；以下表2-1参照）と，片方向型／双方向型（D2, 双方向・受発信交替性）という2つの分類軸を便宜的に用いて，現時点でのネットワーク・メディアの類型を列挙する。

非同期的・双方向型には，電子メール，メーリングリスト，ネットニュース，ウェブ掲示板，SNS（ソーシャル・ネットワーキング・サービス），ブログ，ミニブログ，プロフなどがある。これらは，1対1の私的なコミュニケーション，数十－数百人のメンバーによる閉じたインフォーマルコミュニケーション，数千－数万人が参加する開かれたフォーマルコミュニケーションのいずれも同一の仕組みで実行できるというスケーラブルな特徴を備えている。ただし，参加者が多くなるほど情報をほとんど発信しないメンバーの割合が高くなって，双方向性は低下する傾向がある。

非同期的・片方向型には，閲覧専用のホームページ，ニュース・サイト，サイバーモール（通信販売サイト），ファイル・アーカイブ，オンライン・データ

ベース（検索サイト），サーチエンジンなどがある。従来のラジオ，テレビと同様の番組を発信するインターネット放送も，視聴者が好きなときに番組を視聴できる「オンデマンド配信」の場合は，非同期的・片方向型である。

同期的・双方向型には，文字のみのコミュニケーションを行うチャット，インスタントメッセンジャー，音声・動画でコミュニケーションできるビデオチャット，インターネット電話，インターネット・ビデオ会議システム（テレコンファレンス・システム）などがある。また，上述の非同期的・双方向型のメディアも，通信回線の高速化で発信と受信のタイムラグを数秒〜数十秒まで短縮できるようになったため，いまでは同期に近い感覚のメディアとして用いられている。

同期的・片方向型には，ラジオ，テレビと同様の番組を，特定の時刻に発信するインターネット放送がある。イベント，コンサートなどを中継するライブ放送も，ここに含まれる。また，非同期的・双方向型のメディア（ウェブ掲示板，ブログ）が書き込みを制限してあえて片方向で用いられる場合も，いまでは同期的・片方向型に近いライブ感覚のメディアとみなされるようになってきている。

以上のように，ネットワーク・メディアにおいては，その仕組みがスケーラブルであり，通信回線が高速化したため，いまではパーソナル／マス，同期的／非同期的，片方向型／双方向型の区別が消失しつつある。

ファイル・アーカイブとオンライン・データベース

ファイル・アーカイブとは，必ずしも一般的な名称ではないが，ここでは，文書，画像，写真，動画，音声，ソフトウェアなどのデジタルファイルを収集，蓄積し，利用者がコンピュータ・ネットワークを介してファイルを検索，入手できるようにしたサービスのことである。蓄積されているファイルの種類によって，テキスト・アーカイブ，イメージ・アーカイブ，オーディオ・アーカイブ，ビデオ・アーカイブ，ソフトウェア・アーカイブなどと呼ぶこともある。民間企業が公開している有料のアーカイブもあるが，インターネット上には，政府，公共団体，研究機関，個人が公開している無料のアーカイブが無数に存在している。

1990年代には，ファイルの一覧表が掲示されているだけで柔軟な検索ができないサービスもあって，オンライン・データベースと区別していたが，近年は検索機能が充実しているものが増えた。したがって，テキスト・アーカイブはフルテキスト・データベースに，イメージ・アーカイブはイメージ・データベースに近づきつつあるといってよい。

オンライン・データベースとは，コンピュータ・ネットワークを介して検索，利用できるデータベースである。1980年代までは，目録的な情報（目録，抄録，記事索引）を検索結果とするレファレンス・データベースがほとんどであったが，90年代以降，一次的な情報を検索結果とするソース・データベースが急増した。上述のファイル・アーカイブも，ソース・データベースの一種と位置づけられる。ソース・データベースは，およそソフトウェア・データベース→フルテキスト・データベース→イメージ・データベース→オーディオ・データベース→ビデオ・データベースの順に数を増やしている。

2010年代のオライン・データベースの動向で注目すべきなのは，第1に，アクセス・ポイントの多様化である。いまでもほとんどのデータベースは文字言語をアクセス・ポイントとしている。しかし，文字以外をアクセス・ポイントとするデータベースも一般化しつつある。例えば，サムネイルや色見本がアクセス・ポイントとして用意されているデータベース，ある画像から類似の画像を探せるイメージ・データベース，音声でキーワード入力ができるサーチエンジン，歌声やハミングを入力して楽曲を探すオーディオ・データベースなどである。また，文字言語ではあるが，感性語という新しいアクセス・ポイントも，1990年代に登場してから少しずつ増えている。

第2に，検索結果の視覚化が進んでいることも注目すべきである。ほとんどのデータベースでは，検索結果はリスト形式，表形式である。サーチエンジンのスニペットも含めて，いまでも結果の表示は文字言語が中心といってよい。しかし，近年は，ソーシャル・メディアの書き込みを対象としたウェブアーカイブ[34]などで，検索結果から算出される統計的な数値をオンデマンドでグラフ化したり，情報同士の関係をインタラクティブな自己組織化マップ（Self-organizing Map: SOM）で視覚化したりするデータベースが珍しくなくなった。

図書館情報学の中心的な課題は「記録された知識を蓄積し，整理し，利用に

供すること」にあるので，ファイル・アーカイブとオンライン・データベースは，図書館情報学にとって今後ますます重要な研究対象になっていくであろう。

ソーシャル・メディア

ソーシャル・メディアとは，インターネット上のスケーラブルなメディア技術を用いて，誰でも情報の発信と受信に参加することができる開かれたコミュニケーションを行う仕組みである。マスコミや一般企業が片方向に情報を発信するのではなく，消費者が双方向に情報をやりとりすることで社会的な影響力を行使するため，CGM（Consumer Generated Media）と呼ばれることもある。

歴史的には，1980年代から存在したメーリングリスト，ネットニュース，電子掲示板がソーシャル・メディアの起源である。90年代後半には，ウェブ掲示板，ソーシャル・ブックマーク，ウィキの技術が登場した。2000年代に入ると，ブログ，SNS，画像共有，動画共有，ポッドキャストのサービスがそれぞれ始まり，2000年代後半になってミニブログのサービスが始まった。

2000年代前半までのソーシャル・メディアは文字によるコミュニケーションが中心であったが，2010年代には，画像，動画，音声によるコミュニケーションが広まっている。また，これらのソーシャル・メディアでは，発信者がコンテンツに索引語（タグ）を与える「フォークソノミー」が一般化しており，とりわけ非文字情報にとって重要な組織化手法となっている。

ソーシャル・メディアには，(a) 人間関係を構築・維持する機能[35]，(b) カレントアウェアネスな情報を認知・収集する機能，(c) 特定の問題を解決するための情報を検索・獲得する機能がある。多くの場合，(a)，(b) を重視するサービスが多いが，(c) をおもな目的としたものに，Q&Aサイト（質問サイト），インターネット百科事典，カスタマーレビュー・サイト（口コミ・サイト）などがある。これらは「ナレッジ・コミュニティ」と総称される[36]。

ソーシャル・メディアは，携帯電話，スマートフォン，タブレットなどのモバイル機器から利用する人口が増加し，実社会に及ぼす影響は増大している。また，サーチエンジンの検索結果の上位を，ソーシャル・メディアで発信された情報が占めることが多くなっており，マタイ効果[37]でますます影響力を強めている。その可能性は未知数であるが，政治システムの根幹を更新するメディ

アとして期待する研究者も少なくない[38]。

　ソーシャル・メディアは，かつては対面発話，電話，手紙などで行われていたインフォーマルコミュニケーションと，出版，放送などで行われていたフォーマルコミュニケーションを地続きにした。しかも，そこでやりとりされた膨大な情報はすべて蓄積され，検索可能になっている。したがって，「記録された知識を蓄積し，整理し，利用に供すること」を中心課題とする図書館情報学にとって，ソーシャル・メディアが重要な研究対象の1つであることは間違いない。

注

1) 日本図書館情報学会用語辞典編集委員会編『図書館情報学用語辞典　第3版』丸善，2007，286p．なお「メディア」の項目の「可般」は「可搬」の誤植。
2) 前掲1) を参照。
3) 海野敏，戸田愼一「図書館の社会的機能縮小の必然性―情報流通の構造変化と図書館の存立意義」『電子図書館』日本図書館情報学会研究委員会編，勉誠出版，2001，p.11-45．
4) Innis, Harold Adams『メディアの文明史―コミュニケーションの傾向性とその循環』［The Bias of Communication］久保秀幹訳，新曜社，1987，384p．
5) Ong, Walter J.『声の文化と文字の文化』［Orality and Literacy: The Technologizing of the Word］糟谷啓介，桜井直文，林正寛訳，藤原書店，1991，405p．
6) 参考文献にあるマクルーハンの『メディア論』を参照。
7) McLuhan, Marshall『グーテンベルクの銀河系―活字人間の形成』［The Gutenberg Galaxy: The Making of Typographic Man］森常治訳，みすず書房，1986，486p．
8) Benjamin, Walter『複製技術時代の芸術』［Das Kunstwerk im Zeitalter Seiner Technischen Reproduzierbarkeit］（晶文社クラシックス）佐々木基一，高木久雄訳，晶文社，1999，187p．
9) Foucault, Michel『知の考古学』［L'Archélogie du Savoir］慎改康之訳，河出文庫，2012，427p．
10) Kittler, Friedrich A.『グラモフォン・フィルム・タイプライター（上・下）』［Grammophon Film Typewriter］石光輝子，石光泰夫訳，ちくま学芸文庫，2006，上巻331p，下巻365p．
11) 参考文献にあるバークの『知識の社会史』を参照。

12) Meyrowitz, Joshua『場所感の喪失―電子メディアが社会的行動に及ぼす影響（上）』［No Sense of Place: The Impact of Electronic Media on Social Behavior］安川一，高山啓子，上谷香陽訳，新曜社，2003，414p.
13) Poster, Mark『情報様式論』［The Mode of Information: Poststructuralism and Social Context］室井尚，吉岡洋訳，岩波現代文庫，2001，337p.
14) 参考文献にある大澤真幸の『電子メディア論』を参照。
15) Debray, Régis『一般メディオロジー講義』［Cours de Médiologie Générale］嶋崎正樹，西垣通訳，NTT出版，2001，513p.
16) Debray, Régis『メディオロジー宣言』［Manifestes Médiologiques］嶋崎正樹訳，NTT出版，1999，p15.
17) 厳密には，メディアに固有の伝達性能から，メディアごとの利用実態を完全に隔離して分析することは理論的に不可能である。以下の手法も，カントの語法を用いれば，「統整的な」客観性は担保されても「構成的な」客観性は保証されない。詳しい方法論的枠組みは，次の論文を参照。海野敏，影浦峡，戸田愼一「コミュニケーションメディアの情報伝達性能の包括的比較」『日本図書館情報学会誌』Vol.55, No.3, 2009, p.119-140.
18) 前掲17).
19) 統計分析の手法については，例えば次の文献を参照。Sneath, Peter H. A. and Sokal, Robert R.『数理分類学』［Numerical Taxonomy: The Principles and Practice of Numerical Classification］西田英郎，佐藤嗣二訳，内田老鶴圃，1994，696p.
20) 海野敏，戸田愼一「デジタル化・ネットワーク化による情報組織化の本質的な変容―メディア論的考察」『情報アクセスの新たな展開―情報検索・利用の最新動向』日本図書館情報学会研究委員会編，勉誠出版，2009，p.23-40.
21) メディアの情報伝達性能の向上は，記録の高密度化，現実模倣力の強化など，表2-1の18項目とは異なる視点からも論じることができる。
22) 現存する世界最古の整版印刷物は，日本で770年に印刷された『無垢浄光陀羅尼経』（通称『百万塔陀羅尼』）である。本書第1章1.3節参照。
23) 日販経営相談センター編『2011 出版物販売額の実態』より。2010年度の各販売ルート推定販売額の構成比。
24) 日本新聞協会「新聞の戸別配達率」http://www.pressnet.or.jp/data/circulation/circulation03.php.（参照2012-08-01）.
25) 海野敏，影浦峡，戸田愼一「戦後日本における印刷メディア受容量変化の数量的検証」『日本図書館情報学会誌』Vol.58, No.1, 2012, p.1-17.
26) 学術コミュニケーションについては，本書第3章で詳述する。
27) オンライン書店，オンデマンド出版を「電子販売」の形態と考え，「電子出版」

には含めない考え方もある。
28) 電子ジャーナルを含む学術資料の電子化については本書第4章を参照。
29) 電子化に伴う著作権,知的所有権の問題については,本シリーズ第3巻第1章を参照。
30) 反射光と透過光の差異は,マクルーハンが論じている。参考文献の『メディア論』を参照。
31) 日本におけるデジタルコンテンツの実態については,例えば次の文献を参照。デジタルコンテンツ協会編『デジタルコンテンツ白書』デジタルコンテンツ協会,2001,149p.
32) 録音資料には,DAISY（デイジー,Digital Accessible Information System）という国際標準規格が存在している。
33) Pariser, Eli『閉じこもるインターネット―グーグル・パーソナライズ・民主主義』[The Filter Bubble: What the Internet is Hiding from You] 井口耕二訳,早川書房,2012,328p.
34) ウェブアーカイブについては,本シリーズ第2巻第5章を参照。
35) 社会学では人間関係を「社会関係資本（social capital）」と呼び,経済資本,文化資本と並ぶ社会的な資源の1つとと位置づけている。社会関係資本とメディア環境の相互作用は,図書館情報学の重要な研究対象となりつつある。
36) Q&Aサイトの別称としてナレッジ・コミュニティを用いる場合もある。
37) マタイ効果とは,持てる者は与えられてますます富み,持たざる者は奪い取られてますます貧しくなる現象のこと。ここでは,アクセスされやすい情報がますますアクセス数を増やす現象を指している。
38) 東浩紀『一般意志2.0―ルソー,フロイト,グーグル』講談社,2011,262p.

【参考文献】

McLuhan, Marshall『メディア論―人間の拡張の諸相』[Understanding Media: The Extension of Man] 栗原裕,河本仲聖訳,みすず書房,1987,381p.
　1960年代,メディア論の幕開けを飾る歴史的な著作。テレビがラジオに代わってマス・メディアの代表となった時代に,メディアを人間の身体を拡張する技術と捉えて広範に論じている。韜晦した文体がやや消化しにくいが,いまだ一読の価値がある基本文献。

Burke, Peter『知識の社会史―知と情報はいかにして商品化したか』[A Social History of Knowledge: From Gutenberg to Diderot] 井山弘幸,城戸淳訳,新曜社,2004,408p.
　15世紀のグーテンベルク革命から18世紀のディドロら百科全書派の活躍まで,ヨ

ーロッパにおいて知識がどのように生産，管理され，商品化されたかを多角的に展望した著作．18 世紀の百科事典から 21 世紀のオンライン百科事典までを論じた続編も刊行されている．Burke, Peter. A Social History of Knowledge: From the Encyclopédie to Wikipedia, Cambridge, Polity Press, 2012, 248p.

大澤真幸『電子メディア論―身体のメディア的変容』新曜社，1995, 352p.

インターネットが普及し始めた時期に，電子メディアの本質についていち早く考察した著作．理論社会学者である大澤は，本書の刊行以降にもメディアに関する多くの著作を発表しており，その緻密な理論は，図書館情報学において知識と知識メディアの歴史性，単独性を追究するにあたって有用である．

橋元良明『メディアと日本人―変わりゆく日常』岩波新書，2011, 195p.

図書，雑誌，新聞，電話，ラジオ，テレビ，インターネットをメディアとして取り上げ，日本人によるメディア受容の歴史を概説した上で，1995 年から 15 年間でメディア環境が大きく変容したことを実証的な調査データに基づいて論じている．テレビ，インターネットの悪影響や，デジタルネイティブと呼ばれるネット世代のメンタリティーについても簡潔に解説している．

柴野京子『書物の環境論』（現代社会学ライブラリー）弘文堂，2012, 156p.

出版メディアについて，日本の出版産業，出版文化の歴史と現状を踏まえて，様々な角度から話題を提供している初学者向けの入門書．とくにデジタル化，ネットワーク化による出版界と図書館界の変化に紙幅を割いている．同じ著者の『書棚と平台』（弘文堂，2009）は，近代日本における「購書空間」（読者が出版メディアと出会う空間）の変容を丁寧に論証したもの．

3 情報利用者と利用行動

3.1 情報探索

インターネットの普及に伴い本格的な知識経済社会を迎えた20世紀末以来，利用者中心主義の視点に立った情報行動研究が，図書館情報学のコア領域の1つとなった。ネットワーク環境では，個々のデータベースや電子図書館の利用を個別に捉えるのではなく，タスク，情報ニーズ，情報利用，情報共有といった利用者の変化に富む情報行動の全体像を，前後の文脈とともに捉えることが，情報システムや情報サービスの設計や評価において重要性を増しているからである。この領域の研究を促進するための母体となる組織として，情報行動研究に関する国際会議である ISIC が，1996年以来隔年で開催されている。また，アメリカ情報学会（American Society for Information Science & Technology: ASIS&T，現在は情報科学技術学会（Association for Information Science & Technology））の分科会の1つとして，情報ニーズ，情報探索，情報利用を対象とする SIGUSE が，1999年5月に発足した。

欧米の図書館情報専門職教育機関は，情報行動をコア領域の1つに位置づけている。北米では，1998-2000年に図書館・情報学修士プログラムに関する大規模な調査 KALIPER（Kellogg-ALISE Information Professionals and Education Reform）プロジェクトが実施された。KALIPER の報告は，図書館情報学の対象領域が制度としての図書館や図書館経営から，より広範な情報環境へと広がるとともに，図書館情報学カリキュラムに他領域の視点を取り込む動きのなかで，明確な中核として「利用者志向」が形成されていることを指摘している[1]。KALIPER プロジェクトの刺激を受けて日本図書館情報学会を中心に 2003-06 年に実施された「情報専門職の養成に向けた図書館・情報学教育体制の再構築

に関する総合的研究（LIPER: Library and Information Professionals and Education Reform Project）」第1期の提言では，日本の図書館・情報学教育カリキュラムの8つのコア領域の1つに，「情報探索行動論」と「利用者教育論」を含む「情報利用者」を位置づけている[2]。

3.1.1　情報探索行動

情報探索行動は，情報行動の構成要素であり，情報検索行動を含んでいる。この領域の研究アプローチには，情報行動を，図書館や情報検索システムの利用という枠内で完結する外から観察可能な一過性の行動とみなすシステム志向アプローチと，図書館や情報システムとの相互作用を人びとの仕事や日常生活を構成する文脈の一部とみなす利用者志向アプローチが併存している。

情報探索行動の捉え方：システム志向と利用者志向

システム志向アプローチでは，「情報」を探索者が利用するチャネルや情報源と捉え，「情報行動」を探索者がシステムを操作しサービスを利用する際に観察可能な行動とみなす。システム志向の情報行動研究の特徴は，特定のメディア（文献，映像，データベースなど）を特定の利用者集団（学生，教員，研究者など）が何のためにどの程度利用するのかに着目し，その結果に基づいてシステムやサービスを設計し改善してきた。利用者志向の情報行動アプローチの特徴は，個人もしくは集団としての利用者がどんな目的のためにどんな状況や文脈においてどのように情報と関わるのか，情報システムや社会環境との相互作用が利用者の情報行動にどんな影響を及ぼすのか，といった状況や文脈に着目する点にある。そのなかで，図書館を含むメディアや情報システムは情報源や文脈として捉えられている。図書館情報学領域の利用者志向アプローチによる初期の知見としては，ロバート・テイラーが図書館での質問交渉プロセスを利用者側から導き出した，情報探索における「情報ニーズの変化」と「質問交渉手順」の概念，ベルトラム・ブルックスによる情報の受け手の知識構造の変化に着目した「基本方程式」の提示，ニコラス・ベルキンらによる「変則的知識状態仮説（ASK: Anomalous State of Knowledge）」の取り組み，ブレンダ・ダーヴィンによる「意味付与（sense making）アプローチ」の取り組みがある。

情報ニーズの変化

ロバート・テイラーは，人びとがなぜ，どのようにして，図書館の参考調査サービス担当者に質問をするのかに焦点を当てて，以下の4段階の情報ニーズの変化を提示している[3]。

- 心奥のニーズ（visceral need）：必要な知識が不足していることを漠然と感じてはいるものの，どんな知識が欠けているのか，そのギャップを埋めるためにどんな情報を探したらよいのか，まったくわからない段階。
- 意識したニーズ（conscious need）：人にうまく説明はできないが不足している知識の領域は把握できており，頭の中で推論したり，周囲の人びとに漠然とした問いを投げかけることを通じて，求めるべき情報が徐々にはっきりとしてくる段階。
- 具体化したニーズ（formalized need）：欠けた知識が明確に定義され，論理的な質問を発することが可能になる段階。この質問は，「答が欲しい真の疑問」であるが，それをそのままの形で図書館員に尋ねることはしない。
- 妥協したニーズ（compromised need）：具体化したニーズを持ちながら，相手（図書館員）の知識構造や理解度を想定してその人が答えられるような形で質問したり，検索システムの機能を想定して疑問に対する回答を含んでいそうな文献やウェブサイトを表示させるために，情報検索画面で質問式（クエリ）を入力する段階。

このモデルは，情報探索プロセスにおいて情報ニーズが変化すること，そして利用者が図書館員などの仲介者に依頼する内容が必ずしも利用者の情報ニーズをそのまま示しているわけではないことを示唆している。

質問交渉手順

情報行動と知識獲得との関わりを扱う認知科学の立場から，テイラーは，研究者が図書館をどのように利用するかを段階的に説明している[4]。

第1段階：タスクを遂行するにあたって疑問が生じ，自分の知識が不足して

いることに気づくと，人間はまず身近な同僚や知己に質問する。
第2段階：第1段階で求める情報が得られないと，自分が集めた文献を点検するか図書館に行く。
第3段階：図書館に行って，求める情報が掲載されている文献を自力で見つけ出そうとする。
第4段階：自力で必要な情報を見つけ出せないと，図書館員に質問する。

このモデルは，図書館利用者の情報行動を，図書館以外での行為を含むプロセスとして捉える必要性を示唆している。

ブルックスの基本方程式

ブルックスが受け手の知識構造に着目して提示した以下の方程式は，知識構造を変化させるメッセージが情報であり，変化させないメッセージは情報ではないとみなしている[5]。

$$\Delta I + K[S] \rightarrow K[S + \Delta S]$$

この方程式は，受け手の知識構造である$K[S]$が，情報ΔIによって，ΔSという効果を伴った$K[S + \Delta S]$に変化することを示している。つまり，同じメッセージを受け取っても，それによって知識構造が変化する人と変化しない人がいることを示唆している。

変則的知識状態仮説

ベルキンらは，情報探索の動機を，「変則的な知識状態」と命名した。これは，人間が自分の知識の変則性を認識したときに情報ニーズや疑問が生じ，情報を要求したり調査することでその変則性を解消しようとするという仮説である。その前提として，「知識状態が変則的であると，利用者は自分の疑問を正確に述べることはできない」と考えられている[6]。

意味付与アプローチ

ダーヴィンは，日常生活において人間が持つ「世界を意味づけするニーズ」について，「ある時点である場所におかれた個人は，意味づけするニーズを持

つ．彼女の頭は疑問で埋め尽くされている．それらの疑問は，彼女の「情報ニーズ」とみなすことができる」[7]と説明している．人間は日常生活において既得知識では解釈できないような状況（ギャップ）に直面すると，その状況を意味づけするために情報探索を開始する．「ギャップを埋める」ために情報を探し，意味づけに至る過程では，コミュニケーションが中核的な役割を果たす．疑問への答は，探索者がギャップと架け橋をどのように概念化し，得られた情報にどのような意味づけをするかで形成される．このように，情報探索行動を利用者の日常における内面の行動として捉える意味付与アプローチは，利用者志向の情報探索行動に関する理論を構築する取り組みの先駆けであった．

共通語彙の意味の違い

1986年に *Annual Review of Information Science and Technology*（ARIST）に掲載されたダーヴィンとマイケル・ナイランによるレビュー論文は，利用者志向アプローチが欧米の図書館情報学領域で広く認知されるようになったきっかけの1つと考えられている．この論文は，欧米の情報行動の研究や実践において，それまで主流であったシステム志向アプローチから利用者志向アプローチへのパラダイム転換を生じさせる契機となった．そのなかでは，図書館情報学領域において，両アプローチで用いられる共通語彙の意味の違いを指摘している．利用者志向アプローチでは，「情報」をメッセージの受け手が構築する意味内容と捉え，「情報行動」をシステムと利用者の直接の相互作用だけでなく，利用者の内的（認知・感情）および外的（社会・環境）相互作用や前後のプロセスとの相互作用を含むものとみなす[8]．

3.1.2 情報探索プロセス

図書館情報学領域では，利用者の情報探索行動を描写した多様なモデルが生み出され，情報サービスや情報システムの設計と評価に用いられてきた．以下では，代表例として，複数情報源の探索に伴う疑問の変化を捉えたマーシャ・ベイツのベリーピッキング・モデル（berrypicking model），初心者の情報探索プロセスを描写したキャロル・クルトーの情報探索プロセス（ISP: Information Search Process）モデル，研究者の系統的な情報探索パターンを捉えたデイビッ

ド・エリスとウィルソンによる研究者の情報探索行動（information seeking behaviour）モデル，これらのモデルを含む情報探索行動研究の成果を統合したウィルソンの情報探索行動の包括的モデル（general model of information-seeking behaviour），および情報リテラシー教育の枠組みとしてマイケル・アイゼンバーグらが教育目的で開発したビッグ6（Big 6）モデルを紹介する。また，日常の情報探索プロセスを捉えた理論的枠組みとして，エルフレダ・チャットマンの情報貧困理論（theory of information poverty），レイホ・サボライネンの日常の情報探索モデル（everyday life information seeking），カレン・フィッシャーの情報グラウンド（information grounds）を取り上げる。

ベリーピッキング・モデル

伝統的な情報検索システムは，1つのクエリで情報ニーズを満たすことを前提としているが，実際の情報探索プロセスで探索者は，いろいろな場所で様々な方法により情報を集め，その間に情報ニーズが変化し続ける。このような紆余曲折を伴う情報探索プロセスが森に分散して生えているハックルベリーやブルーベリーを少しずつ摘むプロセスとよく似ていることから，マーシャ・ベイツはこのプロセスを描写したモデルをベリーピッキング・モデルと命名した[9]。

図3-1に示すベリーピッキング・モデルは，変化に富んだ実際の情報探索プロセスを示している。左下に位置する最初の情報ニーズ（Q0）に基づいて，その右にある最初の情報源（S1）から情報を獲得した結果，探索者の情報ニーズはQ1に変化し，それに基づいて探索した次の情報源（S2）から得た情報により情報ニーズはQ2に変化し……というように，右上のS5に至るまでに複数の情報源を探索し，その間に情報ニーズがダイナミックに変化することを表している。

ベイツは，ベリーピッキング・モデルが示す探索プロセスにおいて研究者がよく用いる文献探索技法として，脚注に示された引用文献を追跡する脚注連鎖探索（footnote chasing），引用関係をたどってほかの文献を探す引用探索（citation searching），新着雑誌の目次を定期的に見る雑誌走査（journal run），特定領域の最新文献を監視する領域走査（area scanning），書誌・抄録・索引サービスにおける主題探索（subject searches in bibliographic and indexing services），

3 情報利用者と利用行動

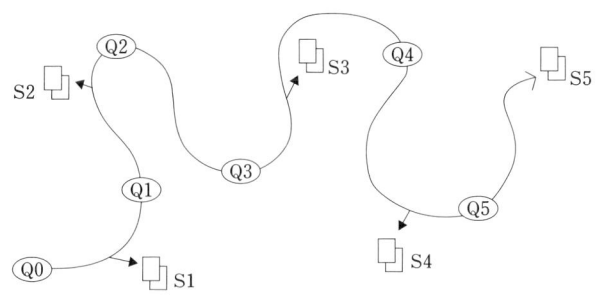

図 3-1 ベリーピッキング・モデル
出典：Bates, Marcia J. "The design of browsing and berrypicking techniques for the online search interface," Online Review. Vol.13, No.5, 1989, p. 410, Figure 2 を翻案。

著者名探索（author searching）の 6 種類を挙げ，情報検索システムはこれらの技法を支援すべきだと主張した。現在では，これらの技法は，ウェブ上のデータベースや電子ジャーナルの検索インタフェースで実現されている。

情報探索プロセスモデル

高校 3 年生が課題として与えられたレポートを執筆するに至るまでのプロセスについて，観察とインタビューを組み合わせた一連の調査を実施したクルトーは，調査結果を図 3-2 に示す 6 段階からなる情報探索プロセスモデルとして提示した[10]。このモデルでは，多くの情報探索初心者が経験する感情，思考，情報行動の変化を，段階に沿って示している。初めてレポート執筆という課題を与えられた探索者は，何をすればよいかわからないので不安になるが，レポートのトピックが決まった時点で楽観的になり，漠然とした情報探索を継続する。しかし，期待通りに情報が集まらない，得られた情報が相互に矛盾する，といったことから，混乱，疑い，フラストレーションが生じる。その困難を乗り越えて焦点が形成されると，感情が明快になり，その後は適合情報（レポートに使える情報）のみを収集するという系統的な情報探索行動に転換する。レポートを書くために必要な情報が収集できると，探索者は安堵感を感じつつ執筆に取りかかることができる。

このモデルは，その後，経営者や専門職を含む幅広い人びとの情報探索行動

	第1段階	第2段階	第3段階	第4段階	第5段階	第6段階
タスク	開始 initiation	選択 selection	探索 exploration	形成 formulation	収集 collection	標示 presentation
感情	不安定	楽観的	混乱・悪い・フラストレーション	明快	方向性・自信	満足・不満足
思考	漠然 ────────────────→ 焦点化 　　　　　　　　　　　　　　関心の増加 ───→					
行動	レレバント情報の探索 ─────────→ 適切な情報を記録					

図3-2　情報探索プロセス（ISP）モデル

出典：Kuhlthau, Carol C. Seeking Meaning: A Process Approach to Library and Information Services. Ablex Publishing, 1994, p.82 を翻案。

を対象に多様な文脈で検証され，情報リテラシー教育の基本モデルとして利用されている。

研究者の情報探索行動モデル

エリスは，情報探索プロセスに関するインタビュー調査を通じて研究者の情報探索における以下の6種類の情報行動パターンを抽出した[11]。

開始：情報を探し始める。
連鎖：引用文献を追跡する。
ブラウジング：関心領域の主要な情報源に目を通す。
監視：特定の情報源を定期的にチェックする。
差異化：性格と質の違いに基づき情報源を選別する。
抽出：情報源から有用な情報を系統的に抽出する。

その後，自然科学者を対象とする調査から，次の2種類の情報行動パターンが新たに追加された[12]。

確認：得られた情報の正確さを確認する。
終了：情報探索を終了する。

3 情報利用者と利用行動

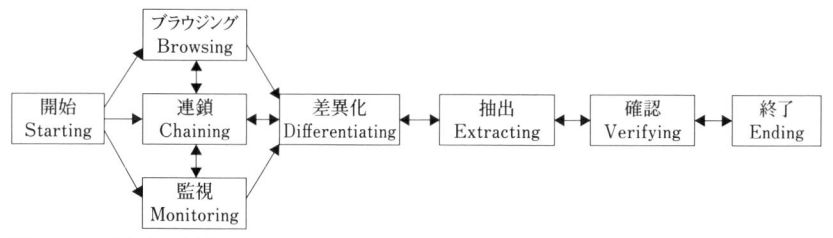

```
開始              ブラウジング
Starting          Browsing
        ↘       ↗
         連鎖 ←→ 差異化 ←→ 抽出 ←→ 確認 ←→ 終了
         Chaining  Differentiating  Extracting  Verifying  Ending
        ↗       ↘
              監視
              Monitoring
```

図 3-3　研究者の情報探索行動モデル

Wilson, Tom D. "Models in information behaviour research," Journal of Documentation, Vol.5, No.3, 1999, p.261, Figure 6 を翻訳。

ウィルソンは，これら8種類の情報行動パターンを情報探索プロセスとして捉え，図3-3に示す情報探索行動モデルに統合した[13]。

このモデルは，経験を積んだ情報探索者である研究者が，情報探索の初期段階で，連鎖（引用文献やレフェラルを通じて関連情報を収集），ブラウジング（関心テーマに関する情報を漠然と探す），および情報監視を行い，次に情報源を選別して情報を抽出し，抽出した情報をつき合わせて妥当性を検証するという，系統的な情報探索行動パターンを習得していることを示唆している。

情報探索行動の包括的モデル

ウィルソンは，図書館情報学領域の先行研究により生み出された情報探索プロセスのモデル群のレビューに基づいて，情報利用を含めた情報行動の包括的なモデル（図3-4）を提示している。このモデルは，情報ニーズが必ずしも情報探索行動の開始を導くとは限らないことに着目し，個人が文脈のなかで情報の必要性を認識してから，情報探索行動を起こすまでに介在する多様な要因と，情報探索行動を活性化するメカニズムを組み込んでいる[14]。

「ストレス対処理論（stress coping theory）」は，ある文脈で情報の必要性を認識した人が，情報不足のせいでどの程度のストレスを感じていたかにより，情報探索行動を起こすかどうかが決定されることを示唆している。「リスク報償理論（risk award theory）」は，その情報を獲得することで得られる報償とそれに要するコスト，および獲得しない場合のリスクを勘案して，リスクやコストよりも報償が勝る場合にのみ情報探索行動が開始されることを示唆している。

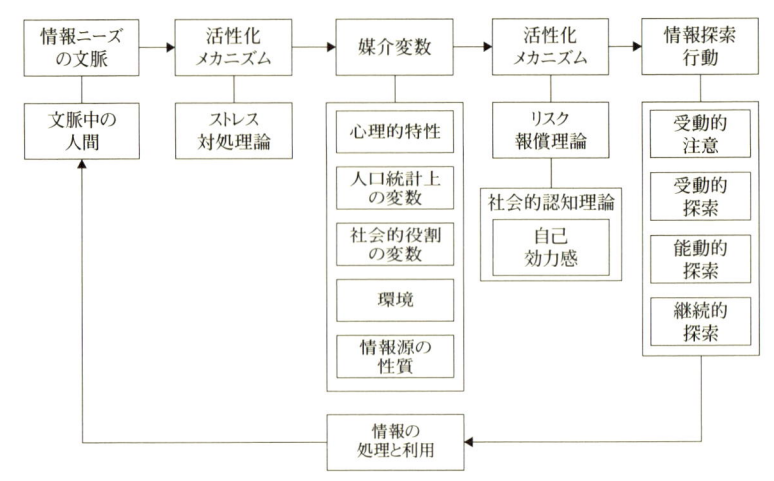

図 3-4 情報探索行動の包括的モデル
出典：Wilson, Tom D. "Evolution in information behavior modeling: Wilson's model," Theories of Information. Karen E. Fisher, Sanda Erdelez and Lynne Mckechnie, eds. Information Today, 2005, p.31-38. p.34, Figure C3.3 を翻訳。

「社会的学習理論（social learning theory）」は，認知心理学者アルバート・バンデューラらが提唱した，日常生活における人間の心理や行動と社会的要因との相互作用を説明する一般理論である。この理論の一要素である「自己効力感（self-efficacy）」は，人間の思考・感情・行動が，その人の持つ自己の能力への確信の程度（自己効力感）によって左右されるとみなしている。つまり，たとえ情報の必要性が高く情報を入手することで高い報償が得られるとしても，探し手が自分の情報探索能力を低いと認識していれば，情報探索行動を起こさない可能性があることを示唆している。

媒介変数として「心理的特性」が組み入れられていることは，情報不足のせいで生じる不確定性の感じ方の違いや，個人の考え方や態度に基づく行動選択の習慣によって情報探索行動を起こすかどうかが決まる可能性を示している。「人口統計上の変数」とは，年齢，性別，学歴，社会経済的地位などの違いで，学歴の差は知識の差や情報探索スキルの差として，社会経済的地位は情報探索に費やせるコストの差として，情報探索行動を起こすかどうかに影響を及ぼす。「社会的役割の変数」は，情報源にアクセスする際の他者とのやり取りをうま

く処理できるかどうかを示しており，とりわけ人間を情報源とする情報探索行動に影響を及ぼす。「環境」は，時間的制約，地理的制約を含み，例えば電子情報源にアクセスできる環境かどうかは，情報検索システムの利用に影響を及ぼす。「情報源の性質」は，情報探索に使える情報源の信頼性やアクセスのしやすさを意味し，その情報源を使って情報探索をするかどうかに影響を及ぼす。

　ウィルソンの包括的モデルでは，他の情報探索行動モデルが焦点を当てている情報探索行動を，「受動的注意（passive attention）」，「受動的探索（passive search）」，「能動的探索（active search）」，「継続的探索（ongoing search）」の4種類に区別して示している。「受動的注意」は，偶然の情報発見（opportunistic acquisition of information）や情報遭遇（information encountering）を指している。「受動的探索」は，宿題や上司の指示など他者から要請された情報探索行動を，「能動的探索」は，目的を伴う主体的な情報探索行動を示し，「継続的探索」は，あるテーマについて長期にわたって情報を探し続ける行動を表している。情報探索行動を通して得られた情報が処理され利用された結果，新たな情報ニーズが生まれるという情報探索プロセスの連鎖も，このモデルに取り入れられている。

　ウィルソンは，このモデルによって，他領域の理論を情報行動に取り入れることが可能になるだけでなく，モデルの構成要素に関する知見が，情報行動全体の理解にどのように貢献するかを考察する際の指針になると主張している。

ビッグ6モデル

　アイゼンバーグらは，情報を探しながら取り組む情報問題解決（information problem solving）のプロセスを効果的に進める指針としてビッグ6モデルを提示している。このモデルは図3-5に示す6段階で構成され，フィードバックプロセスを伴っている。実際の情報問題解決プロセスはこの順序に沿って進むとは限らず，段階間を行き来しながら，徐々にゴールに近づいていくことを表している。また，第6段階の「評価」は，実際には第2段階から第5段階でも常に並行して行われている[15]。

```
                                      情報問題解決プロセス    第6段階
                                      とその成果を評価する      評価
                                           ↑              ・成果の評価
                                        フィードバック      ・プロセスの評価
                                                          ↑
                       さまざまな情報源から獲    第5段階        評価
                       得した情報をまとめる    情報の統合
                                ↑           ・組織化
                             フィードバック   ・提示
                                                ↑
                情報源から情報を獲得      第4段階      評価
                する                    情報の獲得
                    ↑                  ・情報源の租借
                 フィードバック          ・情報の抽出
                                           ↑
                     第3段階               評価      情報源を探し出し、
                     情報源にあたる                   それにアクセスする
                     ・情報源の素材確認
                     ・情報源にアクセス
         ↑              ↑
      フィードバック       評価      問題に適した情報を獲
                                    得するための選択肢を
        第2段階                      確認する
        情報探索戦略
        ・情報源の範囲決定
        ・情報源の順序決定
    ↑          ↑
 フィードバック   評価
                        情報問題解決の目的と
     第1段階              情報ニーズを明らかに
     課題の設定            する
     ・問題の定義
     ・情報ニーズの識別
```

図3-5　ビッグ6モデル

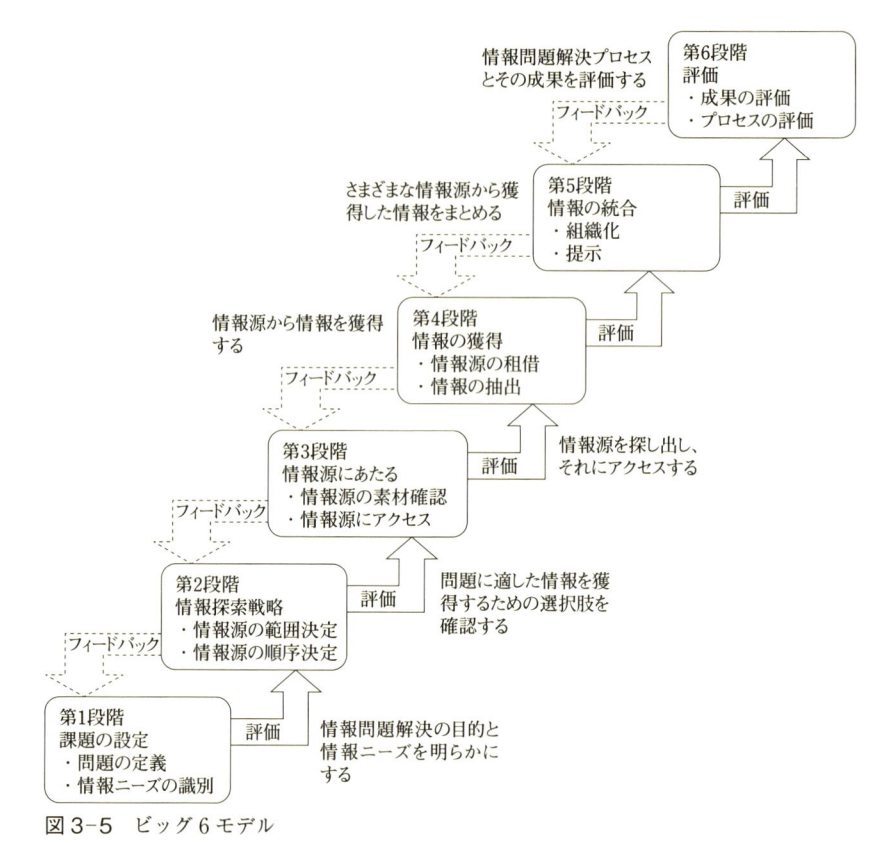

出典：Eisenberg, Michael B. & Berkowitz, Robert E. Information Problem Solving, 2nd ed. Ablex, 1995 に基づいて筆者が作成。

情報貧困理論

　社会的弱者に属する人びとの情報探索行動研究の先駆者であるチャットマンは，一連の研究成果を統合して情報貧困理論として提示した。この理論は，恒常的な情報弱者集団に属する人をインサイダー，集団の外にいる人をアウトサイダーと位置づけている。チャットマンによれば，インサイダーは，自分たちの価値観や規範を共有しないアウトサイダーに自分たちの情報ニーズや情報を漏洩することは所属する弱者集団を危険にさらす行為だと考えている。または，インサイダーの間で共有される価値観や規範を，「秘密（secrecy）」，「嘘

（deception）」、「危険にさらす（risk taking）」、「状況的レレバンス（situational relevance）」という4つの概念で示している。これら4つの鍵となる概念から，以下の6つの命題が導き出された[16]。

・情報貧困者は，自分たちの助けになるような情報源は存在しないと認識している。
・情報貧困は，社会階級の区分とも部分的に関連している。
・情報貧困は，社会的規範に対して用いる自己防衛行動により判定される。
・秘密と嘘は，他者の有用な情報を提供する能力や関心に対する信頼の欠如によるものである。
・本当のフィーリングを公表するリスクは，予想される否定的な成り行きが，獲得できるかもしれない便益に比べ勝るがゆえに採用されない。
・情報貧困層の情報世界では，彼らの日常の問題や関心にその情報が対応している場合に，新情報が選択的に取り入れられる。

チャットマンの情報貧困理論は，図書館情報学領域における理論構築の先進的な取り組みとして高く評価されている。また，情報探索者が防衛的な行動をとることで有用な情報へのアクセスが阻害されているという知見は，情報拒否や情報格差を説明する理論的根拠として重要である。

日常の情報探索モデル

サボライネンは，仕事以外の活動に取り組む人びとの日常のメディア消費行動を対象としたインタビュー調査に基づいて日常の情報探索（ELIS: Everyday Life Information Seeking）モデル（図3-6）を構築した。このモデルは，買い物，家の修理，趣味や個人的関心への取り組み，といった人びとの日常に組み込まれた情報行動を捉える理論的枠組みである。つまり，仕事と仕事以外の情報探索は相互に排他的なわけではなく，むしろ補完し合っていることを示している[17]。

このモデルは，ソーシャル・キャピタル（social capital）や認知キャピタル（cognitive capital）といった社会学の概念を組み入れ，個人資産などの経済要因

も考慮しており，社会学の知見を反映した情報行動のモデルとなっている。このモデルの基になったサボライネンの調査では，社会的階級がどのようにメディア消費に影響を及ぼすかを探究している。彼は，人びとが日常生活で取り組むべき作業を識別し，そのために時間を費やし，秩序を維持し，意味づけすることを「生活への熟達（mastery of life）」と呼んでいる。情報探索行動の従来のモデルは，おもに特定のトピックや特定のタスクのための情報収集といった，より短い時間枠における一連の行為に焦点を当てていたが，このモデルは，人間の情報行動を包括的に捉える理論的枠組みを提示している。

情報グラウンド

情報グラウンドは，「特定の目的で集まった人びとの振る舞いが同時並行して予期せぬ発見をもたらし，情報共有を促進する社会的雰囲気をつくり出すという一時的に生じる相乗作用の環境」[18]，と定義される社会構築主義の考え方に基づく概念である。

この理論の提唱者であるフィッシャーは，情報グラウンドは予期せぬ場所で

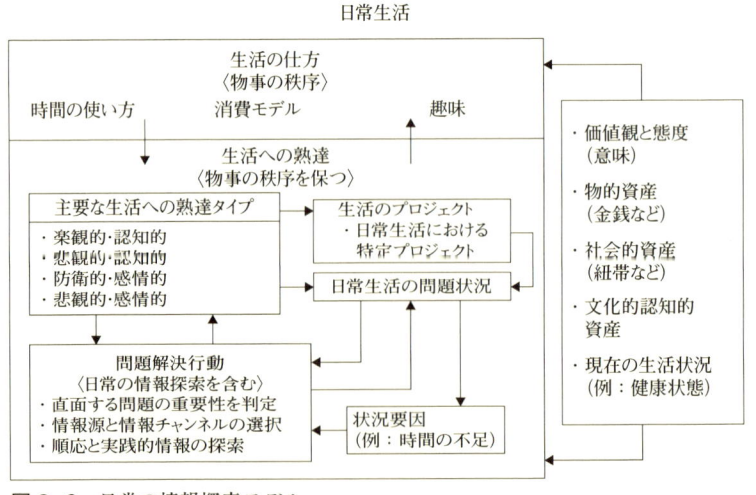

図3-6 日常の情報探索モデル

出典：Case, Donald O. Looking for Information: A Survey of Research on Information Seeking, Needs, and Behavior, 2nd ed. Academic Press, 2007, p.131, Figure 6.5 を翻訳。

いつでも生じうる。そこに登場する人びとは一定の社会タイプ（特定の社会的役割を果たすことが期待されるアクター）として捉えている。例えば，移動型フットクリニックは病院の待合室や老人施設の共用室や教会の地下室など多様な場所で随時開設されていて，看護師，受付係，患者である高齢者やその他のアクターが常に集まっている。彼らは，情報グラウンドで社会的相互作用を展開し，とりとめのない会話を交わすなかで，目的のある情報共有をもたらすような話題を意図的に提示することもある。ただし，公共図書館のような公的な場とは違い，情報ニーズは間接的に提示され，様々なコミュニケーション技法により相手の真のニーズが識別される。

　フィッシャーらは，情報グラウンドを描写する鍵となる概念として，豊かな文脈，一時的な場，実用的な目的，社会タイプ，社会的相互作用，公式・非公式の情報流通，情報利用の代替形を抽出し，そこから，次の7つの命題を提示している。

・情報グラウンドは，どこでも，いかなる時間枠の場においても生じる可能性があり，それは人びとの存在によって予測される。
・人びとが情報グラウンドに集まるのは，情報共有以外の目的のためである。
・情報グラウンドには異なる社会タイプが集まり，その全員ないし大部分が，情報流通において期待される役割を担っている。
・情報グラウンドにおける主たる活動は社会的相互作用であり，情報共有はその副産物である。
・人びとは公式・非公式の情報共有に取り組み，情報流通は多方向に生じる。
・人びとは情報グラウンドで獲得した情報を選択的に利用し，物理的・社会的・感情的・認知的な次元で恩恵を被る。
・人びとの観点や物理的な条件によって，情報グラウンドのなかには，多くの副文脈が生じ，それらがまとまって情報グラウンドの文脈を形成する。

　フィッシャーらは，もっとも一般的な公共の情報グラウンドとして，ワークショップと職場を挙げている。また，美容院，床屋，キルトをつくる集まり，遊び場，刺青パーラー，バスやフェリーボート，レストラン，喫茶店，助産所，

食糧バンク，自転車店，運動場，公共図書館のお話し会，自動車修理工場，病院の待合室，スーパーのレジ列，コインランドリー，飛行場の荷物受取所など，多様な場で情報グラウンドが生まれていると報告している。

3.1.3　ブラウジングと情報遭遇

　これまでに紹介した一連の情報探索プロセスのモデルは，おもに，情報ニーズを持つ利用者が能動的に未知の情報を探すという文脈を捉えている。その文脈においてブラウジング（browsing）は，索引づけされていない情報源に含まれる情報を見つけ出す唯一の方法である。一方，利用者自身が気づいていない情報ニーズもある。その場合にはブラウジング中の情報との遭遇によってのみ，その情報を獲得できる。

　ブラウジング

　ブラウジングは情報獲得を導く重要な情報行動であるが，その行動がどこでいつ生ずるかを予測するのは困難である。ベイツは，ブラウジングを「連続する複数の視点の停止と移動を含む視覚的動きと肉体の物理的動きを伴う行動で，各々の動きには対象に近づいて吟味する行為に導くものと導かないものが含まれる」と定義している。また，百貨店や空港の売店でのブラウジング行動を例示して吟味し，ブラウジングのエピソードとは以下の4つの要素の繰り返しであると主張している[19]。

・視野を一瞥する。
・視野から対象を選択ないしサンプリングする。
・その対象を吟味する。
・吟味した対象を（物理的ないし概念的に）獲得ないし放棄する。

　ブラウジング行動を描写するこのモデルは「光景の全体を一瞥した後にさらに詳細に吟味するためにその光景の1つまたは複数の部分を選択する」と指摘する心理学における視覚的探索理論と同型である。視覚的探索理論では，ブラウジングはスキャニングとは異なるとみなされている。情報学領域ではブラウ

ジング行動の研究を，視覚を中心に行ってきたが，この概念をビデオクリップや音声クリップのサンプリングにも拡張できるとベイツは示唆している。

スキャニング

スキャニングは，「目的を持って素早く読む」行為を表し，検索結果を吟味する文脈でも使われている。スキャニングは，ブラウジングと異なり意図的で系統的な情報行動である。スキャニングはブラウジングのなかに含まれる「よく吟味する」部分であり，一般に「拾い読み」と呼ばれる行為を指す。データベースの検索結果をパソコンへ出力するという文脈では，出力結果のなかから求める情報を容易に拾い読みするためには，視線移動を少なくするような画面設計が求められる。したがって，スキャニングという情報行動はインタフェース設計やユーザビリティ・テストに影響を及ぼす。

組織体における情報行動研究では，「環境スキャニング（environmental scanning）」という言葉がしばしば使われている[20]。環境スキャニングは，経営に影響を及ぼす可能性のある重要な技術的，経済的，社会的，政治的な外部環境の分析結果に基づいて企業などの戦略を構築するために採用される変革マネジメント手法である。

偶然の情報獲得と情報遭遇

ウィリアムソンは，オーストラリアの高齢者コミュニティのインタビュー調査に基づいて，偶然の情報獲得（incidental information acquisition）の事例を収集・分析した[21]。その成果に基づいてウィリアムソンの提示した「偶然の情報獲得」という概念は，「人びとは他の活動に取り組んでいる最中に情報を偶然に発見するので，情報獲得は偶然に随伴する」[22]というパトリック・ウィルソンの指摘に端を発している。情報は目的を持って探し出されるとは限らず，しばしば偶然に獲得されており，「偶然の情報獲得」とは日常生活で無意識のうちに人びとが実施している環境スキャニングの成果でもあると，ウィリアムソンは指摘している。

サンダ・エルデレスは，アメリカの大学生を対象に，有用で興味深い情報を偶然に発見した記憶に残る経験をインタビューとサーベイによって収集・分析

```
                    情報行動
                    information behavior
                    ┌──────┴──────┐
              情報獲得          他の情報行動
        information acquisition    other forms of information
                                      behavior
        ┌──────┴──────┐
   偶然の情報獲得         意図的な情報獲得
 opportunistic information   intentional acquisition of information
   acquisition (OAI)
    ┌────┴────┐
  情報遭遇      他の偶然の情報獲得
 information      other forms of OAI
 encountering (IE)
```

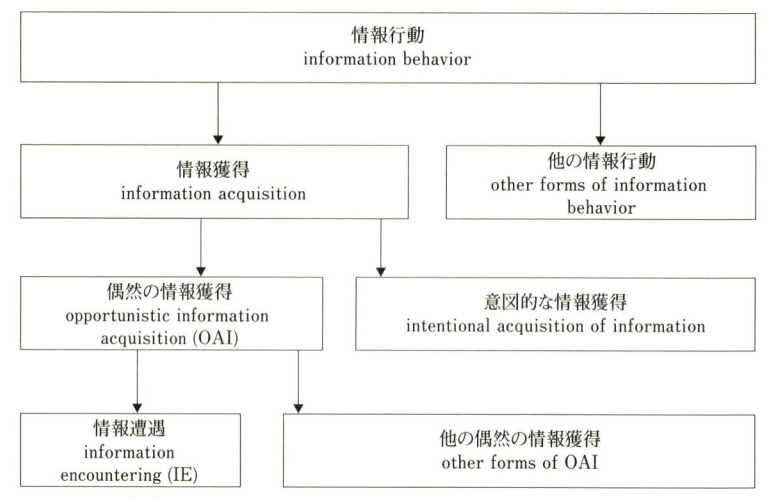

図3-7　情報行動概念モデル中の偶然の情報獲得と情報遭遇の位置づけ

出典：Erdelez, Sanda. "Information encountering," Theories of Information Behavior, Information Today. Karen Fisher, et al, eds. 2005, p.180 Figure 29.1 を翻訳。

した。その結果をもとに，情報利用者の特性，情報環境の特性，遭遇した情報の特性という3つの主要概念を把握し，情報利用者を「超遭遇者」「遭遇者」「偶然の遭遇者」「非遭遇者」に分類した。彼女は，情報遭遇（information encountering）を「他の情報を能動的に探している最中に生じる偶然の情報獲得」と定義し，より上位の概念である偶然の情報獲得（opportunistic information acquisition）の構成要素と位置づけた（図3-7)[23]。また，情報遭遇プロセスで生じる感知（noticing），中断（stopping），吟味（examining），獲得（capturing），復帰（returning）の各段階を識別し，情報遭遇の機能的モデル（図3-8）として提示している。

　このモデルは，利用者が先行する問題に関する情報探索を進めている最中に，当初は意図されていなかった別の関心・問題・タスクに関連する情報を知覚し，先行する問題のための情報探索を中断し，知覚した情報を吟味し，獲得した後に，元の能動的な情報探索に戻ってそれを続けるという，情報遭遇プロセスの特徴を描き出している。

3 情報利用者と利用行動   113

```
              感知  中断                    復帰
 ───────────▶◇──◇  背景的関心・問題・タ  ◇──────────▶
                    スクに関する情報遭遇
 先行する問題に         ⋰          ⋱         先行する問題に
 関する情報探索      ◇              ◇        関する情報探索
                    吟味           獲得
```

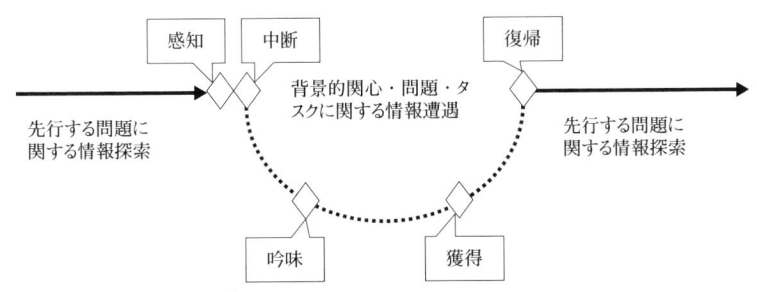

図 3-8　情報遭遇の機能的モデル

セレンディピティ

　セレンディピティは，ブラウジングに伴う「偶然の情報獲得」や「情報遭遇」を生じさせる人間の能力を指す。セレンディピティの価値は，芸術における連想の源，社会科学における関連性の想起，自然科学や医学における偉大な発見のきっかけとして，多くの場面で情報獲得に貢献している。また，セレンディピティが発揮される前提として，「広く問いかける」という心の準備が必要だとされている[24]。

　捉えどころがなく予測できないという特性を持つために，セレンディピティは最近まで図書館情報学領域では明示的な研究対象とされてこなかった。一方，フィリップ・モースは，図書館員の立場から，セレンディピティは図書館員が無意識に使うサーチ戦略の一種で，あるシステムで検索する際の異なるアクセス・ポイントや代替方法に関連していると主張している。図書館は古くからこの種のセレンディピティが発揮される場所として知られているが，電子情報環境における検索システムや電子図書館にはセレンディピティを支援するような機能が設計段階で意図的に組み込まれていないため，セレンディピティの機会を減少させるとの懸念も表明されている[25]。

3.1.4　情報探索の評価尺度

　情報探索行動に関する評価では，適合性，適切性など多様な判定指標が用いられている。では，システム志向と利用者志向の2つのアプローチでこれらの評価尺度がどのように解釈され適用されているのだろうか。以下では，情報検

索の評価尺度である適合性（relevance）に関する両アプローチの捉え方と，適切性（pertinence）および顕著性（salience）を取りあげる。

適合性

適合性は，検索結果が探索者の情報ニーズを満たすかどうかを判定する尺度である。適合性の解釈は，システム志向アプローチと利用者志向アプローチでは異なる。

システム志向アプローチによる情報検索システムの評価では，長年にわたって検索結果の適合性に基づく精度（検索された情報のうち適合しているものの百分比）と再現率（データベース中の全情報のうち適合しているものの百分比）が用いられてきた。つまり，情報検索性能の評価に用いられる適合性は，コンテンツ（またはその代替である索引語）の主題と情報ニーズの主題が一致しているかどうかにより判定される。ただし，主題が適合していたとしても，既知情報であったり，利用者の文脈に沿わないといった理由で利用者の感じている不確定性の低減に貢献しなければ，利用者の情報ニーズは満たされない。他方，利用者志向のアプローチでは，利用者の感じる不確定性を低減する情報のみが，情報ニーズを満たす適合情報とみなされるのである。

タフコ・サラセヴィックは，これまでシステム志向と利用者志向のアプローチで論じられた適合性概念を整理して，表3-1に示すように分類している[26]。情報検索システムの性能評価に用いられる主題適合性は，コンテンツと情報ニーズの主題やトピックの一致を表す二者択一の客観的な指標で，第三者が判定できるものとされている。他方，利用者志向アプローチにおける認知適合性（適切性），状況適合性（有用性），動機適合性は，利用者の文脈や状況や心理状態との対応を図る指標として用いられるが，利用者が獲得した情報を利用者状況と照らし合わせて瞬時に判定するため，第三者が判定するのは困難である。

見たことも聞いたこともない情報を探している利用者にとって，情報ニーズ，すなわちどんな情報を求めているのかを明確に述べることは困難である。図書館情報学領域では，情報ニーズを情報探索の動機とみなしているが，情報ニーズのような外から観察できない概念を情報探索の動機と位置づけること自体を疑問視する考え方もある。

表3-1 適合性概念の分類

適合性	関係要素	判定基準
システム適合性 (system relevance) アルゴリズム適合性 (algorithmic relevance)	「クエリ」と「システム中の情報オブジェクト(テキスト)」	検索性能
主題適合性 (topical relevance)	「クエリに表現された主題・トピック」と「検索されたシステムファイル中の現実のテキストのトピック」	アバウトネス(aboutness)
認知適合性 (cognitive relevance) 適切性 (pertinence)	「利用者の知識や認知的な情報ニーズの状態」と「検索されたシステムファイル中の現実のテキスト」	認知的調和;報知性;新奇性;情報の質など
状況適合性 (situational relevance) 有用性	「状況,タスク,問題」と「検索されたシステムファイル中の現実のテキスト」	意思決定における有用性,問題解決における情報の対応性,不確定性の軽減など
動機適合性 (motivational relevance)	「利用者の意思・目的・動機」と「検索されたシステム中の現実のテキスト」	満足,成功,達成など

出典:Saracevic, Tefko. "Relevance reconsidered '96," COLOS 2 Second International Conference of Library and Information Science: Integration and Perspective. Peter Ingwersen and Niels Ole Pros, eds. Royal School of Librarianship, 1996, p.201.

　トム・ウィルソンらは,情報ニーズの定義を論じている研究者は実際に情報探索行動そのものを研究しているので,むしろ情報探索行動を研究の焦点にすべきであると主張している。つまり,社会的な行為である情報探索行動の動機は,純粋に認知的な「情報ニーズ」だけでなく,安全や達成や支配欲といった感情的なニーズや,探索者が役割を担う組織体における地位や組織の雰囲気といった様々な要因が重なり合っており,それら全体を動機として扱う必要があると主張している[27]。

　情報検索システムの評価実験に長く関わってきたサラセヴィックは,情報ニーズと適合性について「もし情報検索のパイオニアが適合性を心に描かず(中略)不確定性を基本理念とみなしたなら,情報検索の理論,実践,および評価はかなり異なったものになったことだろう」[28]と述べている。実際の情報探索や情報検索が不確定性によって生じていることは,システム志向アプローチの研究者にも広く認識されている。ただし,不確定性は,情報検索システムの性

能評価に明示的に使われてはいない。アマンダ・スピンクらは，検索結果が部分的に適合している場合に，利用者の問題定義の変更や適合性基準の変更や知識構造の変化が生じやすいことを指摘している[29]。これは，クエリに完全に適合した検索結果よりも，部分的に適合したものの方が，利用者にとって情報ニーズの明確化や知識獲得に有用である可能性を示しているだけでなく，検索結果を適合しているものと適合していないものに2分割するという，従来の情報検索システムの検索性能評価アプローチが不適切であることを示唆している。これらの知見を踏まえて，ウィルソンは，不確定性の原因を，「日常や現象に見出される何かが，一見して典型にフィットしないこと」[30]とみなし，不確定性から確定性への進展が，その人のゴールとなり，その結果として情報探索行動が生まれると述べている。その上でウィルソンは，クルトーの情報探索プロセス（ISP）モデルの各段階が不確定性を解消するための動きを示していると指摘している。

適切性

利用者志向アプローチで使われている適合性は，主観適合性（subjective relevance），状況適合性（situational relevance），心理適合性（psychological relevance）と表現される場合もある。

利用者志向アプローチから見た主題適合性の問題点は，利用者の判断が状況や文脈に依存することにある。これに対して，状況適合性は，情報に遭遇した時点での利用者の内的状態（認知・感情）への対応を問題にしている。つまり，利用者の内部に取り込まれて知識構造を変える情報には，状況適合性があるとみなされる。また，情報ニーズを持つ利用者が受け入れた情報には，適切性（pertinence）があるとみなされる。さらに，獲得した情報が利用者にとって未知のものであれば，新奇性（novelty）があるとみなされ，獲得した情報が利用者にとって役に立つものであれば，有用性（utility）があるとされる。

利用者志向アプローチで用いられるこれらの尺度は主観的であり，それを判定できるのは利用者のみである。

顕著性

　顕著性（salience）とは，背景から浮かび上がる性質を表す。事故を目撃したり，歩きなれている道に新しい建物が建てられていると，人はそれに注目する。雑踏のなかで自分の名前が聞こえると，人間の耳はそれを聞き取ることができる。このように，人間は，自分にとって顕著なものに関心を向け，行動を起こしがちである。そうした行動を促す情報には，顕著性があるとみなされている[31]。

　例えば，公共図書館の目立つ場所に新規購入図書を配架する，話題になっているテーマの資料を目立つ場所に集中的に配架する，といった手法により利用者の注意を惹きつける工夫がされているが，これは，顕著性を活用しているのである。公共図書館で最近進められているビジネス支援サービスや医療情報サービスのような地域住民の関心を捉えるような特定のトピックに焦点を絞ったサービスの提供も，トピックの顕著性を使って新たな利用者を図書館に惹きつけることを狙っているといえよう。

3.2　情報リテラシー

3.2.1　情報リテラシー概念の誕生と発展

　情報リテラシー（information literacy）は，とくに1980年代の世界的な情報技術の発展と普及のなかで，アメリカ図書館界を中心に戦略的に提案されてきた，図書館における情報化および利用教育の1つの流れである。リテラシーという教育的な概念を含むことで，とくに学校図書館や大学図書館においては，今日的な利用者教育機能の拡大領域として，広く国際的な関心を集めている。情報リテラシーの概念は，狭義のICTリテラシーから，より包括的な情報の活用能力までを含んでいる。近年はユネスコが「メディア情報リテラシー（media and information literacy）」という統合概念を提唱し，教育を推進する構えを見せている。こうした状況は，情報格差の解消という観点から，情報アクセスを含んだ情報のリテラシーの重要性について，世界的な価値の共有が起きていることの表れといえる。

情報リテラシー概念の発生（1970年代‐）

情報リテラシーという用語自体は，新しいものではない。その初出については諸説あるが，いずれも1970年代にその使用が見られる。今日多くの情報リテラシー研究論文で引用されている32)33)ところであるが，日本では野末俊比古によって，74年にアメリカ情報産業協会（IIA: Information Industry Association）会長であったポール・ザコウスキーがアメリカ図書館情報学委員会（National Commission on Libraries and Information Science）への提言のなかでinformation literacyという用語を使用したと紹介されている。このときの定義は以下のようなものである。

職業上の諸問題に対して情報による解決を行う際に，広範な情報ツールならびに基本的な情報源を利用するための手法や技能34)

このときの提言では，「情報産業の発展にともなう社会的な要請として，国民が情報リテラシーを獲得することが必要だとされ，1980年代のうちに達成することが国としての目標である」と述べられた。

また「情報収集を含んだ形でのリテラシーの再定義に対するもっとも早い時期の要求のひとつ」として，1977年の全米科学財団（National Science Foundation）の科学情報部主任リー・バーチナルによって情報リテラシーという言葉が使われた事例も示されている35)。しかしながらシャーリー・ベーレンスも指摘する通り，70年代に産業や社会の要請として情報リテラシーが語られたものの，その情報を取り扱うスキルや知識の具体的な概念についてこれ以上の議論には発展しなかった36)。

情報リテラシー概念の発展（1980年代）

アメリカにおいてとくに情報リテラシー概念の醸成が進展した1つの要因は，1980年代当時のアメリカの教育事情に存在すると考えられる。

1983年に発表された「危機に立つ国家（Nation at Risk: The imperative for educational reform, The National Commission on Excellence in Education）」はアメリカにおける学力低下すなわち学校教育に関する警鐘的な報告書として知られて

いる。同時にこの報告は，図書館関係者にとっても衝撃を伴うものだった。"Nation at Risk"には，アメリカ教育における図書館の貢献にまったく言及されておらず，これに反発した図書館関係者は，翌84年，「優秀さのための連合（Alliance for Excellence—Librarians Respond to A Nation at Risk: recommendations and strategies from libraries and the learning society, U.S. Department of Education, Office of Educational Research and Improvement, Center for Libraries and Education Improvement）」という50ページに及ぶレポートを発表した。世界に先駆けてコンピュータやネットワークの席巻を迎えていた80年代のアメリカで，図書館は情報化社会で生き残るための転換を強いられていたことがこの報告書をめぐる状況から推察できる。

　こうした背景の下，1980年代後半以降，アメリカで情報リテラシーに関する様々な定義や基準の制定が進むこととなり，情報リテラシーの育成を図書館員の専権事項とする戦略的な動きが急速に活発化した。この時期にアメリカ図書館界の「情報リテラシーの時代」の幕開けを象徴した2つの出版物がある。その1つが，パトリシア・セン・ブレイビクとE・ゴードン・ギーによる『情報を使う力』[37]である。出版当時，ブレイビクとギーはそれぞれコロラド大学の図書館員と学長であり，以後コロラド大学の情報リテラシー教育へのアプローチは注目を集めることとなっていく。

　この時期を象徴するもう1つの重要な資料は，1989年に公表されたアメリカ図書館協会（ALA）の"Presidential Committee on Information Literacy"の報告書[38]である。この報告書は情報リテラシーについて，個人，産業，市民（シチズンシップ）の各レベルでの問題解決と意思決定のために重要であることを全国的に宣言するものとなった。そのなかで情報リテラシーは以下の通り定義されている。

- いつ（どのようなときに）情報が必要であるのかを認識する（knowing when they have a need for information）
- 与えられた問題や課題に対処するために必要な情報を特定する（identifying information needed to address a given problem or issue）
- 必要な情報を発見し，その情報を評価する（finding needed information and

evaluating the information）
- 情報を組織する（organizing the information）
- 直面する問題や課題に対処するために効果的に情報を活用する（using the information effectively to address the problem or issue at hand）

　この ALA 報告書はその第1章を「情報化時代の学校」と題し，総括の部分においても情報リテラシーの教育について重要性を強調している。
　実はその前年の1988年にすでにアメリカ学校図書館協会（AASL）と教育コミュニケーション工学協会（AECT）により学校図書館を対象としたガイドライン"Information Power"が発表されていた（American Association of School Librarians, Association for Educational Communications and Technology. Information Power. American Library Association）。アメリカでは60年代から視聴覚教育の勃興と連動するかたちで学校図書館の現代化が進行しており[39]，「学校図書館メディアセンター」として様々なメディアを取り扱う多機能な学習情報メディアセンターとしての方向性が志向されてきていた。併せて学校図書館の専門職としてのスクール・ライブラリー・メディア・スペシャリスト制度も確立された。この"Information Power"を契機として，学校図書館が"information literate"な生徒を育成する目的を有する施設であること，教育・学校の情報化への対応が学校図書館において公的に宣言された。
　同時期にブレイビクらの牽引力を持って1989年には全米規模のフォーラムNational Forum on Information Literacyが結成され，加盟団体は教育機関から労働関係機関まで幅広い。近年では2009年10月1日に，オバマ大統領が「情報リテラシー月間」を宣言するなど，アメリカにおいては情報リテラシーの重要性についての社会認識が根強く保たれていることがわかる。

情報リテラシー概念の定義化（1990年代-）
　ここでは関係各団体および研究論文において1990年代までに定められた情報リテラシーの定義の代表的なものを紹介しながら，情報リテラシー概念の内実について考察していきたい。実はアメリカでも89年以降の数年間は全国的な基準は存在せず，大学単位などで数多くの情報リテラシーの定義や基準が林

立する結果となった。

　1990年代後半になると，一般的な用語や概念のレベルから，教育段階における具体的な到達目標の設定へと関心が移行する。この段階でエポックメーキングとなったのは，98年にアメリカ学校図書館協会と教育コミュニケーション工学協会により発行された"Information Power: Building Partnerships for Learning"の別冊「児童・生徒の学習のための情報リテラシー基準（Information Literacy Standards for Student Learning）」である。この基準は初等中等教育段階で育成される情報リテラシー教育の能力を，9つの基準（standards）と29の指標（indicators）をもって詳細に定めたものとして，その後世界的に教育現場と学校図書館に大きな影響を与えるものとなった。

　1990年代の特徴は，情報リテラシーをカリキュラムに取り入れる際に，理論モデルが採用された点である。人間の情報行動を経験的に取り扱ったプロセスモデルが多いのがこの時期の特徴であり，詳細は，3.1.2項の情報探索プロセスモデルの項で解説されている。1980年代から90年代にかけての主要な研究には以下のものがある。

- 1988年：ストライプリング／ピッツのリサーチプロセスモデル（Stripling, Barbara K. and Pitts, Judy M. Brainstorms and Blueprints. Libraries Unlimited., 1988）
- 1989年：クルトーのサーチプロセスモデル（Kuhlthau, Carol C. Information search process: A summary of research and implications for school library media Programs. School Library Media Quarterly. Vol.22, No.1, 1989）
- 1990年：アイゼンバーグ／バーコヴィッツのビッグ6スキル（Eisenberg, Michael B. and Berkowitz, Robert E. Information Problem-Solving: The Big Six Skills to Approach to Library and Information Skills Instruction. Ablex Publishing Corp., 1990）
- 1994年：カリフォルニア学校図書館協議会の情報リテラシーモデル
- 1995年：パパスの知識への小道情報スキルモデル（Pappas, Marjorie L. and Tepe, Ann E. Media, Visual, Technology and Information: A Synthesis of Literacies. In Instructional Interventions for Information Use: Papers of Treasure

Mountain VI. Hi Willow, 1997, p.328-347)
・1996年：AASL/AECT 生徒の学びのための情報リテラシー基準

情報リテラシー概念の世界的な伝播

　1990年代後半から2000年代前半にかけて，多くの情報リテラシーに関する研究や概説書が刊行された。そのなかで，英米の先進諸国以外の地域において，情報リテラシーの概念がどう伝播し，受容されてきたのかを概観する。複数の情報リテラシーに関するレビュー論文に基づき地域事情を探ったが，詳細かつ広域的な国際比較研究はいまだ実現しておらず，必ずしも厳密な地域比較でないことをことわっておく。

スピッツァー，アイゼンバーグ，ロウの研究に見る地域事情

　1998年のキャスリーン・スピッツァー，マイケル・アイゼンバーグ，キャリー・ロウによる "Information Literacy: Essential Skills for the Information Age"[40]は，この時期における情報リテラシーの状況をアメリカから概観したものである。この第2章「概念の発展」で紹介されている伝播地域には，ナミビア，南アフリカ，オーストラリア，カナダ，フィンランドが挙げられている。

　英語圏以外では，北欧フィンランドの事例が興味深い。情報リテラシーという用語こそ使用されていないものの，フィンランドの教育省が1994年には21世紀の情報社会に向けた教育・研修・研究の戦略を立案するための専門家会議を組織し，情報・スキルの養成について，国家的な戦略の一部として捉えていたことが報告されている。カナダでは，カルガリー大学に情報リテラシー・グループと呼ばれる研究グループが存在していた。

　さらにハンネローア・レーダーの論文では，(1) カナダ政府が，情報リテラシーを有する人口の保持を重要視し，情報政策に組み入れていること，(2) カナダの図書館員が情報リテラシーをテーマとした年次会合を開催しているということが紹介されている[41]。

　オーストラリアの項では，1997年12月には，すでに3度目になる全国的な情報リテラシーに関する会合が持たれていたこと，オーストラリアにおける図書館分野の職能団体であるオーストラリア図書館情報協会（ALIA: Australian

Library and Information Association) が情報リテラシーに関するタスクフォースを組織していたことが記されており，情報リテラシー概念の受容と展開が組織的になされていたことが記されている。

1997年には，クリスティン・ブルースによる "The Seven Faces of Information Literacy"[42]が発表されており，組織的な受容と並行して，情報リテラシー概念の諸相を分析しようという理論面での議論が進んでいたことがわかる。

IFLA 情報リテラシー部会の動き

このような各国への概念伝播については，国際図書館連盟 (IFLA: International Federation of Library Associations) の情報リテラシー部会の記録からも確認することができる。IFLA の情報リテラシー部会のニュースレター (IFLA: Information literacy section newsletter, July 2007) によれば，前身として「利用者教育ラウンドテーブル」を持つ IFLA の情報リテラシー部会は，情報リテラシー活動への関心の増加から2002年より部会として設置された。

同部会では情報リテラシー関係情報源の世界的なディレクトリ "UNESCO/IFLA (International Federation of Library Associations and Institutions/United Nations Educational, Scientific and Cultural Organization), International Information Literacy Resources Directory, Database Records Progress" (2006) を作成しており，世界的な関心の分布の実態を知る一助となると思われるが，先進国のなかでもイギリスが登録されていない一方で，非先進諸国やラテン系諸国の登録機関数は多いなど，IFLA への参加度の差が反映されているとも考えられる。ちなみに日本は掲載されていない。

ムーアの研究に見る地域事情

ペニー・ムーアは "An Analysis of Information Literacy Education Worldwide"[43]のなかで，国際学校図書館協会 (IASL：International Association of School Librarianship) に2002年に提出された調査報告 (IASL Communique 2002) を挙げ，デンマーク，ラトビア，オマーン，チリ諸国の状況を紹介している。

デンマークでは学校図書館法が成立したが，そこで規定されている学校図書

館専門職員は司書教諭で，授業運営の業務との兼任であり，専任の学校図書館員は存在しない。ラトビアでは，学校図書館業務の機械化が教育省主導で行われ，ラトビア大学が司書教諭に無償の研修を提供していると報告されている。ラトビアの法律上，学校図書館員は教員職であり，2002年からは，すべての学校図書館員は，司書資格か高次の教職資格を有することとされている。ちなみにデンマークもラトビアも情報リテラシーについてはとくに教育制度上の言及はない。

オマーンでは，図書の欠乏などの問題があるものの，1年生から6年生までの情報スキルのカリキュラムは策定されており，アラビア語に翻訳されている。チリでは財政的困難が指摘されているものの，イギリスをモデルにした教師教育と，幼稚園から4年生までの子どもたちへの支援計画が策定されつつあるところである。

ヴァークスの研究に見る地域事情

ヨーロッパにおける情報リテラシー研究の状況については2003年にイギリス，マンチェスター・メトロポリタン大学のシリエ・ヴァークスが文献のレビューを行っている[44]。論文冒頭にてヴァークスは，アメリカにおける情報リテラシー概念の展開のダイナミズムを紹介した上で，オーストラリアの事例に触れ，オーストラリアが戦略的に情報リテラシー概念を導入した例として2000年頃にはすでに教育関係機関や政府機関による7つの重要な報告書が出されていたことを指摘している。ヴァークスは，カナダ，中国，日本，メキシコ，ナミビア，ニュージーランド，シンガポール，南アフリカの研究においても情報リテラシーに関するものがあると紹介しているが，詳細な国際比較研究は言語・文化的な障壁などから，実現していない現状が見られる。

このなかで日本の研究として紹介されているものは井上如らの「メディアシー──使命と方向性（Mediacy: what it is and where to go）」[45]である。これは1997年のユネスコ主催の国際会議「情報倫理──デジタル情報の倫理的，法的，社会的諸側面に関する国際会議」における招待講演である。この論文のなかで，日本の情報リテラシーの定義としては文部省（当時）および臨時教育審議会による力点として「情報活用能力」が示されている。ちなみに「メディアシー」と

は，ケヴィン・マクギャリーによる「マルチメディア・データを含むデータ処理の能力を含むべく拡張」された，情報リテラシーとは異なる新しい用語であると紹介されている。

レーダーの研究に見る地域事情

レーダーの研究[46)]は，地域や言語の制約はなおあるものの，世界各地の歴史社会的背景と情報リテラシー教育の現状をバランス良く映し出している。レーダーの取り上げた国は，記述順に，南アフリカ（アフリカ），中国，シンガポール（アジア），オーストラリア，ニュージーランド（オセアニア），イギリス（全英およびスコットランド，アイルランド），ドイツ，スウェーデン（ヨーロッパ），カナダ，メキシコ，アメリカ（南北アメリカ）と広く網羅されている。

全体的にレーダーの記述の多くは，大学での情報リテラシー活動の展開に重点が置かれている。取り上げられた諸国のうち，初等中等教育を含む幅広い層において情報リテラシー教育が展開されていることが明示されていたのは，シンガポール，オーストラリア，イギリス，スウェーデン，アメリカである。そのほとんどが英語圏であるが，北欧地域については，情報行動研究が情報リテラシー活動の理論的背景として固い地盤を有していることが示されており，オーストラリアやアメリカの実践がスウェーデンに強いインパクトを与えていることが指摘されている。

レーダーの記述のなかで質量ともに充実しているのはアメリカの例であり，オーストラリア，スウェーデンがそれに続く。アメリカの情報リテラシーの展開についての強調点としては，全国的な組織的展開の強みが指摘されており，その牽引力の一例は1989年に『情報を使う力』を著したブレイビクが90年以降に率いたNational Forum on Information Literacy（NFIL）（前述）とされている。2000年代に入ってオーストラリアが類似の体制づくりを図っているという記述もある。レーダーは論文の末尾で以下の通り総括している。

・情報リテラシーに関する重要な研究はオーストラリアによってなされている。
・発展途上の南アフリカやメキシコといった地域で，歴史的に恵まれなかっ

た層を対象とした情報リテラシーに関する主要な取り組みが始められている。
- ヨーロッパにおいてはイギリスとスウェーデンがリーダーシップを執っている。
- アメリカでは，情報リテラシー基準が策定され，情報化社会での業務に携わる市民のための教育に，図書館員と教員が連携できるような環境が整えられている。
- オーストラリアとアメリカでは，情報リテラシー教育の評価が次の課題として設定されている。

さらにレーダーは，国家政策が情報リテラシーの重要性とその社会的保障を反映している国の例としてシンガポールとオーストラリアを挙げている。

シンガポールは1990年代から"IT 2000"あるいは"Library 2000"といった国家情報基盤整備のプロジェクトを推進してきた。それらのプロジェクトの成果ともいうべき国立図書館・公共図書館の整備は2000年代に入り着実に実現されている[47]。

3.2.2 情報リテラシー理論とその展開

理論提供基盤としての情報探索行動研究：情報探索プロセスモデル

「情報リテラシー概念の定義化（1990年代-）」でも述べた通り，教育概念としての情報リテラシーが学校や大学といったフィールドで普及する過程で，現場に理解しやすいプロセスモデルの存在が果たした役割はきわめて大きいと考えられる。

3.1節の情報探索行動研究の記述にもあるように，情報リテラシー概念の背景理論として用いられたのは，利用者の様々な行動の分析に視点を当てた利用者志向アプローチによるものである。とくにアメリカのキャロル・クルトーが学校図書館における初心者（高校生）の情報探索プロセスをモデル化した「情報探索プロセスモデル」[48]は，学校段階のモデルとして，また，トム・ウィルソンによる「情報探索行動（information seeking behavior）モデル」[49]は，研究者や成人を対象としたモデルとして広く認知され，そこから，マイケル・アイゼ

ンバーグらによるビッグ 6（Big 6）など商品化も行われた。

　もともと初等・中等教育においては，1950 年代にバラス・スキナーが提唱したプログラム学習のなかで，スモールステップの原理などが用いられた経緯もあり，一連の複雑な作業を，プロセスのなかで分割して指導するという方法論には前例が存在していた。各種のプロセスモデルがとくに学校および学校図書館を中心に伝播した1つの要因としては，プロセスをモデル化したわかりやすさが現場の教員や図書館員に受け入れられやすかったという側面があるのではないだろうか。

　その意味で情報リテラシー概念の構築や普及に関して，情報探索行動研究が果たした理論的貢献は非常に大きいものであったと考えられる。図書館領域においてこれほど理論と実践が有機的に結びついた例も稀有と考えられる。一方で情報リテラシー教育の格差が，国・地域によって大きい理由として，こうした理論や知識を受容し拡散する専門職コミュニティの存在の有無によることが，アメリカやオーストラリアの事例から示唆されている[50]。

情報リテラシーの研究と評価：研究対象としての情報リテラシー

　情報探索行動研究のモデルをよりどころとして発展してきた情報リテラシー概念は，その後，情報リテラシーそれ自体の理論化を迫られることとなる。

　例えば，日本では「IT 革命」が流行語となった 2000 年の『毎日新聞』朝刊のコラム「ニュースの言葉」（2000 年 6 月 24 日付）で，「多機能化するパソコンや携帯電話などの情報機器を自由自在に操作して情報を収集・活用できる能力」と定義されているように，情報リテラシーを狭義に捉える傾向がある。高木義和も，日本では情報リテラシーがコンピュータ・リテラシーと不分明であり，英語圏の情報リテラシーの概念が正確には理解されていないと指摘している[51]。

　情報リテラシー概念の把握に際しては，上記のような，コンピュータや携帯電話などの情報機器操作に焦点化された「狭義の情報リテラシー」と，図書館分野で扱われるより包括的な情報リテラシーの概念的関係，という命題が存在する。情報通信技術の操作的側面を情報リテラシーの部分的解釈として捉える見方は，日本のみならず世界的にも確かに存在している。

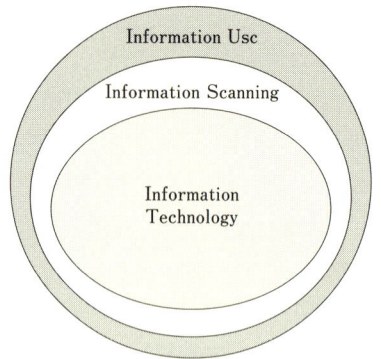

The Structure of Awareness as Experienced in
the Information Technology Conception

図3-9　ブルースによる情報リテラシー概念の類型　カテゴリ1

Bruce, Christine, Seven Faces of Information Literacy in Higher Education Website of Professor Christine Bruce.
http://www.christinebruce.com.au/informed-learning/seven-faces-of-information-literacy-in-higher-education/ （参照　2013-02-26）.

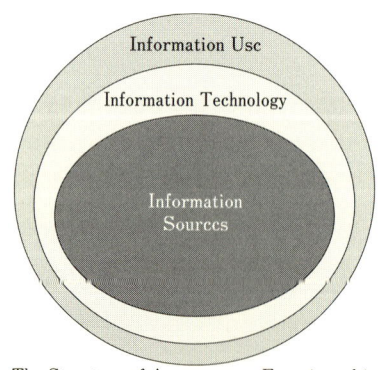

The Structure of Awareness as Experienced in
the Information Sources Conception

図3-10　ブルースによる情報リテラシー概念の類型　カテゴリ2

Bruce, Christine, Seven Faces of Information Literacy in Higher Education Website of Professor Christine Bruce.
http://www.christinebruce.com.au/informed-learning/seven-faces-of-information-literacy-in-higher-education/ （参照　2013-02-26）.

図3-11 ブルースによる情報リテラシー概念の類型　カテゴリ3
Bruce, Christine, Seven Faces of Information Literacy in Higher Education Website of Professor Christine Bruce.
http://www.christinebruce.com.au/informed-learning/seven-faces-of-information-literacy-in-higher-education/（参照　2013-02-26）.

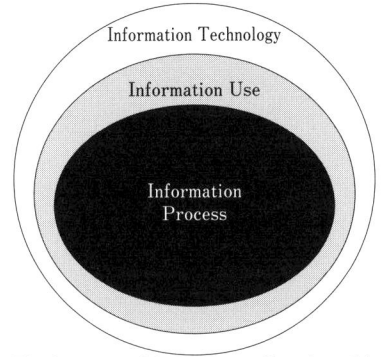

　1997年には，ブルースによる"The Seven Faces of Information Literacy"[52]が発表されたが，この研究は，多様な情報リテラシー概念の内実を，それを取り扱う当事者の認識を通して分類する試みであり，瀬戸口誠はこれを情報リテラシー研究の「利用者志向アプローチ」としている[53]。

　ブルースは情報リテラシー概念の様々な位相について，オーストラリアの2つの大学で情報リテラシーの指導をしている教員への調査結果を基に，情報リテラシーに含まれるスキル・活動，学生が直面した体験から，その解釈について7つの類型を提示した[54]。この研究からは情報リテラシー教育はそもそも，以下の7つの要素や傾向を包含したものであり，それぞれの指導の状況や担当者によって異なる位相が認識されることが示されている。これらの7つのカテゴリは，状況に応じてどの部分に比重を置くかを，当該地域や社会，組織の文脈によって選択する際の参考となる知見であろう。以下に原図を引用し概要を紹介する。ちなみに各カテゴリの最重要概念が円の中心に，外周に周辺的な要素が表現されている。ここでは7種類のカテゴリのうち3種類の図示を転載して紹介する。

カテゴリ1（図3-9）では中心概念は情報技術であり，情報検索やコミュニケーションなどの情報技術を使うことが情報リテラシーの中核概念であると考えられていることを示している。

カテゴリ2（図3-10）の中心概念は情報源である。この図は，情報源に関する知識とそれらに様々なメディアを介してアクセスする能力が情報リテラシーであると考えられていることを示す。この場合の情報源とは，電子メディアを含む多様なメディアや人をも含む。

カテゴリ3（図3-11）の中心概念は情報プロセスであり，情報プロセスを実施することに焦点が当てられている。この場合は情報技術にはさして重点が置かれない。

中心概念が情報技術であるカテゴリ1は日本における狭義の情報リテラシーの視座と合致する。比べてカテゴリ2は，情報源の利用が中心にきているところから，図書館型の情報リテラシーと見ることができる。そしてカテゴリ3は情報リテラシーに影響を与えた情報行動研究において重視されてきた「情報プロセス」を中核概念とする見方である。

参考までにブルースの分析による7つすべてのカテゴリを紹介しておく。

カテゴリ4は中心概念を「情報管理」とし，「情報の管理，とくにその保管といった側面に焦点化された経験として認識される。例えばファイリング，リンクや関連といったものを通した脳や記憶の活用，コンピュータ上の情報格納や検索が具体的な関心事項である」とされる。

カテゴリ5の中心概念は情報活用（批判的分析）で「個人のナレッジベースの構築のためにクリティカルに情報を活用するという点がこのカテゴリの特徴である。この場合情報利用者は評価や分析といった作業に関わることになる」。

カテゴリ6の中心概念は「情報活用（直観）」で，「直観的知識や創造的洞察に関わる情報活用がこのカテゴリの特徴である。これは知識構築を超えた知識の拡張とも呼ぶべきものであり，情報利用者は，それぞれの世界観に基づいてこのカテゴリを経験すると思われるが，効果的な情報利用に寄与する要素であると考えられる」とある。

カテゴリ7は「情報活用（価値）」を中心概念とし，「情報の賢い利用，情報活用に対する個人的な価値観の適用がこの概念の特徴である。それは情報をよ

り広い文脈のなかで捉えることと関わり，個人的な価値観と倫理観の自覚が効果的な情報活用には不可欠のものとされる」となっている（上記翻訳はすべて筆者による）。

このブルースのモデルによれば，情報技術を情報リテラシー概念の中核に捉える見方は確実に存在する。後述するアメリカの大学での経緯のようにコンピュータ・リテラシー席巻への対抗策として情報リテラシー概念が発展したケースは世界的に見ればむしろ特殊であり，多くの国における情報リテラシー教育の位置づけは，それまでの図書館教育に新たに情報技術を抱き合わせるための触媒として利用されている側面も無視できない。日本における狭義の情報（技術）リテラシー概念もまた，広範な情報リテラシーの部分的様態と捉えることができよう。

情報リテラシーの評価測定

アメリカの図書館界で定義された様々な情報リテラシーの概念や，アメリカ学校図書館における情報リテラシーの基準も，学習目標的な概念であり，その初期には情報リテラシーをどう測定・評価するか，という部分については定まっていなかった。しかしながら，教育実践が広まれば，効果測定が求められるのは自明の流れであった。河西由美子はオーストラリアの学校図書館ジャーナル分析を行い，2000年にはすでにオーストラリアとカナダの2カ国における国際比較調査が行われ，高校卒業レベルの情報リテラシーの能力測定が行われていたことを確認している[55]。このときには15項目の情報スキルを問う質問による測定であったが，アウトカム評価やエビデンスに基づく評価のニーズから，同様の調査はアメリカを中心に，館種や利用者を問わず多数実施されている。ユネスコでも，08年時点では，情報リテラシーの国際的な指標策定を目指した報告書を発表していた[56]が，その後「メディア情報リテラシー」というより統合化された能力概念を提起し，その教育の促進を支援している。

3.2.3 情報リテラシー教育の実態

(1) 大学図書館

コンピュータ時代の大学図書館

情報リテラシーという用語が今日的な重要性をもって使われた点については，コンピュータの世界的な普及とネットワーク化の進展による情報爆発をいちはやく体験しつつあった1980年代のアメリカにその端緒を見ることができる。

ベーレンスは，1980年代のコンピュータ・リテラシーへの対抗概念を代表するものとしてフォレスト・ウッディ・ホートンの論文"Information literacy vs. computer literacy"[57]を紹介している。80年代の時点では情報リテラシーとコンピュータ・リテラシーの概念の関係は未整理であった。しかし，それまで大学図書館で実施されてきた図書館スキル・図書館リテラシーのプログラムが，ネットワーク化による大量の情報検索の需要から，徐々に情報リテラシーのプログラムに置き換えられるなかで，図書館員が，両者の差異化に直面した様子を追うことができる。いわばコンピュータ・リテラシーへの対抗概念として生まれた情報リテラシーの概念の存在価値を主張したのは，巨大なアメリカの図書館実務者集団であった。

ブレイビクとギーは1989年の『情報を使う力』のなかで，80年代，いかに「投資能力のある大学が非常な熱意をもってコンピュータ技術の採用を競い合い，他の学校やカレッジはそれに追いつくのに必死であった」かについて報告している[58]。この時期，コンピュータ・リテラシー教育は一時的に脚光を浴びたものの，短絡的なコンピュータ・プログラミングの学習に堕した教育は，情報技術革新により急速に陳腐化したと彼らは振り返っている。さらには「情報社会が求めているのはコンピュータを使いこなすだけの人間ではなく，情報をも使いこなすことのできる人間であるということに」図書館員は大学管理者よりも早く気がついた，とも述べているが，これは単なる図書館礼賛ではなく，図書館員の専門がコンピュータ管理ではなく「情報管理」であり，常日頃から「情報リテラシーを学んだり教えたりしている」からであるとしている[59]。その上でブレイビクらは，情報リテラシーを以下のように定義する。

　　情報リテラシーは，情報化時代を生き抜くための技能である。情報リテ

ラシーを身につけている人々は，生活のなかにあふれている大量の情報におぼれることなく，特定の問題を解決したり意思決定を行うためには，どのようにして情報を見つけ，評価し，効果的に用いればよいのかを知っている[60]。

そしてブレイビクらは，情報リテラシーの今日的な意味として，情報量が多くないときには，学生たちは教師の知識や図書館員の情報技能に頼ることで対処できていたが，いまや「情報爆発に対する十分な理解と，情報技能を含むリテラシーの再定義とに基づく新しい教育理念を必要としている」とも述べている[61]。

利用教育から情報リテラシー教育へ

学校図書館や公共図書館に比べ，情報リテラシー教育の実践比率がもっとも高いのは大学図書館である。日本国内の事例報告も比較的多く，日本図書館協会・図書館利用教育委員会によるハンドブック『情報リテラシー教育の実践―すべての図書館で利用教育を』においても，事例の多くは大学図書館のものであり，委員の多くが大学図書館員か，大学に籍を置く研究者である。

文部科学省が例年実施している「学術情報基盤実態調査（旧大学図書館実態調査）」の平成23年度結果の概要によれば，平成22年度の5月1日時点の大学数は769であり，「コンピュータ及びネットワーク編」の「8．情報リテラシー教育実施大学数」では，727大学が実施しているとあり，95％がなんらかの情報リテラシー教育を実施していることになっている。ただしここでの実施率は大学図書館以外の部門で実施されているものを含んでいる。また「コンピュータ及びネットワーク編」に分類されていることからも，ICTに比重を置いた情報リテラシー教育に限定されている傾向も否めない。

平成19年度の文部科学省「先導的大学改革推進委託事業」として筑波大学がまとめた「教育と情報の基盤としての図書館―今後の「大学像」の在り方に関する調査研究（図書館）報告書」では，付録1として「大学図書館の経営に関する調査」集計結果が掲載されており，高等教育のカテゴリ別に抽出した262の大学図書館に対して調査紙を郵送し，74.05％の回答率となっている。

それによれば，情報リテラシー教育に関しては，73.4％の実施率となっており，その内容を，(1) 図書館オリエンテーション，(2) データベース等の利用教育，(3) 教育支援・レポート作成支援に分けて調査をしているが，開催頻度・参加人数とも，上記の順の比率となっており，より学習に直結するはずの教育支援・レポート作成支援については，定着度が低いことが明らかになっている。

大学図書館の学習支援機能

三浦逸雄は，「大学図書館の学習・教育支援機能に関する日米比較研究」のなかで，「本来，大学図書館は教育・学習活動を支援する学習図書館機能と学術研究活動を支援する研究図書館機能の2つの機能を果たすことを主たる使命としている」とし，北米の大規模総合大学では，この2つの機能が明確にわかれており，小規模のリベラルアーツカレッジでは学習図書館機能に重点が置かれていると分析している。それに対して「日本の多くの大学ではこの2つの機能は不明確で，未分化の状態にあるといっても過言ではない」とも指摘している[62]。

確かに日本の大学図書館はこれまで学習支援機能に必ずしも重点を置いてこなかったが，それは大学自体が図書館にそのような役割を期待してこなかったということを意味している。1998年の大学審議会答申「21世紀の大学像と今後の改革方策について」の基本理念「課題探求能力の育成―教育研究の質の向上」に対して，これまで大学図書館の明確な活用という方向性は見られなかった。しかしながら大学教育の質保証に関しては，アメリカにおける認証制度をモデルとして，日本でも大学設置基準に自己点検・評価が導入され，第三者機関によるいわゆるアクレディテーション（認証評価）が制度として運用されるようになった。

欧州でも，欧州高等教育圏の実現のために1999年に発表されたボローニア宣言に基づいた高等教育の枠組みの再構成が進んでいる。

日本国内におけるアメリカ型のリベラルアーツカレッジの図書館の学習支援機能を体現している事例として，国際基督教大学の例があり[63]，学部教育と図書館における支援の連動の好例として知られている[64]。

新しい大学図書館モデル：ラーニングコモンズ

　近年日本の大学では「ラーニングコモンズ」と称する施設が次々と開設されている。ラーニングコモンズやインフォメーションコモンズとは，アメリカを中心に，1990年代の社会規模での情報化の発展や大学改革の流れを受けて発生した大学図書館の新しい空間モデルである。90年代に，社会の情報化や大学生の新しい情報行動に対応するための図書館デザインが生まれた。これがインフォメーションコモンズである[65]。しかしIT化が一段落し，大学本来の目的である研究・教育活動へのより効果的な貢献ができる施設として再検討されたのがラーニングコモンズといえるだろう。日本ではインフォメーションコモンズの段階を経ていないため，ラーニングコモンズのなかにインフォメーションコモンズの要素を内包していると考えるのが妥当であろう[66]。

　「コモンズCommons」とは「共有空間」を指す言葉である。この命名には，空間の共有を必要とする共同体の存在が透けて見える。いわば名前自体に，近年の共同体理論や学習理論の影響が見える。一方で大学現場・図書館現場では，むしろ昨今の大学生の情報行動，いわゆるデジタルネイティブ世代の実態やニーズに合う図書館空間が「コモンズ」であった，という実感が強いかもしれない。日本におけるラーニングコモンズには，図書館そのものの改革というよりは，これまで大学内に欠けていた学習のための協働空間を提供する意図が強いように思われる。欧米の大学図書館のように，図書館がそもそも論文制作に至るすべての過程で支援に関わる前提条件がないまま，新奇な空間利用のためのモデルに終わらすことなく，情報リテラシー教育の内実を伴う，真の意味の「共有空間」を成立させることが理想であろう。

　小圷守は，日米大学図書館のいくつかの事例を引き，学習支援としての情報リテラシー教育とラーニングコモンズのあり方を関係づけている[67]。

（2）　学校図書館における情報リテラシー教育

　アメリカにおける情報リテラシー概念の普及の過程で，学校図書館が大きな役割を果たしていたことは，すでに述べた。ここでは教育概念としての情報リテラシーについて触れ，日本の学校教育における状況を概観する。

教育概念としての情報リテラシー

今日,情報リテラシー (information literacy) は,英語圏をはじめとした国際社会では,図書館を拠点とした活動とみなされている。

日本の教育関連公的文書では,1986年の「臨時教育審議会経過概要」第7章「情報化への対応」に「情報リテラシー」という用語が登場した。しかし直後の第二次答申からは「情報リテラシー」は姿を消し,

> 情報活用能力＝情報及び情報手段を主体的に選択し活用していくための個人の基礎的資質

に置き換えられている。当時の審議会構成員のなかに,1980年代当時のアメリカ図書館界における情報リテラシーの動きに着目した有識者がいたことも推測されるが,最終的には当時なじみのなかった「リテラシー」という横文字が日本語に翻訳・翻案されたと考えられる。以後,「情報活用能力」には図書館情報学分野の知見は盛り込まれず,日本の学校教育においては「情報活用能力」という用語が,教育用語として定着することになる。

日本の情報教育と情報リテラシー

1988年,アメリカ学校図書館協会と教育コミュニケーション工学協会は学校図書館ガイドライン"Information Power"を発表する(章末の参考文献参照)。1996年には「児童・生徒の学習のための情報リテラシー基準」(章末の参考文献参照)において,初等中等教育段階で育成するべき情報リテラシーを,9つの基準 (standards) と29の指標 (indicators) をもって詳細に定め,世界中の教育・学校図書館関係者に大きな影響を与えた。

図3-12はほぼ同時期に発表された日本の情報教育の枠組みとアメリカの情報リテラシーの指標を比較したものである。日本の概念図に比べてアメリカの基準の指標が詳細なのは,情報探索行動研究からの知見によるところが影響しているものと考えられる。

3 情報利用者と利用行動

情報化の進展に対応した初等中等教育における
情報化の推進等に関する調査研究協力者会議
第一次報告の概念枠組み　(1998)

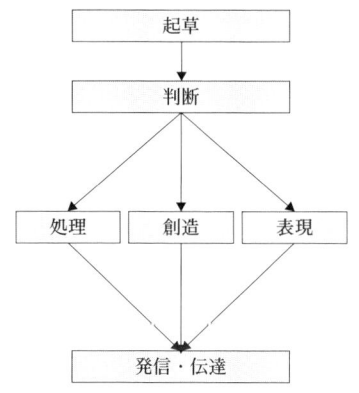

米国の情報リテラシー基準
13の下部指標　(1996)

1	情報の必要性を認識
2	知的な意思決定の基調
3	情報の必要性に基づいた問題設定
4	情報ソースの見分け
5	情報探索の戦略と活用
6	正確さ、関係性、幅広さの意味
7	事実と視点と意見の違い
8	不正確な情報を見抜く
9	設問に対する適当な情報の選択
10	情報の直感的な利用・運用
11	既存の知識と新しい情報の統合
12	批判的思考と問題解決
13	情報やアイディアを適当な形式で表現・伝達する

(左図フロー：起草 → 判断 → 処理／創造／表現 → 発信・伝達)

図3-12　日本の情報教育の枠組みとアメリカ AASL 情報リテラシー基準の概念比較
出典：河西由美子「初等中等教育における情報リテラシーの育成に関する研究」東京大学博士論文，2008

情報リテラシーと情報スキル・学習スキル

学校図書館を一般市民が利用する公共図書館と機能面で明らかに異なった位置づけにしているものが，教育・学習活動への明示的な貢献である「図書館利用指導（図書館教育）」である。

1952年に文部省（当時）が発表した「小・中・高等学校の図書館の司書および司書補の職務内容」（6月16日発表）には，その職務内容の「奉仕・指導」の項目のなかに「図書および図書館利用の指導」が明示されている。この「利用指導」の概念は，活用するメディアの範囲に変化はあっても基本的には現在の学校図書館にそのまま受け継がれている。

一方英語圏では，伝統的に図書館分野で展開されてきた「図書館活用スキル (library skills)」を情報化への対応のため「情報スキル (information skills)」に発展させてきた経緯がある。英語の情報リテラシー (information literacy) は，図書館分野における総合的な情報活用能力を指し，必ずしも狭義のITリテラシーではない。そのため日本においても図書館分野では「情報活用能力」ではなく「情報リテラシー」の用語を用いることが多い。

1999年のパトリシア・ラヌッツィらによる Teaching Information Literacy Skills[68]の構成を例に，情報スキルの要素を概観する。

　　第1章　情報にアクセスする（戦略の構築，蔵書目録の活用など20項目）
　　第2章　情報を収集し，資料を活用する（図書分類法，雑誌や政府刊行物など資料種別の特性など12項目）
　　第3章　参考資料を活用する（辞典・事典等の使い方，デジタル百科事典の使い方など24項目）
　　第4章　参考資料内の視覚情報を解釈する（表や棒グラフ，各種チャート，マップなどの使用法11項目）
　　第5章　インターネットを活用する（実在するウェブサイトへのアクセス演習などを含む18項目）
　　第6章　情報を評価する（チェックリスト，図書資料・ウェブなど各種情報源の評価など8項目）
　　第7章　レポートを書く（全体構想やプロセスの戦略，参考文献の書き方など16項目）
　　第8章　口頭発表のための資料を活用する（引用のための資料の準備や配布資料，視聴覚資料の活用など7項目）

　これらの項目の大半は，伝統的な図書館利用指導の要素と重なっていることがわかる。
　またアメリカをはじめとする英語圏では，「学び方を学ぶ」学習スキル（study skills/learning skills）に関するマニュアル本が多種出版されている。「学習スキル」とは，認知心理学でいわれる学習方略のうち，心的操作の部分を捨象し，活動面に焦点化したものである。その要素の多くは前述の情報スキルと重複しており，ノートの取り方や，レポートの書き方，分類法の知識などを含んでいる。
　つまるところ情報リテラシーは，学校においては，教科横断的に必要とされる学びのための技能習得と連動して展開されることが望ましいのであるが，情報リテラシー教育を図書館が担うことが一定程度定着している欧米諸国と，そ

うしたモデルが確立していない国や地域では，教育のための支援体制に大きな違いが存在する。

　近年OECDの「生徒の学習到達度調査（PISA）」結果などの影響から，学習者自らが，自らの知識基盤をもとに主体的応用的に思考する能力について評価が高まっている今日の国際社会において，図書館という学習支援施設の格差が，そのまま学力格差につながりかねないという危機感が，日本においても学校図書館の存在意義に新たな評価を与えている。

　情報リテラシーから探究学習へ

　2000年代に入り，それまでの情報探索プロセスモデルを基にした情報リテラシー教育のアプローチに対して，線的なプロセスをなぞる学習の限界が指摘され，情報リテラシー育成には教科学習の文脈のなかで情報プロセスを体験することがより効果的であるという構成主義的な志向が徐々に生まれてきた。学習者が特定の文脈のなかで段階的に情報に触れ，処理をしていく過程を重んじる傾向が高まった。情報スキルの習得は，それ自体が情報リテラシー教育の目的ではなく，むしろ前提的なものとみなされ，情報リテラシーの構成要素をカリキュラムのなかに散りばめながら，既存教科の学習目的と関連させつつ探究型の学習のなかで効果的に習得させることが主眼となっている。

　高校生の実証データを基に情報行動モデルを構築し情報リテラシー教育の理論構築に貢献したアメリカのクルトーも，2000年代に入り「導かれた探究（guided inquiry）」を提唱している[69]。

　カナダ・アルバータ州では州レベルの教育の手引き「探究の焦点化（focus on inquiry）」を策定し，学校図書館での実践を促進している。図3-13は同モデルの略図である。全体が円環状で，前後のプロセスは相互に関連して入り組んでおり，絶えず中心の振り返りに立ち戻る，より複雑な情報プロセスを反映している。振り返り（reflection）の重視はメタ認知の重要性を示唆している。

　探究を重視した学びは，学習者が主体的に探究する活動を含む問題解決学習やプロジェクト学習などで展開される。日本の教育現場でよく使われる用語に「調べ学習」があるが，「調べ学習」には厳密な定義がないため，学校図書館を活用した探究型の学習について，教育方法として体系化し，方法論を確立する

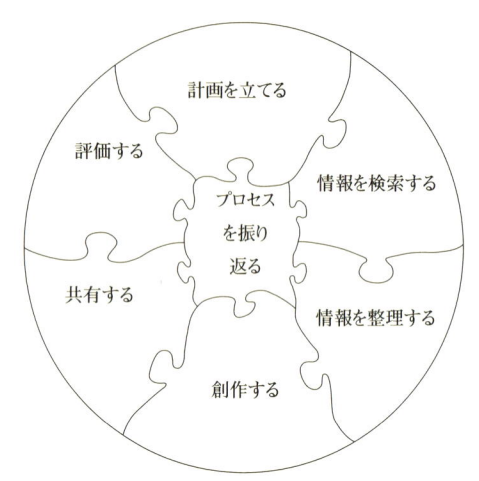

図3-13 focus on inquiry モデル
出典：Alberta. Alberta Learning. Learning and Teaching Resources Branch, Focus on Inquiry: A teacher's guide to implementing inquiry-based learning. 2004. http://education.alberta.ca/media/313361/focusoninquiry.pdf（参照 2012-08-30 日本語訳は河西）。

時期を迎えていると考えられる。

情報リテラシーと21世紀の学習者像

　1998年に情報リテラシーの基準を定めたアメリカ学校図書館協会は，2007年，21世紀の学習者のための新たな基準を刊行した（章末の参考文献参照）。情報リテラシー教育を強く打ち出した過去のインフォメーション・パワーの迫力には欠けるが，より既存教科に融合したかたちで，カリキュラムと学校図書館活用の連動が推進されている。
　日本においても2008年度の全国一斉学力調査の結果から，学校図書館を活用した学校において，成績集団の低・高層ともに学力の向上が見られたことが指摘され，継続的な学校図書館活用が，基礎基本の学力とともに応用的な学力についても一定の効果を与えていることが示唆された。日本の学校図書館には，整備や実践の遅れから欧米のような探究学習が展開しにくい固有の事情がある。

文部科学省が各年で実施している「学校図書館の現状に関する調査」の結果からも，学校間・地域間・公立私立間の格差は大きく，大半の公立学校では十分な図書資料すらない状態が続いていることが判明している。第2の阻害要因として，司書教諭でさえ図書館活用のための充分な時間や知識が不足している実態がある[70]。

新しい学習指導要領では小・中学校ともに総則の「指導計画の作成等に当たって配慮すべき事項」に「学校図書館の計画的な利活用」が挙げられており，読解力や思考力，知識・技能の応用力を問ういわゆるPISA型学力への志向が見られる。今後は国語や社会を中心にこれまで以上に学校図書館の活用が各単元に埋め込まれる可能性が高く，調べ学習指導の経験がない教員でも気軽に取り組めるような支援策は急務である。

3.2.4　情報リテラシーを取り巻く課題
（1）　公共図書館の社会的使命と情報リテラシー

知識基盤社会への移行

日本の近年の公的文書における知識基盤社会への言及は，「平成12年版科学技術白書」に見られる。同白書では「21世紀の社会は科学技術を中心とした新たな知識の開発と社会への適用の重要性が増す社会である」とし，こうした社会への移行を「知識基盤社会への移行」と位置づけている。

平成17年度の中央教育審議会答申「我が国の高等教育の将来像」にも言及がある。同答申によれば21世紀は，いわゆる「知識基盤社会（knowledge-based society）」の時代であり，「新しい知識・情報・技術が政治・経済・文化をはじめ社会のあらゆる領域での活動の基盤として飛躍的に重要性を増す社会」であるとされている。公共図書館の情報化については，2000年に発表された文部科学省の「2005年の図書館像—地域電子図書館の実現に向けて」があり，そのなかで「住民の『情報リテラシー』のための講座もある」とあるが，その内容はコンピュータ技能の習得に焦点化されている。

平成18年に発表された「これからの図書館像—地域を支える情報拠点を目指して（報告）」（これからの図書館の在り方検討協力者会議）では，インターネットの利用に示される社会の変化に応じて，情報リテラシー教育の必要性につい

て提言している。ここでの定義は様々な種類の情報源のなかから必要な情報を検索し，アクセスした情報を正しく評価し，活用する能力とされているが，報告全体からは，教育内容の具体的な記述は乏しい。

公共図書館における情報リテラシー教育の実践

　日本の情報リテラシー教育の動向をレビューした野末は，大学図書館の事例研究が多く，一部の例外を除いて「公共図書館・専門図書館に関する文献はほとんどない」と指摘している[71]。2008年からの2年間弱という短期間の現象とはいえ，大学図書館や学校図書館においては，多様な実践が報告されていることを鑑みるに，野末の「なぜ研究が（少）ないのかについての分析には取り組むべき」という指摘は至当なものと思われる。

　欧米の図書館界では，知識基盤社会への対応として，情報リテラシーとナレッジマネジメントを関連づけて捉える社会認知が存在することを考えると，日本の公共図書館には，こうした社会的ニーズを敏感に察知してサービスを変化させていく推進力が乏しいといわざるを得ず，それは行政の専門性軽視がもたらした専門職の空洞化によるところが大きいのではないかと推察される[72]。

　一方，図書館に内在する別の要因も指摘されている。日本図書館協会・図書館利用教育委員会による「情報リテラシー教育の実践―すべての図書館で利用教育を」では，図書館員のなかに「図書館員は教育や指導を行うべきではない」という「教育アレルギー」の気風があったり，高等教育機関では，教員をさしおいて「図書館員風情が指導するなど僭越だ」という空気が教員のなかにあって，これらが図書館において利用（者）教育を行う上のかせになっていたという独特な事情について述べている[73]。

　高田淳子は「公共図書館における情報リテラシーの現状」において，2005年から06年にかけて都道府県立図書館および政令指定都市の図書館（中央館）で実施された情報リテラシー教育に関する質問紙調査を報告している[74]。残念ながらその調査項目は，必ずしも厳密に情報リテラシーに焦点化したものではなく，図書館ツアーなども含んだ図書館案内や，図書館主催の各種講座など多岐にわたっている。情報リテラシーという概念が日本の公共図書館員の間で十分に共有されているとは考えにくい現状では，質問紙調査の内容におのずから

制約が生ずることはやむをえないのかもしれない。回答率は，都道府県立図書館の約90%（59館中53館），政令指定都市図書館の約94%（16館中15館）と高率である。しかしながら，「図書館を活用した情報の調べ方講座」の実施率は，都道府県立図書館で約35%，政令指定都市の図書館は約13%と，必ずしも高くない。日本の公共図書館における情報リテラシー教育の普及は，今後の課題といえよう。

(2) 日本およびアジア地域における情報リテラシーの課題と展望
日本およびアジア地域の情報リテラシーの課題
　日本では，いずれの館種においても図書館員の資格要件や養成・研修にばらつきがあるのが現状で，アメリカやオーストラリアと異なり大学院レベルで図書館情報学の専門教育を受けた図書館員はきわめて例外的な存在である。こうした状況は，専門職集団として共有する知識基盤の不在や知識レベルの低さという弊害を招くのみならず，実践的研究者という中間的存在層の不在は，図書館情報学の理論と実践の循環が生まれない状況をつくり出し，図書館が情報リテラシーやナレッジマネジメントという社会のニーズに速やかに対応できない状態を生んでいる。

　情報リテラシー教育の実施状況を見ても，実施率において大学図書館が抜きん出ているのみで，学校図書館においては整備や人員配置の格差が大きく，情報リテラシー教育が全国的に普及しているとはいえない。公共図書館に至っては，そもそも図書館の専門知識に精通した図書館員の配置が自治体によっては，きわめて不安定な状況にあることから，情報リテラシーやナレッジマネジメントといった概念が，図書館行政における戦略として1つの流れをつくりうるほどに流通・定着すること自体きわめて困難ではないかと推察される。

　同じことは明確な図書館モデルが確立していない多くのアジア諸国にもいえることである。アジア諸国は，民族・言語・文化・政治行政制度も多様であるが，往々にして各国・地域の行政制度の枠組みが強く，なかなか図書館としての理念に基づいたブレークスルーがなされにくい状況は共通している。そのなかでシンガポールだけが，欧米型の図書館を志向し，潤沢な予算のもと発展を遂げつつある。国あるいは地域政策としての図書館の方向性について，国際的

なレベルで比較検討を行うことは，今後のために重要な課題であると考える。

ユネスコのメディア情報リテラシー

近年ユネスコは，従来のメディアリテラシーや情報リテラシーの取り組みを統合した「メディア情報リテラシー」を提唱し，教師のためのカリキュラムを公開した[75]。カリキュラムはPDF形式でネット上で公開されているが，全体で約200ページという膨大なものである。第1部ではカリキュラムと能力概念の枠組みが，第2部では，コアと非コアのモジュールが記述されている。

このカリキュラムが地球上の様々な地域の実施に耐えることになれば，地球規模のメディア情報リテラシーの標準化に大きな役割を果たすことになるだろう。

注

1) Pettigrew, Karen E. and Durrance, Joan C. KALIPER Project: Final Report ― KALIPER: Introduction and Overview of Results. Journal of Education for Library and Information Science. Vol.42, No.3, 2001, p.170-180. 日本語訳：http://www.jslis.jp/liper/kaliper/kaliper1.pdf（参照 2011-05-08）。

2) LIPER報告書 http://www.soc.nii.ac.jp/jslis/liper/report06/report.htm（参照 2011-11-05）。「情報利用者」は，図書館・情報学領域で最近注目を集めている情報行動領域に位置づけられる。トム・ウィルソンは，情報行動を，「能動的・受動的な情報探索と情報利用を含む情報源や情報チャネルに関与した人間行動の全体」と定義し，カレン・フィッシャーらは，情報行動には「人間が異なる文脈において，どのように情報を要求，探索，提供，利用するかが含まれる」と述べている。情報行動は，図書館情報学，コミュニケーション，マーケティング，経営学，心理学，社会学，哲学などを含む幅広い学際領域の研究対象である。本章では，図書館・情報学領域で主たる対象とされてきた情報探索行動に関連するモデル，理論，概念，および，その成果を判定する尺度を取り上げる。

3) Taylor, Robert S. "Question-negotiation and information seeking in libraries," College and Research Libraries, Vol.29, No.3, 1968, p.178-194.

4) 前掲3)．

5) Brookes, Bertram C. "The development of cognitive viewpoint in information science," Journal of Information. Vol.1, No.1, 1977, p.55-61.

6) Belkin, Nicholas J., Oddy, Robert N. and Brooks, Helen M. "ASK for information

retrieval: Part I. background and theory," Journal of Documentation. Vol.38, No.2, 1982, p.61-71.
7) Dervin, Brenda. "Overview of sense-making research concepts, methods, and results to date," Paper presented at International Communication Association Annual Meeting, Dallas, 1983, 72p.
8) Dervin, Brenda and Nilan, Michael. "Information needs and uses," Annual Review of Information Science and Technology. Vol.21. Martha Williams, ed. Knowledge Industry, 1986, p.1-25.
9) Bates, Marcia J. "The design of browsing and berrypicking techniques for the online search interface," Online Review. Vol.13, No.5, 1989, p.407-424.
10) Kuhlthau, Carol C. Seeking Meaning: A Process Approach to Library and Information Services (2nd ed.). Library Unlimited, 2004, 247p.
11) Ellis, David. "A behavioural approach to information retrieval design," Journal of Documentation. Vol.45, No.3, 1989, p.171-212.
12) Ellis, David, Cox, Deborah and Hall, Katherine. "A comparison of the information seeking patterns of researchers in the physical and social sciences," Journal of Documentation. Vol.49, No.4, 1993, p.356-369.
13) Wilson, Tom D. "Models in information behaviour research," Journal of Documentation. Vol.5, No.3, 1999, p.249-270.
14) Wilson, Tom D. "Evolution in information behavior modeling: Wilson's model," Theories of Information. Karen E. Fisher, Sanda Erdelez and Lynne Mckechnie, eds. Information Today, 2005, p.31-38.
15) Eisenberg, Michael B. and Berkowitz, Robert. E. Information Problem Solving, 2nd ed. Ablex, 1995.
16) Chatman, Elfreda A. "The impoverished life-world of outsiders," Journal of the American Society for Information Science. Vol.47, No.3, 1996, p.193-206.
17) Savoialien, Reijo. "Everyday life information seeking: Approaching information seeking in the context of 'way of life'," Library and Information Science Research. Vol.17, No.3, 1995, p.259-294.
18) Pettigrew, Karen E. "Lay information provision in community settings: How community health nurses disseminate human services information to the elderly," The Library Quarterly. Vol.70, 2000, p.47-85.（カレン・ペティグローとカレン・フィッシャーは同一人物）
19) Bates, Marcia J. "What is browsing—really? A model browsing from behavioral science research," Information Research. Vol.12, No.4, 2007. http://informationr.

net/ir/12-4/paper330.html（参照 2011-03-18）。
20) Morrison, Elizabeth W. "Information seeking within organizations," Human Communication Research. Vol.28, 2002, p.229-242.
21) Williamson, Kirsty. "Discovered by chance: The role of incidental information acquisition in an ecological model of information use," Library and Information Science Research. Vol.20, No.1, 1998, p.23-40.
22) Wilson, Patrick. Public Knowledge, Private Ignorance. Greenwood Press. 1977, p.156
23) Erdelez, Sandra. "Information encountering," Theories of Information Behavior. Karen Fisher, Sandra Erdelez and Lynne McKechnie, eds. Information Today, 2005, p.179-184.
24) Rosenman, Martin F. "Serendipity and scientific discovery," Journal of Creative Behavior. Vol.22, 1988, p.137.
25) Morse, Philip M. "On browsing the use of search theory in the search for information," Bulletin of the Operations Research Society of America. Vol.19. 1971, Supplement.
26) Saracevic, Tefko. "Relevance reconsidered '96," COLOS 2 Second International Conference of Library and Information Science: Integration and Perspective. Peter Ingwersen and Niels Ole Pros eds. Royal School of Librarianship, 1996, p.201-218.
27) Wilson, Tom D. "On user studies and information needs," Journal of Documentation. Vol.37, 1981, p.3-15.
28) 前掲26), p.201.
29) Spink, Amanda. and Greisdorf, Howard. "Partial relevance judgments and changes in users information problems during online searching," In Proceedings of the 18th National Online Meeting. Information Today, 1997, p.323-334.
30) 前掲13), p.265.
31) Case, Donald O. Looking for Information: A Survey of Research on Information Seeking, Needs, and Behavior, 2nd ed. Academic Press, 2007, p.96-97.
32) Behrens, Shirley J. "A conceptual analysis and historical overview of information literacy," College and Research Libraries. Vol.55, No.4, 1994, p.309-322.
33) Spitzer, Kathleen L., Eisenberg, Michael B. and Lowe, Carrie A. Information literacy: essential skills for the information age. ERIC Clearinghouse, 1998.
34) 野末俊比古「情報検索（データベース）教育の意義と展開―図書館における利用者教育を中心に」『論集・図書館情報学研究の歩み　第19集』日本図書館情報学会

編，日外アソシエーツ，1999.
35）Breivik, Patricia Senn. and Gee, E. Gordon.『情報を使う力―大学と図書館の力』Information Literacy: Revolution in the Library, 三浦逸雄，斎藤泰則，宮部頼子訳，勁草書房，1995.
36）前掲32）の文献，引用は p.311.
37）前掲35）．
38）以下のサイトから閲覧可能。http://www.ala.org/acrl/publications/whitepapers/presidential（参照 2012-08-30）．
39）古賀節子「アメリカ学校図書館の変遷（Ⅳ）」『現代の図書館』Vol.10, No.4, 1972, p.140.
40）前掲33）．
41）Rader, Hannelore D. "User education and information literacy for the next decade: an international perspective." Reference Services Review. Vol.24, No.2, 1996, p.71-75.
42）Bruce, Christine. The Seven Faces of Information Literacy. Auslib Press, 1997.
43）Moore, Penny. An Analysis of Information Literacy Education Worldwide. White Paper Presented for UNESCO, the U.S. National Commission on Libraries and Information Science, and the National Forum on Information Literacy. 2002.
44）Virkus, Sirje. Information literacy in Europe: a literature review. Information Research. Vol.8 No.4, 2003. http://informationr.net/ir/8-4/paper159.html（参照 2012-08-30）．
45）Inoue, Hitoshi. Naito, Eisuke. & Koshizuka, Mika. Mediacy: What It Is? Where To Go? In First International Congress on Ethical, Legal, and Societal Aspects of Digital Information, Congress Center of Monte Carlo, Principality of Monaco, 10-12 March 1997: Proceedings. UNESCO. 日本語版は，内藤衛亮，越塚美加，井上如「メディアシー―使命と方向性」『学術情報センター紀要』Vol.10, 1998.
46）Rader, Hannelore B. Information Literacy: An Emerging Global Priority. White paper presented for UNESCO, the U.S. National Commission on Libraries and Information Science, and the National Forum on Information Literacy. 2002
47）Singapore National Library Board, Library 2010. http://www.nlb.gov.sg/Corporate.portal?_nfpb=true&_pageLabel=Corporate_portal_page_publications&node=corporate%2FPublications%2FL2010&commonBrudCrum=Library+2010+Report&corpCareerNLBParam=Library+2010+Report 同ページから Library 2000 Report（Release Date: 5 March 1994）も閲覧可能（参照 2012-08-30）．
48）Kuhlthau, Carol C. "Information search process: a summary of research and

implications for school library media programs," School Library Media Quarterly. Vol.18, No.1, 1989, p.19-25.
49) 前掲 13).
50) 河西由美子「初等中等教育における情報リテラシーの育成に関する研究」東京大学博士論文，2008.
51) 高木義和「概説情報論―情報とは何か」2007. http://www.shiojigyo.com/en/backnumber/0304/main3.cfm（参照 2012-08-30）.
52) 前掲 42).
53) 瀬戸口誠「情報リテラシー教育とは何か―そのアプローチと技術について」『情報の科学と技術』Vol.59, No.7, 2009, p.316-321. 瀬戸口にはブルースの理論を詳細に分析した以下の論文もある。瀬戸口誠「情報リテラシー教育における関係論的アプローチの意義と限界―Christine S. Bruce の理論を中心に」『Library and Information Science』No.56, 2006, p.1-21.
54) 前掲 42).
55) 前掲 50).
56) UNESCO. Towards Information Literacy Indicators: Conceptual framework paper prepared by Ralph Catts and Jesus Lau, 2008. http://www.unesco.org/new/en/communication-and-information/resources/publications-and-communication-materials/publications/full-list/towards-information-literacy-indicators/（参照 2012-08-30）.
57) Horton, Forest Woody. "Information literacy vs. computer literacy," Bulletin of The American Society for Information Science. Vol.9, 1983, p.14.
58) 前掲 35).
59) 前掲 35).
60) 前掲 35).
61) 前掲 35).
62) 三浦逸雄「大学改革と大学図書館の学習・教育支援機能―アンケート調査結果」大学図書館の学習・教育支援機能に関する日米比較研究」科学研究費基盤研究（B）（平成 12〜13 年度），2002. http://www.cl.aoyama.ac.jp/~tnozue/ugl/report-main.pdf（参照 2009-12-30）.
63) 畠山珠美ほか『図書館の再出発― ICU 図書館の 15 年』大学教育出版，2007.
64) 河西由美子「自律と協同の学びを支える図書館」『学びの空間が大学を変える：ラーニングスタジオ，ラーニングコモンズ，コミュニケーションスペースの展開』山内祐平編，ボイックス，2010, p.102-127.
65) 米澤誠「インフォメーションコモンズからラーニング・コモンズへ―大学図書館

におけるネット世代の学習支援」『カレントアウェアネス』No.289, 2006, p.9-12.
66）前掲 64）．
67）小圷守「情報リテラシーとラーニング・コモンズ―日米大学図書館における学習支援」『情報の科学と技術』Vol.59, No.7, 2009, p.328-333.
68）Lannuzzi, Patricia A., Mangrum, Charles T. and Strichart, Stephen S. Teaching Information Literacy Skills. Allyn & Bacon, 1999.
69）Kuhlthau, Carol C., Maniotes, Leslie K. and Caspari, Ann K. Guided Inquiry: Learning in the 21st Century. Libraries Unlimited, 2007.
70）河西由美子，堀川照代，根本彰「学校図書館運営担当者を対象としたフォーカス・グループ・インタビュー調査に関する報告― LIPER（情報専門職の養成に向けた図書館情報学教育体制の再構築に関する総合的研究）」，学校図書館班― 2005 年度日本図書館情報学会春季研究集会発表要綱，専修大学，2005-05-18，p.51-54. http://wwwsoc.nii.ac.jp/jslis/liper/report06/sl_2005_1.doc（参照 2012-08-30）．
71）野末俊比古「情報リテラシー教育―図書館・図書館情報学を取り巻く研究動向」『カレントアウェアネス』No.302, CA1703, 2009, p.18-24. http://current.ndl.go.jp/ca1703（参照 2012-08-30）．
72）文部科学省による「図書館等における司書有資格者活用状況に関する実態調査報告書」（平成 21 年 3 月）によれば，有資格者のいる図書館は 95％に上るものの，「新規採用された司書有資格者のうち，正規職員として採用された者は 1 割であり，ほとんど臨時職員又は嘱託職員として採用されている」とある。
73）日本図書館協会・図書館利用教育委員会「情報リテラシー教育の実践―すべての図書館で利用教育を」日本図書館協会，2010，p.7.
74）高田淳子「公共図書館における情報リテラシー教育の現状」『現代の図書館』Vol.45，No.4，2007，p.205-212.
75）ユネスコによる「メディア情報リテラシー」http://unesdoc.unesco.org/images/0019/001929/192971e.pdf（参照 2012-12-06）．

【参考文献】

Karen, Fisher., Erdelez, Sandra and McKechnie, Lynne eds. Theories of Information Behavior. Information Today, 2005, 431p.
　アメリカ情報学会（American Society for Information Science & Technology）（2012 年に情報科学技術学会（Association for Information Science & Technology）に名称が変更）の利用分科会（SIG USE）のメンバーを中心に，情報行動研究者が分担執筆した，情報行動に関する計 72 の理論的枠組みを紹介する参考図書。各々

の理論的枠組みについて，理論の名称と定義，発案者と発展過程，研究事例の概要，応用事例を紹介している。情報行動に関する理論について学ぶ際の糸口として有用である。

Case, Donald O. Looking for Information: A Survey of Research on Information Seeking, Needs, and Behaviour. Emerald , 2012, 491p.

 図書館情報学領域の情報行動研究を報告した過去50年に及ぶ文献の包括的レビューの第3版。情報探索，情報行動，および情報に関する実践における最も詳細な教科書で，1300件以上の先行研究文献を引用している。情報行動研究に取り組む初学者が最初に参照すべきテキストであり，また，研究の進展を把握するツールとしても有用である。

Bates, Marcia B. and Maack, Mary N. eds. Encyclopedia of Library and Information Sciences, 3rd ed. CRC Press, 2010.

 図書館情報学，アーカイブ学，博物館学，書誌学，社会情報学，知識管理，レコード管理，文献およびジャンル理論等を含む幅広い領域の沿革と最新動向を伝える百科事典。多くの項目が利用者志向の観点から記述されており，とくに情報行動に関する項目が充実している。印刷版（全7巻）およびオンライン版がある。

三輪眞木子『情報行動―システム志向から利用者志向へ』勉誠出版，2012，205p.

 図書館情報学，コミュニケーション学，マーケティング，経営学，心理学，社会学，哲学を含む多領域における研究成果を踏まえて，情報探索行動を中心とする幅広い情報行動を利用者の視点から捉える枠組みを紹介している。先行研究の成果が，図書館や情報システムの実践にどのように反映されているかにも言及している。

Breivik, Patricia S.and Gee, E. Gordon『情報を使う力―大学と図書館の改革』[Information Literacy: Revolution in the Library] 勁草書房，1995, 258p.

 1980年代のアメリカ大学図書館でのコンピュータ・リテラシーの席巻が，図書館における情報活用の能力としての情報リテラシー概念の発生と，その育成機関としての図書館を定義づけた経緯を物語る画期的な1冊である。

アメリカ学校図書館協会（AASL）・教育コミュニケーション工学協会（AECT）"Information Power: Building Partnerships for Learning" 渡辺信一らによる日本語訳がある。「インフォメーション・パワー―学習のためのパートナーシップの構築」日本図書館協会，2000年．

 1988年に発表された「インフォメーション・パワー」を，さらに教員との協働を通して学校教育のなかに位置づけようとした1冊である。

American Association of School Librarians, Association for Educational Communications and Technology, Information Literacy Standards for Student Learning. American Library Association, 1996

1980年代から提唱されてきた情報リテラシー教育を，学習目標として基準化したものである。「情報リテラシーを有する学習者はどのようなことができるのか」を端的に示しており，その後の世界各地での情報リテラシー教育の大きな指針の1つとなった。

UNESCO. Towards Information Literacy Indicators: Conceptual framework paper prepared by Ralph Catts and Jesus Lau. 2008. http://www.unesco.org/new/en/communication-and-information/resources/publications-and-communication-materials/publications/full-list/towards-information-literacy-indicators/（参照 2012-08-30）.

1980年代から先進諸国で叫ばれてきた情報リテラシーの概念を，発展途上国も含めたユニバーサルな概念として位置づけ，情報格差の解消や情報アクセスの平等性の確保のために必須の教育活動として捉え，規格化したもの。

American Association of School Librarians, Standards for the 21st-century learner. 概要は以下のサイトから閲覧：http://www.ala.org/ala/mgrps/divs/aasl/guidelinesand-standards/learningstandards/AASL_Learning_Standards_2007.pdf（参照 2012-08-30）.

情報リテラシーに特化した過去20年のガイドラインから脱却し，さらなる情報化が進む21世紀において，学習者に求められる能力をより構成主義的に捉えているが，情報リテラシー概念が内包されている。

野末俊比古「情報リテラシー教育―図書館・図書館情報学を取り巻く研究動向」『カレントアウェアネス』2009 (302), CA1703, p.18-24. http://current.ndl.go.jp/ca1703 （参照 2012-08-30）.

近年の日本における情報リテラシー教育の文献をレビューしている。

UNESCO. Media and Information Literacy Curiculum for Teachers. 2011. http://unesdoc.unesco.org/images/0019/001929/192971e.pdf（参照 2012-08-30）.

2008年に発表された情報リテラシー基準（Information Literacy Indicators）に，さらにメディアという概念を加え，教授の指針としている。

4 学術コミュニケーション

4.1 学術コミュニケーションとは

　学術コミュニケーションとは，研究者の共同体（コミュニティ）において研究活動を進めるために，研究者同士でなされる情報交換と成果公表の総体である。この節では，学術コミュニケーションがなぜ独自の特徴を持つ形式でなされるようになったのかを，(1) 研究活動の基盤としての研究者の共同体，(2) 研究活動の中核としてのコミュニケーションとその特徴という2点から概説する。

4.1.1 研究者の共同体
　研究活動という社会的行為は，近代以降，研究者たちの共同体で行われる集団的営為である。研究とは，個人が1人で考え，新しい知識を生み出したと自分で認めることではない。何を研究するのか，どう研究するのか，最終的に生み出された成果をどう評価するのか，それらは個人ではなくその分野にたずさわる研究者の共同体で判断される[1]。この共同体に属する研究者たちは，大きな目標や，研究方法の基準，成果の評価について一定の認識を共有している。この共有意識があるからこそ，「共同」で研究活動を進めることが可能となっている。この認識の共有が共同体の基本であり，この認識の共有を実際に研究活動として実践するために学会等の組織を構築，運営している。
　現代の研究者たちは，専門職業人としての地位を確立しており，その地位に就くまでに，大学院等の教育を通じて，その分野の知識体系（概念，用語を含めて）や研究方法を学んでいく。それと同時に，自ら研究を行いその成果を発表するなかで，その分野における価値観や規範も身につけていくことになる。こ

れらの価値観，慣習，規範には，例えば「数式で証明しなければ成果とは認められない」といった研究方法に関する考え方も，細菌を培養するときのコツのような実践的な技能も，そして「研究成果は査読つきの学術雑誌に掲載されなければならない」といった研究者としての役割意識まで多様なものが含まれる。

　研究活動とは，実際に実験，観察，調査を行う活動だけで成り立っているわけではない。特定の実験や観察を行うことが意義ある活動と認められるためには，それら実験や観察が必要であると説明できる理論や概念について知って，それら分野の知識体系に自分の研究を位置づけることが必要である。そして何よりもその成果を広く同僚の研究者に知らしめ，彼らに自分の成果を認めてもらうことで初めて研究は1つのサイクルとして完了することになる。

4.1.2　学術コミュニケーションの特徴と意義

　研究活動は集団的営為であるため，これを進めていくにはその核として，情報収集と成果公表という学術コミュニケーションが必須のものとなる。研究活動がコミュニケーションなしでは立ち行かないという言い方もできる。この学術コミュニケーションには，ほかの社会一般でなされるコミュニケーションと比較すると，いくつかの特徴が見られるが，ここでは（1）専門性，（2）共有性，（3）累積性の3点について説明する。

　専門性とは，学術コミュニケーションの内容が専門的で，その領域の専門家に向けて発信されているということである。専門家同士の暗黙の了解に立った上での情報交換という意味で，ある種の閉鎖性を持ったコミュニケーションである。どうして専門家同士でなければわからないような概念や用語，表現，形式を使ったコミュニケーションを行う必要があるかといえば，特定の領域における知識体系は膨大なもので，それを常に一から説明していては，最新の情報を伝達することが非常に時間のかかる非効率なやり方になるからである。これは学術雑誌論文において顕著に見られるが，わずか数ページで最新の情報を伝えるためには，これまでの研究の成果や標準的研究方法について自分と同様の理解をしていることを前提にして議論を進めることが必要である。学術論文は過去の研究成果は引用することで，基本的な用語や概念は専門的な用語による表現を使うことで，標準的な研究方法があるときにはそれに従うと明記するこ

とで,これまでの膨大な知識体系を具体的,詳細に説明しないで済ませている。そのため,論文全体が,その分野の知識を学んだことがない人にはほぼまったく理解できない文章と数値などの羅列になっている。しかし,その分野の専門家には,すでにわかっていることが重複して述べられることなく,新しい知識だけを知ることができる非常に効率的なコミュニケーションのやり方といえる。

共有性とは,研究成果は広くその分野の研究者たちに公開し,新しい知識は皆で共有すべきだというノルムの下でコミュニケーションがなされているということである[2]。これは研究活動が集団的営為であるために必須である。集団で大きな目標（何かを発見する,何かのメカニズムを解明するなど）に向けて活動していくためには,集団に属する人びとが現状に関して情報を共有していることが必要である。集団的営為とは,他人の成果の上に自分の成果を積み上げることであり,他人の成果を知らなければ今自分がすべきこともわからず,逆に自分の成果をできるだけ早く伝えなければ,ほかの人に無駄な努力を払わせることにもなりかねない。もちろん,現代社会においては企業による研究や,基礎研究でも特許を取得することを重視する場合には,研究成果を即時に公開しないこともあるが,研究が集団的な体制でなさざるをえない限り,学術コミュニケーションは原則的には共有性という特徴を持つことになる。

累積性とは,研究者集団で公開,共有された情報は累積されていく性質を持っているということである。共有という性質が時間経過することによって累積性という性質を持つともいえる。共有性と累積性はある意味コインの表と裏ともいえる。発表された研究成果は,他の専門家による絶え間ない評価と検証によって,徐々にその分野の知識体系へと組み込まれていくことになる。雑誌論文などに発表される最新の成果は断片的な情報であり,それがその分野において「正しい知識」と認識されるまでには,その後の多くの実験や観察による検証や,理論としての精緻化が必要とされる。時には,誤った結果であったとされる可能性もある。最終的に社会において間違いのない知識として,例えば初等教育の教科書などで一般人にも普及されるのはごく一部のエッセンスといえる。ただし,一度公表された成果は,たとえ間違っていたという評価が下されても消されるということはない。研究とは真理に向かう絶え間ない進行プロセスであり,現在正しいとされていることが,将来も正しいかどうかはわからな

い。学術コミュニケーションにおいて，公開された情報は基本的に累積していくことが必要とされる。

4.2 学術コミュニケーションを実現させる情報メディア

学術コミュニケーションを実現させるための情報メディアには，様々な性質を持つ多様な種類が存在する。ここでは，それらを大きく2つに分けて考えてみたい。ウィリアム・ガーベイは，学術コミュニケーションをインフォーマルコミュニケーションとフォーマルコミュニケーションとに分けた[3]。両者を区別する基準は，そこで流通する学術情報が公的に認められたものであるかどうかということである。つまりフォーマルコミュニケーションとは，研究者の共同体において流通することが認められた情報であり，原則的にはそれ以外の学術コミュニケーションはインフォーマルと考えられる。具体的に何がフォーマルな情報を伝達する情報メディアとなるかは分野によって異なるが，ガーベイは自然科学，社会科学分野での調査に基づき，学術雑誌での発表がフォーマルなコミュニケーションの開始とみなした。査読制によって投稿された論文を評価して，認められたものだけが掲載されるという一種のフィルター機能を持っているためである。学術雑誌に関しては，学術コミュニケーションにおける代表的な情報メディアであるので，次節で別途述べる。ここでは，インフォーマルコミュニケーションと学術雑誌以外のフォーマルコミュニケーションについてまとめる。

4.2.1 インフォーマルコミュニケーション

インフォーマルコミュニケーションで核となるのは，研究者同士の直接的な情報交換である。会話，手紙，電子メール，SNSなどによる専門家同士の情報交換は，その時々に必要な情報について尋ねたり，タイムリーにアドバイスを得ることが可能であり，研究を進めていくのに非常に重要な情報源である。1960年代以降盛んに行われた研究者を対象とする利用者研究（ユーザースタディ）で明らかになったのは，研究を進めていく際のもっとも重要な情報源がこれら同僚の研究者であったということである。もちろん，雑誌論文や図書も重

要な情報源ではあったが，それと同等もしくはそれ以上に研究者というパーソナルな情報源が重視されていた[4]。

インフォーマルコミュニケーションの利点は，迅速さとタイムリーさであろう。今知りたいと思ったことを，その情報を知っていそうな研究者に尋ねるわけなので，回答が得られればそれは求めていた情報そのものである。もちろん何も情報が得られないことも多いであろうが，通常研究者同士の情報交換は頻繁で，駄目なら駄目という回答は迅速になされると考えられる。学術雑誌論文をはじめとするフォーマルな情報メディアにはない特徴である。

逆にその情報の信頼性もしくは確実性に関して保証はない。尋ねた研究者が勘違いしていたこともあるかもしれないし，根拠があるわけではなく「発見したらしい」という不確かな情報であることも多い。しかし，インフォーマルなかたちで情報を求めるときは，確実性よりも迅速さ，タイムリーさを求めていることが多いため，この欠点はある意味織り込み済みといえる。

学術コミュニケーションの総体への位置づけという観点から考えるなら，インフォーマルコミュニケーションの最大の欠点は，その閉鎖性にある。研究者であれば誰もが多くの人とインフォーマルなコミュニケーションを行えるかといえばそんなことはない。インフォーマルコミュニケーションは何らかのつながりのある研究者同士でしか成立しないので，若い研究者や欧米以外の研究者はそのつながりを構築する点で不利にならざるをえない。インフォーマルコミュニケーションの場合，そのネットワークに入っている研究者だけに重要な情報が流れるという不公平さも含んでいる。

特定の研究領域でどのようなインフォーマルコミュニケーションがなされているかを調査した古典的な研究[5]によれば，そのなかに，多くの研究者からのコンタクトが集中し，論文生産性も非常に高い少数のメンバーがサブグループを形成していた。この少数のメンバーがゲートキーパーと呼ばれる人たちである。

図 4-1 にこのゲートキーパーとインフォーマルコミュニケーションのネットワークを模式的に示した。多くの研究者は他のすべての研究者と均等につながっているわけではなく，ゲートキーパーのいずれかとつながることによって，全体の大きなネットワークの一部となっている。つまり，ゲートキーパー同士

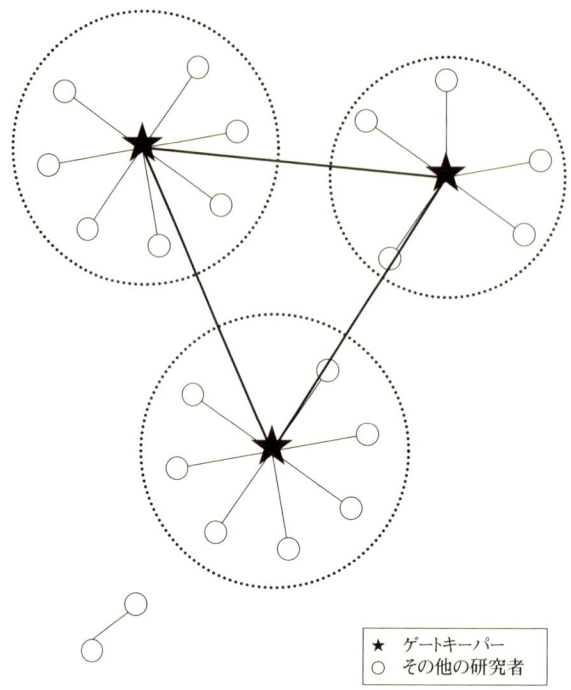

図 4-1　インフォーマルコミュニケーションにおけるゲートキーパー

　★　ゲートキーパー
　○　その他の研究者

のネットワークで重要な情報が伝達され，それらの情報はゲートキーパーを介して研究者全体へと流れていくというものである。これは，普及論でよく言及されるコミュニケーションの「2段階モデル」と実質同じモデルといえる。

　　その他のインフォーマルコミュニケーション
　インフォーマルコミュニケーションには，このような研究者同士の直接の情報伝達以外にも，フォーマルコミュニケーションの始まりである学術雑誌論文刊行までの中間で，多種多様な情報メディアが学術コミュニケーションを実現させている。代表的なものとしては学会の研究大会での発表，テクニカルレポート，少数の聴衆を対象とする講演会（コロキウムと呼ばれることもある），医学分野の症例検討会（カンファレンスと通称される）などが挙げられる。

ガーベイによれば，これら学術雑誌論文よりも前になされるすべてのコミュニケーションがインフォーマルなものとされるが，分野によってはこれらの情報メディアのうち学術雑誌論文と同等のフォーマルな情報メディアとみなされるものもある。例えばコンピュータ科学においては，著名な学会での発表は非常に厳しい査読の結果許可され，時に学術雑誌以上の却下率ともなるため，公的な情報メディアとみなしている研究者が多い。

　研究者たちが研究活動の活性化のために形成している学会では，会員の研究成果発表と情報交換の場を提供する手段として，年に1，2回研究大会を開催する。学会の規模や大会の種別によって，その内容は様々であるが，研究成果の口頭発表およびポスター発表はその中心をなす。

　口頭発表は決められた時間（10-30分程度）で研究成果を報告するもので，通常は学術雑誌掲載論文に比べるとより新しい研究に関するもので，その成果については最初の報告，予備的な報告であることが多い。上述したように非常に厳しい査読の結果，発表が許可される分野もあるが，申し込めば内容に関する実質的な査読なしで発表できる分野もある。発表のあと質疑応答がなされる。ポスター発表は，成果をポスターというかたちにまとめて掲示しておき，発表者は決められた時間帯（1日に2時間など）はそのポスターの前にいて，適宜聴衆にその内容を説明する。聴衆は説明を聞いてもいいし，聞かずにポスターだけを見て回ることもできる。

　研究大会では，口頭発表やポスター発表などの最新の研究成果の発表だけでなく，基調講演，招待講演といったかたちで，その分野の第一人者のこれまでの研究の集大成についての講演，特定のテーマについて話し合うシンポジウム，研究発表よりはもう少し実践的，演習的な要素の強いワークショップなど多様な企画がなされる。研究大会は，最新の研究に関する情報を入手する機会というだけでなく，同じ分野の関心を共有する人びとと多様なかたちでコミュニケーションを持つことができる場といえる。学会での発表や，質疑応答などがきっかけとなってその後の共同研究に発展したり，留学や就職の情報や時には紹介を得られたりといったインフォーマルなつながりをつくることのできる場でもある。その意味で，研究大会は総体的にはインフォーマルなコミュニケーションの場と考えられる。

4.2.2 フォーマルコミュニケーションの特徴

インフォーマルコミュニケーションが研究を遂行していくプロセスで必要とされる，直接的でタイムリーなコミュニケーションであるのに対して，フォーマルなコミュニケーションは，研究者集団によって長い期間を通して情報が認証されていくプロセスと考えることができる[6]。

フォーマルコミュニケーションを代表する情報メディアとしての学術雑誌に関しては次節で別途論じるが，フォーマルコミュニケーションは学術雑誌での論文掲載で終わるわけではない。学術雑誌論文として発表された研究のその後の流れは例えば以下のようになる。

(1) 抄録索引誌（書誌データベース）に収録される
(2) その研究に関心のある研究者によって読まれ，その読まれた論文が次の研究に利用されれば引用される
(3) レビュー論文に取り上げられ，レビュー論文が刊行される
(4) その分野の専門書，単行書などで引用される
(5) 教科書などより一般的な情報メディアで紹介される

データベースに収録されることで，その論文の存在はより多くの人の目に触れることになる。データベース自体が内容の評価をするわけではないが，収録されることで，論文のビジビリティが上がり，その研究の存在が他の研究者に知られるようになることは，読んでもらえる可能性も上がるので，このプロセスも間接的にその研究の流通に貢献していることになる。

学術雑誌論文はまず読んでもらうことで，その情報が研究者たちに伝わることになる。その内容を読んだ研究者が，自分の次の研究に利用し，論文を書く際にも重要とみなしてもらえれば，その論文は学術雑誌論文で引用されることになる。読まれた論文がすべて引用されることは通常ないため，引用されるということはその研究が評価されたとみなすことができる。

その後の評価プロセスは，基本的にはほかの研究による引用という行為になる。ただその引用がなされる情報メディアが異なっており，そのことが当該研究を引用するということの意味を変えていくことになる。多くの分野で，

Annual Review や文献案内というかたちで，複数の研究テーマ（領域）に関する1年分（もしくは数年分）の研究成果をまとめたレビュー論文が定期的に刊行されてきた。レビュー論文だけをまとめたレビュー誌も存在する。レビュー論文では，特定の研究テーマ（領域）がその年度にどのような研究動向にあったかがまとめられるが，そこに取り上げられるということは，その研究テーマにおける主要な研究の1つとみなされたことになる。

その後の知識の体系化，累積の方法は分野によって異なるが，科学技術医学分野においては，大学において科目ごとに定番の教科書が刊行されており，そのような教科書に自分の研究が紹介されることは，その分野の新たな知見として認められたといえよう。人文社会科学においては，大学で定番の教科書が使われるということはあまりなく，様々な専門書が出版されるが，そのような図書で引用されることはやはり大きな評価といえよう。

研究者によってほかの情報メディアで引用されることは，ほかの研究との比較，再検討，新たな位置づけなどがなされることになり，断片的な研究成果は徐々に体系的な知識へと組み込まれていく。初等教育で使われる教科書はこのような体系化が進んだ一形式とみなすことができる。最初に学術雑誌論文として刊行された研究がそこまで体系化されるには，長い期間をかけた多くの研究者による多様な検討，再構築が必要とされる。フォーマルコミュニケーションとは，そこで利用される情報メディアは分野によって様々であるが，このような知識の体系化に向けたゆっくりとした評価プロセスといえる。

4.3 学術雑誌

学術コミュニケーションのなかで，学術雑誌はフォーマルコミュニケーションが開始される情報メディアと考えられてきており，とくに自然科学分野においてはもっともよく利用され，重要と認識されている。この節では学術雑誌がなぜこのような特別な地位を築いてきたのかを検討する。

4.3.1 学術雑誌の機能

この項では学術雑誌を紙に印刷され流通している出版物で，定期的に刊行さ

れる逐次刊行物，定期的刊行物といわれるものの一種として考える。現在では欧米の主要学術雑誌の大部分は電子化されており，このような物理的媒体の変化は情報メディアの特質にも大きな影響を及ぼすが，学術雑誌を社会的システムとして考えると，現在の電子ジャーナルは基本的には従来の印刷版学術雑誌と変わらない特質を持っている。そのため，ここではまず学術雑誌という社会システムがどのように運営，維持されているのかを見ていく。

　学術雑誌が持つ社会的機能に関しては，これまでに多くの研究者によって様々な指摘がなされてきたが[7)8)]，ここではハンス・ローゼンダールが示した4機能を代表例として取り上げる。この4機能とは，登録（registration），評価（certification），報知（awareness），保存（archive）である[9)]。

　登録とは，雑誌が著者からの投稿を受けつけて，様々な編集作業の後に出版することを約束することである。雑誌に「登録」されることで，新しい研究成果の出現が社会的に認知される。登録後は著者といえども，査読者や編集者との決まった手順によって修正する以外は，好き勝手に原稿内容を変更することは許されない。登録によって成果は一旦確定されることになる。

　評価とは，査読制によって実現される内容の質の担保である。学術雑誌においては，その分野の研究者（専門家つまりピア）による査読（ピア・レビュー）によって，投稿論文を掲載するか否かを決定する。査読制については次項で詳述するが，専門家が認めた論文のみが掲載されるということは，一種のフィルターとしての機能を果たしていることになる。その結果，学術雑誌に掲載された以降の学術情報は一定の評価を受けた情報，つまりフォーマルな情報として扱われることになる。

　報知とは，広くその分野の研究者に掲載論文という情報を流通，提供する機能である。印刷版学術雑誌の場合，この機能は，雑誌が一定以上の発行部数と国際的流通体制を備えることによって実現される。学術雑誌は基本的には一般の雑誌の出版流通ルートにのることはなく，購入者に直接郵送されてきた。このように印刷物を国際的に流通させることはコストのかかることであるので，ある程度多数の論文を雑誌というかたちにパッケージして，定期的に流通させる方法は効率性という観点からも適したものであったと考えられる。

　最後の保存という機能であるが，これは大学図書館や国立図書館が学術雑誌

を広範囲に収集し，保存していることによって担保される機能である。学術雑誌が学術情報を流通させるのに重要な情報源であるという広く認められた認識の下，これらの図書館は原則として収集した学術雑誌を半永久的に保存してきた。そのことが，学術情報を保存し続けるという機能を学術雑誌に持たせることになったのである。

学術情報を流通させる情報メディアは学術雑誌以外にも多数存在することはすでに述べた。学術雑誌に関しては，投稿から掲載までに時間がかかる（タイムラグ）という問題や，査読システムの保守性など様々な問題点が指摘され，そのような課題を解決しようとする情報メディアも提案されてきたが，そのほとんどが学術雑誌ほど普及することはなかった。それは，学術雑誌以外に上記4機能のすべてを担うような情報メディアが出現しなかったためと考えられる。

4.3.2 学術雑誌の編集刊行と流通システム

編集プロセスと査読制

学術雑誌は雑誌の一種ではあるが，学術情報の流通という目的のため，原則として著者からの投稿原稿を編集委員会が審査して刊行するという特徴的な刊行スタイルをとっている。学術雑誌の編集，刊行，流通までをまとめたのが図4-2である。

雑誌刊行までの編集プロセスは，著者が研究活動の成果を論文としてまとめ，雑誌の編集委員会に投稿するところから始まる。編集委員会は，その論文を審査するのにふさわしい査読者を選定し，査読を依頼し，その査読結果に基づき論文の掲載もしくは却下を判定する。査読者から何らかの修正の条件がついた場合は，著者に戻され改訂稿に関する再査読がなされる。掲載が決まった論文は，印刷に回され，校正がなされ出版される。投稿された論文が掲載されるまでには，このように非常に煩雑なプロセスがあり，必然的に時間もかかることになる。分野や投稿論文によって異なるが，多くの場合投稿から掲載までに数カ月から1年以上かかることになる。さらに印刷版学術雑誌では，各号のページ数に一定の制約があるため，却下率を非常に高くしない限り，掲載が決まった後も実際に印刷刊行されるまでにさらに何年もかかることがある。その意味で，学術雑誌に掲載された論文は，その分野の研究者にとっては必ずしも最新

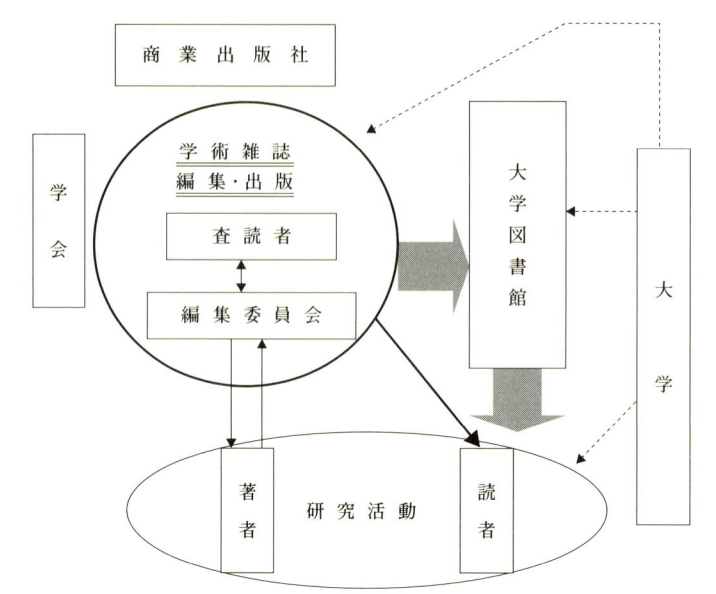

図4-2　学術雑誌の編集・刊行・流通プロセス
出典：倉田敬子『学術情報流通とオープンアクセス』勁草書房，2007，p.71，図3.5.

の研究成果とはいえなくなっている。

　このような学術雑誌の編集プロセスの核となるのが査読制である。査読とはその分野の専門の研究者によって，論文内容が掲載に値するものであるかを評価するシステムである。編集委員長や編集委員がすべての判断を行う場合と，編集委員以外の外部の査読者を頼んでその結果を編集委員会で判断する場合とがある。研究テーマの意義，方法の妥当性，結果のオリジナリティ，考察における解釈の適切さなどが基本的な評価基準とされる。学術雑誌掲載論文はこのようなピア・レビューを通っているため，一定水準にあるとみなされる。

　このような専門家による主観的な評価によって論文の掲載を決めることに関しては，査読者の判断が保守的になりやすく新しいアイデアの論文が通りにくい，過去の業績がある人ほど通りやすいといった判断の偏りだけでなく，査読者がライバルで論文の内容を盗まれたといったモラルの欠如なども問題になってきた。しかし，学術情報は基本的にその分野の専門家にしか，つまりピア・

レビューでしか評価することはできないというのが研究者共同体の原則であり，問題点はあっても総体的にはうまく運用されているという認識も強い．また，現時点において査読制に替わるピア・レビューの手段が実質的に存在しないため，査読制が広く適用されているという側面もある．

学術雑誌出版社と流通体制

学術雑誌の出版，流通の基本的な担い手は，国際商業出版社と学会（出版社）である．1665年に刊行された学術雑誌 *Philosophical Transactions* は Royal Society という学会のルーツとされる組織の機関誌であった．その後18，19世紀にかけて物理学，化学，生物学など様々な学術分野が発展していくなかで，それら分野の研究者たちの集まりとして学会が形成され，学会がまずは学術雑誌の出版の中心的な担い手となった．

学会誌の出版は，学会が存在すればほぼ必ずなされ，これは世界でも日本でも同様の状況である．中小規模の学会であれば1雑誌しか刊行していない場合が多く，会員数が1万人以上の学会でも数誌程度の雑誌を刊行するのが通常で，1学会が何十もの雑誌を刊行している例は日本では存在せず，世界的に見てもごく少数である．

学会誌は規模が小さければ会員である研究者が編集委員を兼務しており，専任編集者ではないため時間や労力に制約があり，商業出版社に比べて脆弱な編集体制とならざるをえない．学会誌によっては，編集委員会は会員を中心として設置し，掲載論文の決定は学会が行うが，印刷や流通に関しては商業出版社に依頼するというところも1990年代頃から出てきた．とくに日本の学会は国際的に雑誌を流通させる仕組みを持たないため，国際的な商業出版社に依頼するケースが増えていった．

学会誌の場合は会員の会費に雑誌の購読料が含まれているか，もしくは予約購読することになる．どちらの場合でも雑誌は会員や購読者に直接郵送される．学会誌の場合，論文掲載にあたってページチャージというかたちで著者が費用の一部を負担するという慣習もかなり普及していた．

一方，20世紀の後半，欧米各国が科学技術研究に多くの国家予算を投資するようになり，科学技術活動は活発を極め，結果として数多くの成果を発表す

る場が必要とされた。投稿論文数の増大を従来の学会が刊行する学会誌だけでは十分吸収することはできず，商業出版社が新しいタイトルを創刊することで活発な研究の成果を発表できる場を確保した[10]。1970年代にはタイトル数で商業出版社は学会と同等もしくは上回るほどになっていった。

　学術雑誌を刊行している商業出版社は，世界でもごく少数に限られている。その代わり1社で多くの雑誌タイトルを刊行しており，新しいテーマでの新雑誌創刊にも意欲的であるが，逆に採算がとれないとなれば廃刊にする決定も早い。科学技術医学分野の学術雑誌は英語で刊行され，国際的に流通することが重視されたため，国際的に流通させられる体制を有する商業出版社は力を持っていくこととなる。日本にはこのような国際的に流通する学術雑誌を多数刊行しているような商業出版社は存在しない。とくに科学技術医学分野を専門とする商業出版社の場合，教科書や解説・総合雑誌の出版が中心で，査読制のある学術雑誌の出版がほとんどなされてこなかった。

　商業出版社は著名な研究者による編集委員会を編成し，学術雑誌としての質を担保するが，その分野の研究者ではない出版社の専任の編集担当者もおり，校正，レイアウトを含めた全体の編集を行っている。雑誌によっては研究者による編集委員会での査読とは別に，出版社として投稿論文の審査まで行うなど雑誌の方針に対して強い権限を持っている場合もある。

　商業出版社は基本的に予約購読制をとっており，翌年度の購読契約を受けた分$+\alpha$が発行部数となる。流通は予約購読をした研究者，大学図書館に直接郵送される。また，研究者向けの個人購読価格に対して，図書館等の機関購読価格は高く設定されている。

4.3.3　大学図書館と学術雑誌の提供

　雑誌論文および学術雑誌の数が増加してくると，研究者は研究を進めていくのに必要な学術雑誌を自分ですべて購入することが不可能になっていく。研究者も自分の所属する学会の学会誌を中心に，数誌程度は雑誌を購読しているが，論文数が増大し雑誌タイトルも増加すると，必要とする論文は多様なタイトルに分散していくことになる。それら多数の学術雑誌タイトルを購入し，研究者に提供するのは大学図書館の役割となっていく。

図 4-2 で示したが，学術雑誌の提供に関して，直接研究者（読者）に行く矢印が細く，大学図書館を通じての矢印が太いのはその量的な違いを示すためである。キャロル・テノピアらは，研究者に対して最近読んだ特定の論文がどこからどのように入手したものであるかを尋ねる調査を継続的に行っている[11]。その結果，1977 年には最近読んだ論文の 60% が個人購読雑誌のもので，大学図書館所蔵雑誌からの論文は 25% を占めるにすぎなかったのが，90 年以降の調査では，個人購読雑誌に掲載された論文の割合は 36%，大学図書館所蔵雑誌の割合が 54% となっていた。つまり，1970-80 年代頃までの研究者は個人で購入した雑誌を常時ブラウジングすることによって必要な論文を入手する傾向にあったが，その後は論文の複写（コピー）を，大学図書館を通じて得るように，その入手方法に変化が起きたと推定される。

他大学の蔵書も含めて大学図書館が提供する雑誌を利用できるようになるには，必要な論文を検索できる書誌データベースの普及，図書館間での相互貸借（ILL）サービスなどの協力体制も大きな役割を果たしたと考えられる。多様な雑誌に分散して掲載される論文も探し出すことができるようになり，研究者も自館の図書館が所蔵していなくても ILL によって論文のコピーを入手できるようになっていった。

個々の大学図書館では，基本的に収集した学術雑誌はそのまま保管することになる。つまり学術雑誌に関しては，数多くの大学図書館が総体としてそれを保存する役割を担ってきたといえる。逆にいえば大学図書館が保存の機能を担っているからこそ，最初に述べたように学術雑誌は学術情報を「保存」するという機能があると認識されているともいえる。

このように学術雑誌の流通，提供に大学図書館は大きな役割を果たしていたが，20 世紀後半とくに 1980 年代以降，学術雑誌の価格の上昇が問題となっていった。この機関購読価格，とくに商業出版社の雑誌の価格の上昇は著しく，1980 年代後半から 90 年代にかけてアメリカの主要大学図書館では，雑誌購入予算は増加しているにもかかわらず，購入する学術雑誌タイトル数が前年度より減少するという現象が起きた。このままでは研究者が必要とする学術雑誌を十分提供できなくなるという懸念から，この現象はシリアルズ・クライシスと呼ばれた。80 年代後半は日本では円高の影響で，洋雑誌の購入に関してアメ

リカと同じ状況にはなかったと思われる。しかし，2000年に宮澤彰が学術雑誌総合目録データベースを調査した結果，日本の全大学図書館が所蔵する異なりタイトル数は90年代に入り急激に減少し，60年代の水準にまで落ち込んでいたことがわかった[12]。個々の図書館では予算の逼迫により，おそらくコアジャーナルを残し，周辺の利用の少ない学術雑誌の購入を中止していったと思われる。その結果，日本全体では多様な洋雑誌へのアクセスが失われることになったと推測される。

4.4 電子ジャーナル

4.4.1 電子ジャーナルの定義と沿革

定義

電子ジャーナルとは，掲載論文を電子的に提供する学術雑誌と定義する。つまり学術雑誌としての編集・刊行プロセスを含めた社会システムを電子ジャーナルと考える。個々の雑誌論文を電子的に提供する方法は多様に存在する。著者が原稿をワードファイルで自分のウェブサイトに掲載することも，大学・大学図書館が構築する機関リポジトリで著者の原稿ファイルをPDFにして収載することも，学術雑誌論文や書誌データベースの提供業者であるアグリゲーター（例えばEBSCO社など）がHTMLファイルで提供することもありうる。しかし，これらだけではいずれも「電子ジャーナル」というシステムとはならない。

著者のウェブサイトは，自分の論文を提供するだけで，学術雑誌というシステムでないことは割合明確である。機関リポジトリの場合は，多様な形式がありえるが，その機関に所属する研究者の個別の論文を収集，提供しているだけであるなら，やはり学術雑誌というシステムではない。

しかし，EBSCO社などのアグリゲーターは，特定の学術雑誌タイトルの論文を基本的にすべて提供しており，個々のタイトルによって状況は異なるが，元々の電子ジャーナルである学術雑誌が提供しているPDFファイルとまったく同じファイルを提供している場合も多い。利用者が入手した個別の論文ファイルというレベルでは，電子ジャーナルとアグリゲーターの間に何ら違いはな

い。また，学術雑誌によっては，独自のサイトで電子ジャーナルを提供することができず，EBSCO 社のようなアグリゲーターや Elsevier 社，Springer 社などの商業出版社の提供するサイトで掲載論文を電子的に提供しているところもある。これらの例は，電子ジャーナルが学術雑誌を刊行する社会システムとしての要素と，論文等を電子的に提供する技術的システムとしての要素に分離できることを示している。

アグリゲーターは論文の電子的提供システムだけに特化しており，学術雑誌の編集・発行プロセスを持っていないので，ここでは電子ジャーナルとはみなさない。他方，電子的提供をほかのシステムに依存している学術雑誌は，電子ジャーナルとしての論文の電子的提供を実質行っていないといえる。ただ，自分たちで学術雑誌としての編集・発行は行っているので，電子的提供をほかのシステムを利用して行っているとみなし，電子ジャーナルの一形態として考える。ただしここでは，学術雑誌の編集・刊行システムを持ち，さらに自ら掲載論文を電子的に提供できるプラットフォームを持っているものを典型的な電子ジャーナルと考える。

沿革

どういう形態を電子ジャーナルとみなすか自体に異論があるため，何が最初の電子ジャーナルなのかに関してもいろいろな説がある。代表的なものとしては，1987 年に創刊された *New Horizons in Adult Education* が，論文の本文テキストを電子メールで流通させたということで最初の電子ジャーナルといわれている[13]。また 1992 年に創刊された *Online Journal of Current Clinical Trials* は，査読つき論文誌で画像もオンラインで公開されたという意味で最初の電子ジャーナルとされることが多い[14]。この 2 誌をはじめとして，1980 年代から 90 年代にかけて，新しいテーマの雑誌や研究者からのコメントを重視するなどの新しい形態の雑誌を電子ジャーナルとして創刊するという試みがいくつか見られた。

他方で，掲載論文を電子的に配布し，利用できるようにしようという意味での電子ジャーナルの研究は 1960 年代から商業出版社や研究者によってなされてきた[15]。印刷版学術雑誌における課題，とくに刊行の遅れが電子ジャーナル

によって解決されると期待されていた。しかし，コンピュータおよび通信技術の進展は当初予想されていたほどのスピードでは進まず，80年代に入っても印刷版の学術雑誌と同等のレベルで論文を電子的に流通させることはできなかった。例えば図表や数式を表現することはできなかった。その後，研究者や編集者がコンピュータをつないで電子ジャーナルの実証実験が行われたりもしたが，真の意味での電子ジャーナルの実現には，個々の研究者がコンピュータを保持し，さらにそれらがインターネットに接続されているというインフラストラクチャが整備される必要があった。

現在の既存学術雑誌印刷版を電子化したものとしての電子ジャーナルは，1993-95年に実施されたTULIPプロジェクトがその直接の嚆矢といえる。商業出版社2社（Elsevier社とPergamon社）と9大学図書館が参加して，出版社によるオンラインでの論文提供，図書館による閲覧や電子ファイルのダウンロードなど具体的な電子ジャーナルの配信と利用の実証実験が行われた[16]。

電子ジャーナルの初期においては，読者からのコメントを中心にするなどの新しい形式の電子ジャーナルも存在したが，1995，96年頃に，商業出版社と大手の学会が既存の学術雑誌を電子化した電子ジャーナルの提供を開始して以降は，この既存の学術雑誌の電子化されたものが電子ジャーナルの典型と考えられるようになっていった[17]。従来は印刷版で刊行されていた学術雑誌が電子ジャーナルを提供している場合，現在でも印刷版での刊行も並行しながら，電子ジャーナルを提供しているものがほとんどである。

科学技術医学分野を中心に，学術雑誌の電子化は急激に進んでいくことになる。欧米の主要な学術雑誌に関しては，2002，03年の調査ですでに6-8割が電子ジャーナルとして提供されており[18][19][20]，2008年の出版社への調査では96％の雑誌が電子ジャーナルとして提供されていた[21]。一方，日本の学術雑誌に関しては電子化は遅れており，2009年の調査でも科学技術系の学術雑誌に限定しても電子ジャーナルは47％にとどまっている[22]。

4.4.2　電子ジャーナル提供の仕組み

電子ジャーナル提供の特徴

この項では，商業出版社や学会などが自分たちのサイトで提供している電子

ジャーナルを基本として，その提供の仕組み，特徴についてまとめる。商業出版社や大手学会などでは，複数の電子ジャーナルを1つのウェブサイト（共通の電子ジャーナルプラットフォーム）で提供している。これらの出版社の多くが印刷版も並行して刊行しているため，印刷版の巻号別に目次と論文をまとめて提供している場合が多い。特定の雑誌内もしくはそのサイトが提供している雑誌全体を対象に論文を検索できるシステムを大抵は備えている。

　個々の論文の提供形式としては，PDF ファイルと HTML で提供されていることが多い。PDF ファイルは印刷版学術雑誌のレイアウトを保持したもので，電子ジャーナルならではの機能は働かないが，多くの研究者がこれまで慣れ親しんできた印刷版と同じ形式で読むことを好むため，よく利用されている。

　電子ジャーナルならではの機能としては，ほかの情報源へのリンク機能が代表的なものといえる。そのなかでも，代表的といえるのが引用文献のリンクである。電子ジャーナルの論文で引用されている文献をクリックすれば，（雑誌契約等の条件をクリアしていれば）その論文の本文を見ることができる。これは，個々の学術雑誌論文に識別番号としての DOI（Document of Identifier）という記号が付与されており，これを手がかりとして各出版社が論文本文とその URL を結びつけて管理している CrossRef というシステムによって実現されている。利用者は論文の引用文献をたどって関連文献の本文そのものを次々と見ていくことが可能である。さらにその文献に関連する領域の書誌データベースへのリンクもあり，引用関係ではなく主題によって関連文献を網羅的に探すことも可能である。

　現在ではほとんどの雑誌が引用文献や書誌データベースへのリンク機能を提供しているが，より多様な情報源やデータとのリンクが実験的に試みられ始めている。例えば，引用文献と引用索引データベースがリンクされており，引用文献にその文献が引用された回数の最新状況が表示される。本文中で言及されている化合物をクリックすると化合物データベースとリンクして，その化合物の特性等のデータが表示されるというものもある。雑誌論文が1つのノードとなって，様々な情報やデータが結びつけられていくイメージである。

電子ジャーナルの導入と契約

電子ジャーナルの提供は，印刷版の学術雑誌とは異なる形態をとる。印刷物は大学図書館が，基本的にはタイトルごとに購入を決定し，物としての雑誌を受け入れ提供する。まとめて購入すれば割引サービスはあるとしても，物1個ずつに価格がついており，購入後その物としての雑誌の管理は大学図書館の役割である。他方で，電子ジャーナルは物の購入ではなく，データを閲覧，利用するための契約である。現在，大学図書館が利用者に提供している電子ジャーナルのほとんどはサイトライセンス契約に基づくものである。これは大学のキャンパス内にあるコンピュータからなら，パスワード等での認証をせずに電子ジャーナルをとくに制約なく利用できるという契約である。利用者は図書館や研究室の端末から直接電子ジャーナルを見ることができ，大学図書館側もパスワードの管理といった煩わしさがないのが利点である。さらに，契約によっては研究者や学生はリモートアクセスで自宅から同じ条件で電子ジャーナルを利用することもできる。

電子ジャーナルは雑誌単位で購入する必要がないため，閲覧にあたっての契約形態については様々な形式や制約条件の提案が試みられてきた。そのなかで電子ジャーナル導入を飛躍的に伸ばした方法がビッグディール（Big Deal）とコンソーシアムによる契約である。

ビッグディールとは，包括契約もしくはパッケージ契約とも訳されるが，特定の出版社の刊行するすべての学術雑誌もしくは特定分野の学術雑誌をまとめて契約する方法のことである。実際の契約方法や条件は出版社によって，また契約する大学図書館の規模や従来の購読状況などによって多岐にわたる。少なくとも，個々のタイトルごとに契約するよりも格段に安い価格で多数の電子ジャーナルを利用することができるようになる。ただしほとんどの場合，その契約条件として前年度購読規模維持と値上がり率の上限（プライスキャップ，これ以上は値上がりしないという値だが，実質そこまでの値上げを容認することにもなる）が定められている。例えば，これまで1000万円で500誌を購入していた大学図書館が，Elsevier社と前年度の実績＋20%の1200万円で包括契約を結んだとすると，Elsevier社の提供する2000誌以上の電子ジャーナルをこの価格で利用することができるようになる。ただし，プライスキャップが10%に設定

されていた場合には，翌年はほぼ確実に10%値上がりして1320万円で契約することになる。もちろん包括契約を止めて，元のタイトルごとの契約に戻ることはできるが，特定の雑誌の契約だけ止めて価格を低く抑えてもらうといった柔軟性は認められていない。

図書館コンソーシアムとは，もともとは特定地域の，もしくは共通の目的を持った図書館間で構築された協力組織である。もともとの組織が発展して電子ジャーナルの契約も一緒に行うようになったという例もあるかもしれないが，少なくとも日本においては，電子ジャーナルの契約という目的のために図書館コンソーシアムは設立された。

図書館がコンソーシアムとしてまとまって商業出版社と契約条件等を交渉することによって，図書館側としては少しでも有利な条件を引き出したいと考えたし，出版社側も契約交渉を図書館個別に行うことなくコンソーシアムの窓口で一本化して行えることは効率的であったと考えられる。現在は欧米でも日本でも多数の図書館が参加するコンソーシアムの組織化が進められている。日本では大学図書館コンソーシアム連合（JUSTICE: Japan Alliance of University Library Consortia for E-Resources）が，国立大学図書館協会コンソーシアム（JANULコンソーシアム）と公私立大学図書館コンソーシアム（PULC）との連携によって2011年に設立され，国立情報学研究所との協力関係のもとで運営されている。

ビッグディールも図書館コンソーシアムも，電子ジャーナルという新しい情報メディアを大学図書館が提供する手段として出現したものであり，とくに電子ジャーナル導入初期に，中堅クラスの従来それほど多数の印刷版の洋雑誌を購入できていなかった大学図書館にとっては，この手段はこれまでにない多数の電子ジャーナルを利用できるようになったという点では大きな役割を果たしたといえる。印刷物の場合，予算規模が大きく購入タイトル数も所蔵タイトル数も多い大規模図書館と，それ以外の図書館で提供できる学術雑誌には大きな格差が存在した。しかし，2004年になされた電子ジャーナルの導入タイトル数の調査で，1996年と2002年における印刷物の学術雑誌所蔵数のジニ係数と比較したところ，国立大学図書館間における格差は格段に改善されていた[23]。他方，同調査では電子ジャーナル導入数において，国立大学図書館と私立大学

図書館の格差は明確であった。当時，国立大学図書館のコンソーシアムは具体的な活動を開始しており，ほぼすべての国立大学図書館がコンソーシアムに参加し，電子ジャーナルを導入できていたのに対して，私立大学は少数の大規模図書館だけが単独で導入しているにすぎなかったためである。これも図書館コンソーシアムの意義を示しているものといえる。

現在，このビッグディールに関しては多くの批判がなされている。電子ジャーナル導入時には大学図書館に大きなメリットを与えてくれた手段であるが，この契約では電子ジャーナルの予算はずっと値上がりを続けることになる。昨今の大学図書館の予算はよくて横ばいで基本的には減少傾向にある。そのなかでビッグディール契約の場合，図書館側に収集する学術雑誌を選択する権利はなく，値上がりを承知で包括契約を継続するか，個別タイトルごとの以前の契約に戻るしかなく，継続しようとすればどこかから予算を調達しなくてはならない。そのため，これまでにも例えば図書購入予算を削って電子ジャーナルを購入する図書館も多く存在した。

学術コミュニケーションは科学研究をはじめとする学術研究活動にかかせないものであり，しかもこれらの研究活動には多額の税金が投入されている。その意味では公的な性格を持っている社会的システムが，過度に商業主義的性質を強め，その結果として公平で適正な学術コミュニケーションが確保できなくなることへの懸念が表明されるようになってきている。

大学図書館の果たす機能の変革

学術コミュニケーションが印刷版学術雑誌を中心としてなされていた時代においては，その収集，管理，提供，保存は大学図書館の役割であった。印刷版学術雑誌のタイトル数が増加し，個人では購入しきれない金額へとなっていくにつれ，研究者が学術雑誌もしくはその論文の入手にあたって大学図書館に依存する割合も確実に上がっていった。それが電子ジャーナルへと変化することにより，大学図書館が学術雑誌の提供に果たす役割は，実質的に契約の業務に限定されるようになったといえる。現在の日本における電子ジャーナルの契約では，電子ジャーナルに関するすべてのデータは出版社が保持している。個々の大学図書館は，電子ジャーナルが一時的に読めなくなったとしても，またデ

ータに欠落があったとしても，直接その状況を改善することはできない．図書館はその状況を確認して出版社に知らせて改善を要望するだけである．今後，電子ジャーナルだけを提供するようになれば，学術雑誌という物を管理し，保存していく業務は図書館では必要なくなるであろう．

4.4.3 電子ジャーナルの利用

電子ジャーナルは，商業出版社や大手学会による提供が本格化した1996年頃からわずか数年で多くの大学図書館に導入されることになったが，研究者，院生による利用も，新しい情報メディアであるにもかかわらず，急激に普及していった．欧米でも日本でも電子ジャーナルがどれだけ利用されているかについては数多くの調査がなされてきている．分野や調査対象による差はあるが，2000年頃までに電子ジャーナルを利用したことがある研究者は7-9割，週1回程度の定期的利用が半分程度であった[24)25)]．2005年頃までになると，週1回以上の利用が7-9割となり，毎日利用するという利用者もかなりの割合を示すようになった[26)]．人文学分野の研究者の利用はもう少し少ないが，これはこの分野の研究者がもともと学術雑誌だけではなく，図書なども利用することが反映していると考えられる．

これまで印刷物を利用していた研究者たちが，わずか十数年で電子メディアの利用へと移行したのは，現在の電子ジャーナルの利用の仕方に原因があると考えられる．確かに研究者はコンピュータの利用にも慣れており，一般人よりも電子ジャーナルの利用に障害は少ないと考えられる．しかし，これまで印刷物を利用していた者が急に全面的に電子ジャーナルの利用へと移行できるとは考えにくい．

上記の「電子ジャーナルの利用」という際の利用が何を意味しているのかを検討する必要がある．例えば紙の新聞と電子新聞，そのなかでもインターネットの新聞社のサイトを考えてみたとき，電子新聞の利用とはパソコンか携帯電話か何かしらの端末からウェブサイトにアクセスして，そこから毎日のニュースを得るようになったということであり，自宅に届けられる紙の新聞を読んでいたことと比較すれば情報入手行動としては大きな変化である．しかし，「電子ジャーナルを利用する」といった場合，必ずしもパソコンの画面で直接論文

を読んでいくことを意味しない。むしろ電子ジャーナルの利用形態として多いのは，印刷版学術雑誌と同じレイアウトのPDFファイルをダウンロードして紙にプリントしてから読むという行動である。研究者たちはすでに，印刷版学術雑誌の利用においても，学術雑誌の直接のブラウジングよりも関連する雑誌論文を複写コピーして読んでおり[27]，PDF版を入手してそのプリントを読むという行動とはほとんど変化がないといえる。単に図書館まで行ってコピーする代わりに，自分の研究室のパソコンからよりきれいな論文のプリントが入手できるという入手手段の変化でしかないといえる。

電子ジャーナルの急速な利用の増大は，大学図書館による迅速な電子ジャーナルの導入という環境整備が進んだことと，研究者たちがこれまでの情報入手や読みの行動をほとんど変えずに「電子ジャーナルの利用」へと移行できるような形態で「電子ジャーナル」という情報メディアが提供されたことが原因と考えられる。しかしPDFファイルは印刷版学術雑誌を前提としたものであり，今後の電子ジャーナルはおそらく印刷版では表現できない動画，CG，シミュレーション，大量のデータ提示などへと展開していく可能性が高い。商業出版社を中心に印刷版の廃止を考えている可能性もある。学術雑誌で提供される情報のかなりの部分が印刷版では入手できない，もしくは印刷版そのものがなくなった場合に初めて，研究者たちが本当の意味での電子ジャーナルの利用へと移行するかどうかがわかることになるだろう。

4.5 オープンアクセス

4.5.1 オープンアクセスの理念

オープンアクセスとは，ピーター・ズーバーによれば「デジタルで，オンライン上にあり，無料，著作権・使用権制限の多くを受けないもの」[28]とされている。明示はされていないが，学術雑誌論文を念頭に置いた定義であることは前後の文脈から明らかである。つまりオープンアクセスとは学術コミュニケーションの代表である学術雑誌論文を無料で，できるだけ制約なく流通させようという考え方であり，それを目指す様々な実践活動である。

このオープンアクセス活動は多様な側面を持つが，現在の学術コミュニケー

ションのあり方に対するアンチテーゼという側面もある。とくに学術雑誌による情報流通に関しては，商業出版社を中心とする価格の上昇および柔軟性のない契約条件が，学術コミュニケーションの硬直化もしくは機能不全をもたらしているという批判がある。現在のビッグディールに代表されるビジネスモデルへの対抗策として，オープンアクセスを位置づけようという主張がなされている。

　この考え方の底流には，学術コミュニケーションは過度な商業主義に陥るべきではなく，本来ある程度公的な性質を持っているはずという認識がある。学術研究の活性化は社会にとって望ましいことであり，この活性化に学術コミュニケーションは必要不可欠であることから，学術コミュニケーションのあり方が経済的な利益によって左右されるのは望ましくないとの考えである。研究者は他の研究者の最新動向を知らなければ研究を進められない。同時に自分の研究成果を同じ領域の研究者に認めてもらいたいというモチベーションも持っている。人の研究成果を知り，自分の成果も知ってもらう，このサイクルがうまく循環することが研究を活性化すると考えられてきた。もちろんこれは，学術情報が元は小規模の研究者集団によって直接交換されてきたことによって生じた特性でもあり，現在のような国際的なコングロマリットともいえるような商業出版社によって刊行される学術雑誌にそのまま当てはめることはできない。しかし，このような学術コミュニケーションに対する伝統的，古典的な見方が存在していることは，オープンアクセスの活動や理念の位置づけを考えるためには考慮しなければならない。

　オープンアクセスという言葉がいつ頃から使われてきたかについては明確ではなく，またその活動は体系的，組織的になされてきたものとはいえない。多様な立場，考えで行われてきた活動がオープンアクセスという旗の下に集まっていったといえる。オープンアクセスという概念が広く普及し始める最初の契機の1つとなったのが，2002年に発布されたBudapest Open Access Initiative（BOAI）である。ここでインターネットを使って学術雑誌論文を無料で，制約なく流通させることが重要な課題であることが唱われた。このオープンアクセスを実現させる2つの方法として，（1）オープンアクセス雑誌の刊行と（2）既存の学術雑誌掲載論文を著者が自らオープンアクセスのアーカイ

ブで公開することが挙げられている。前者はゴールドロード（金の道），後者はグリーンロード（緑の道）とも呼ばれた。ただしこのときは，BioMed Central 社がオープンアクセス雑誌を刊行し始めたばかりであり，物理学分野で arXiv という e-print archive は利用されていたがオープンアクセスという認識はされていなかったという時期であり，BOAI はまだ実現されていないオープンアクセスを，学術コミュニケーションの将来の目標として定めたものと位置づけられる。

4.5.2 オープンアクセス雑誌

　オープンアクセス雑誌といった場合，利用者が購読するのではなく著者が支払うという新しいビジネスモデルに基づいた新しく創刊された雑誌が想定されるかもしれないが，オープンアクセス雑誌を「掲載論文を無料で読める」雑誌と考えるなら，実際の刊行形態はかなり多様である。現在のところ，(1) 著者支払いモデル，(2) 完全フリーモデル，(3) エンバーゴモデル，(4) 電子版フリーモデル，(5) ハイブリッドモデルの少なくとも5種類が存在している。

　(1) の著者支払いモデルとは，著者が雑誌刊行にかかる費用を払う雑誌で，これまでの利用者が対価を支払う購読誌とはまったく異なる考え方に基づくもので，もっとも典型的なオープンアクセス雑誌といえる。このモデルに関しては後で少し詳しく述べる。(2) の完全フリーモデルとは，著者からも利用者からも費用を徴収せず，寄付金や助成金もしくは広告で費用をまかなうモデルである。

　(3) のエンバーゴモデルとは，基本的には伝統的な購読誌の形式をとりながら，半年から3年程度のエンバーゴ期間が過ぎると掲載論文が無料で読めるようになるというモデルである。エンバーゴ期間を設けることで，その最新号は購読者しか読めないという点で購読誌としてのメリットも保持しながら，学術コミュニケーションの公的性格にも配慮していずれは誰もがアクセスできるかたちで公開しているものである。High Wire Press 社はそのほとんどの雑誌がこのモデルであり，ほかにも大学や研究機関が刊行する学術雑誌でよく採用されている。

　(4) の電子版フリーモデルとは，印刷版はこれまで通り購読誌として販売し

ているが，電子版は無料で公開しているというモデルである。日本の学会誌で科学技術振興機構（JST）の科学技術情報発信・流通総合システム（J-STAGE）を通して電子化している場合が典型例である。J-STAGE は JST という独立行政法人が提供する電子ジャーナル提供のためのプラットフォームで，日本の学会はこのプラットフォームを基本的には無料で利用することができ，掲載論文に関するデータ等を用意するだけで電子雑誌として公開することができる。このシステムを無料で利用している学会では，とくにオープンアクセスを意識せずに，学会誌の印刷版は従来通り頒布しながら，J-STAGE での公開は無料にしていることが多いと推察される。

　（5）ハイブリッドモデルとは，商業出版社や大手学会などが従来から刊行している購読誌において，著者が費用を負担した場合その特定の論文のみをオープンアクセスとして公開するというものである。雑誌全体は売りながら，オープンアクセスにした論文の著者からも費用を徴収するという二重取りの仕組みであるが，現在のところ利用者数はそれほど多くない。

　オープンアクセス雑誌はいまだ過渡期の情報メディアであり，様々な試みのなかで多様な形態で刊行されてきたといえる。(2) の完全フリーは，学術雑誌刊行を広告で行うことへの抵抗感があり大きく拡大するとは思えない。また，(3)(4) のモデルはいずれも印刷版学術雑誌を前提として，その後の論文のオープンアクセス公開を考えたものであり，新しい枠組みのオープンアクセス雑誌とはいいがたい。(5) のハイブリッドも，著者支払いという手段は使っているものの，基本が印刷版学術雑誌であることは変わりがない。

　新しいかたちのオープンアクセス雑誌の典型と考えられる著者支払いモデルは，従来の学術雑誌の費用徴収の考え方と根本的に異なるもので，提案当初は多くの商業出版社や学会がその持続可能性に疑問をなげかけていた。最初に著者支払いモデルを提案したのは，BioMed Central 社であった。この会社は医学分野を中心にオープンアクセス雑誌の刊行を専門とする商業出版社であった（2011 年末で 200 誌以上刊行）。ここから刊行される雑誌の多くが，当初は Web of Science に収録されることもまれで，収録されても低いインパクトファクターしか得られず，著者支払いモデルによるオープンアクセス雑誌はあまり高い評価が得られなかった。2008 年に大手商業出版社である Springer 社によって

吸収合併されたが，オープンアクセス雑誌は Springer 社の伝統的な雑誌とは別部門としてこれまでと同様の活動を続けている。現状では，徐々に評価が上がる雑誌も出てきており，全体としては投稿論文数，掲載論文数ともに増加していっている。

オープンアクセス雑誌を代表するもう一方が Public Library of Science (PLOS) が刊行する雑誌である。PLOS は非営利の出版社で，もともと研究者たちに既存学術雑誌に対してボイコットを呼びかけた運動から始まったが，2003 年に出版社として設立された。最初に創刊された *PLOS Biology* は，ノーベル賞受賞者を編集委員長に迎え，最初に公表されたインパクトファクターがその領域のトップをとるなど，オープンアクセス雑誌で初めて既存学術雑誌と同等以上の評価を得た雑誌として評判となった。

個別の雑誌としては高い評価を得た PLOS も，いくつかの財団から多額の寄付も受けており，完全に著者支払いモデルだけで運用できているかどうか危ぶまれていた。しかし，その後科学技術分野全体を対象とする総合科学雑誌として刊行された *PLOS One* は非常に成功し，2011 年の 1 年間で約 1 万 4000 件の論文を刊行した。このような 1 つの雑誌で科学技術の広い分野を対象として，巨大な数の論文を掲載するオープンアクセス雑誌はメガジャーナル (Mega journal) と呼ばれ，関心が集まっている[29]。

4.5.3　機関リポジトリと主題別アーカイブ

オープンアクセスを実現するもう 1 つの手段は，既存の学術雑誌によって刊行された論文を，著者自らオープンアクセスとして公開するやり方で，セルファーカイブと総称されている。この考え方は，1994 年にオープンアクセス活動の主唱者の一人であるステヴァン・ハーナッドによって「転覆計画 (subversive proposal)」として提唱された[30]。彼は，著者が自分の論文をオープンアクセスとして公開することを決断すれば，既存の学術雑誌の制度を変えることなく，オープンアクセスが実現できる効果的な方法であると述べている。

オープンアクセスとして公開する場所は，著者自身のウェブサイトでもどこでもかまわないが，長期間にわたる保管やメタデータの整備などを考えた場合，有効な手段とされたのが，機関リポジトリと分野（領域）別のアーカイブであ

る。

機関リポジトリ（IR :Institute Repository）

　機関リポジトリとは，大学等の研究教育機関が所属する研究者等の研究成果を収集し，オープンアクセスとして公開するものである。機関リポジトリのほとんどは大学図書館が主導して論文の収集，著作権処理，メタデータ付与，提供を行っている。しかし，機関リポジトリを大学図書館や大学がどう位置づけるか，もしくは位置づけるべきかに関しては議論がある。

　機関リポジトリの目的，その位置づけに関しては大きく分けて2つの立場がある[31)32)]。1つは，国際的な学術雑誌を中心とする学術コミュニケーションを変革することに大学図書館も参与，貢献するべきという立場である。基本的には，学術雑誌論文をオープンアクセスとして公開することが活動の中心と考えられる。

　もう1つは，大学としての教育，研究の成果や必要な資料をデジタルで保存，公開するアーカイブという位置づけである。研究の成果の代表は既存学術雑誌論文であるが，それ以外にも学位論文，教材，大学の議事録・統計・記録など大学の活動を社会に示すための一種のショーウインドーであるとともに，必要な記録を保存する役割も担っている。

　機関リポジトリは，その意味では必ずしも学術雑誌論文のオープンアクセスという目的のためだけに構築されてきたわけではない。実際に収録されている内容を見ても，日本の機関リポジトリ収録記事の半分以上は紀要論文であるし，アメリカの場合は学位論文を中心とする機関リポジトリが多いなど，既存の学術雑誌論文が必ずしもその中心とはなっていない。

オープンアクセスのアーカイブ（主題別）

　主題別のアーカイブとして，ここではarXivとPubMed Centralについて説明する。arXivとは，物理学分野を中心として研究者たちが学術雑誌論文のイープリント（e-print）を自由に交換するためのシステムである。1991年にアメリカのロスアラモス国立研究所のポール・ギンスバーグが構築したシステムで，研究者が論文などのプレプリントの電子版であるイープリントを自分でサーバ

に登録して，それは誰もが自由に読むことができた。まだ電子ジャーナルも本格的に普及していない時期に，これまで紙ベースでなされてきたプレプリントの交換において，研究者たちが自ら電子的に交換するシステムを構築した。このシステムは当初イープリント・アーカイブと呼ばれており，オープンアクセスという表現も使われておらず，そういう認識でもなかった。しかし，その後オープンアクセスという考え方が普及していくプロセスで，この arXiv は研究者たちによる自由な論文の交換をもっとも早く成し遂げたオープンアクセスの成功例として参照されるようになる。

分野ごとにアーカイブを構築しようというこのような動きは，arXiv を手本としてほかの分野でも試みられたが必ずしもうまくいかなかった。arXiv は高エネルギー分野を中心に利用が進んだが，その原因の1つは，物理学分野においては1960年代から学術雑誌論文のプレプリントを印刷で交換する慣習があり，arXiv はそれを電子化しただけであり，とくに抵抗がなかったことが挙げられている。その後 arXiv はコーネル大学に移管されたが，運用にかかる費用が増加したため，コーネル大学は利用の多い世界の大学や研究機関から一定額の利用料を徴収するようになった。

医学分野でのオープンアクセスを代表するアーカイブが PubMed Central（2012年に PMC に名称を変更）である。これはもともとは物理学分野での arXiv の成功に基づいて，同様のシステムを医学分野でも構築しようとする当時のアメリカ国立衛生研究所（NIH）所長による E-biomed 計画を発端としている。しかし，当初は医学分野の学術雑誌出版社からの反対が大きく，2000年に構築された PubMed Central は電子ジャーナルを一定期間過ぎたあとに保管しておくためのアーカイブという位置づけで，収録された雑誌もごくわずかであった。

2004年にアメリカ国立医学図書館（NLM）は，NIH が助成した研究の成果は PubMed Central でオープンアクセスとして公開すべきであるという報告書を刊行し，アメリカ下院歳出委員会も同様の勧告を行った。この勧告は，PubMed Central への新たな関心を惹起しただけでなく，オープンアクセスという活動が国の政策として議論されるようなトピックであることを示したことで，オープンアクセス自体への関心を一気に高めることとなった。その後紆余

曲折はあったが，2008年NIHは助成を行った研究成果について，1年後までにPubMed Centralでオープンアクセスとして公開することを義務づけた。これが端緒となり，世界で研究助成機関がオープンアクセスを義務づけるという方針が広まり出している。

4.6 一般への学術情報の流通

4.6.1 一般への学術情報流通の意義

専門的な学術情報，とくに科学技術医学分野の情報を一般に伝達することは，これまであまり多くの関心を集めてこなかった。その理由は，一般人が専門的な情報を理解することの困難さと，それだけの困難さを克服しても知るだけのニーズ，必要性の認識の欠如にある。

専門的な学術情報および学術コミュニケーションは，基本的に専門家が専門家に向けて行うもので，その分野の研究者が築いてきた理論や概念を基盤とした，標準的な方法に基づき出された研究成果の伝達である。そこで示される最新の成果は，「〇〇が発見された」，「〇〇であることがわかった」と解説されたとしても，これまでの知識体系を知らなければ，その意味さらには意義を本当に理解することは困難である。

現代社会は科学技術医学の恩恵を受けた社会であるが，一般人がその理論や技術についてどこまで専門的に知る必要があるかについては見解の分かれるところである。飛行機が空を飛ぶメカニズムやテレビが画像を映す仕組みについて知らなくても，飛行機で旅行はできるし，テレビのスイッチを入れて番組を楽しむことはできる。逆にいえば利用者が何も考えなくても利用できるところまで技術をブラックボックス化することこそを追求すべきだという考え方もあるであろう。

しかし，応用される科学技術が多様化し，より高度になるのと同時に，科学技術がもたらすリスクや負の側面も指摘されるようになってきた。生殖医療や原子力発電所などを，どこまで社会が認めて推進していくべきかについては，必ずしも科学の理論で合理的な判断がつくわけではない。社会を構成するすべての人びとが，その新しい技術や知識を社会において展開することを認めるか

否かを判断することが求められている。その場合，基本的なメカニズム，メリットとリスクの両方についてある程度の理解をしていなければ，妥当な判断を下すことはできないであろう。

　一般へ科学技術医学の専門情報を伝えることの必要性に関しては，かなり関心が高まってきているといえるが，では具体的にどのようにすれば本来理解が困難な専門情報を一般人でも理解できるように伝えることができるのかについては，科学社会学領域のPublic Understand of Scienceに関する理論や経験に基づく科学コミュニケーションの実践などまだわずかな試みがなされているだけである。

4.6.2　一般に専門情報を伝えるための情報メディアと情報サービス

　従来，科学技術医学の学術情報を一般へ伝えてきた情報メディアとしては，新聞やテレビのニュース報道，テレビの情報番組，一般向け科学雑誌・健康雑誌などが代表的なものであろう。総務省（以前は内閣府）が定期的に行っている世論調査では，科学技術に関心があるとの回答は最近3時点（平成16, 19, 22年）では，52％から63％へと上昇しており，情報源としてはテレビから情報を得る人が9割近くと圧倒的であるが，インターネットからという人の割合も着実に増え，平成22年1月の調査では2割を超えるようになった[33]。

　とくに健康医学情報（health information）に関しては，患者に十分な情報を伝えるインフォームドコンセントへの関心および実施の増大，慢性疾患等での患者自身が病状を管理していく必要性の増大などを背景として，患者および一般人の健康医学情報へのニーズは高まっている。

　アメリカでは健康医学情報の一般人への伝達に関しては多様な観点からの研究が進められてきた。公共図書館，病院図書室，医学図書館においても1980年代以降，一般向けの健康医学情報を伝える図書，雑誌，視聴覚資料などを収集，提供するサービスが行われてきた。2000年前後からは，国の政策として人びとの「ヘルスリテラシー」向上が謳われるようになった。これは例えば「薬の飲み方の指示が理解できない」といった基本的なリテラシーの不足が大きな問題となったためである[34]。

　日本では一般人のリテラシー能力は高いという認識と，医学図書館が一般へ

の情報サービスを展開してこなかったという理由もあり，この健康医学情報分野での研究も実践も不十分といわざるをえない。むしろ患者会による学習や研修活動，医師など医療関係者によるわかりやすい情報伝達の試み，インターネット上での医師や製薬会社による情報提供などが見られる程度である。

注

1) Kuhn, Thomas S.『科学革命の構造』[The Structure of Scientific Revolution] 中山茂訳，みすず書房，1971，277p.
2) Merton, Robert K. "Normative structure of science," The Sociology of Science: Theoretical and Empirical Investigations. University of Chicago Press, 1973, p.267–278.
3) Garvey, William D.『コミュニケーション』[Communication: The essence of science] 津田良成監訳，高山正也ほか訳，敬文堂，1981，302p.
4) 田村俊作，武者小路信和，岡沢和世，三輪眞木子「情報の利用」『図書館・情報学概論 第2版』津田良成編，勁草書房，1983，p.139–173.
5) Crawford, Susan. "Informal communication among scientists in sleep research," Journal of the American Society for Information Science. Vol.22, Issue 5, 1971, p.301–310.
6) 前掲3).
7) 上田修一「学術雑誌の変貌とその要因」『図書館学会年報』Vol.23, No.1, 1977, p.7–17.
8) Meadows, Arthur J. Communicating Research. Academic Press, 1998, 266p.
9) Roosendaal, Hans E. et al., "Developments in scientific communication: considerations on the value chain," Information Services and Use. Vol.21, No.1, 2001, p.13–31.
10) 土屋俊「学術情報流通の最新の動向―学術雑誌価格と電子ジャーナルの悩ましい将来」『現代の図書館』Vol.42, No.1, 2004, p.3–30.
11) Tenopir, Carol. and King, Donald W. Towards Electronic Journals: Realities for Scientists, Librarians, and Publishers. Special Libraries Association, 2000, 488p.
12) 情報学研究連絡委員会学術文献情報専門委員会報告『電子的学術定期出版物の収集体制の確立に関する緊急の提言』日本学術会議，2000，8p. http://www.scj.go.jp/ja/info/kohyo/17pdf/17_44p.pdf（参照 2012-01-20）.
13) Owen, J. Mackenzie. "Introduction," The Scientific Article in the Age of Digitization. Springer, 2007, p.1–22.

14) 森岡倫子「電子雑誌」『電子メディアは研究を変えるのか』倉田敬子編, 勁草書房, 2000, p.173-207.
15) 前掲11).
16) Hunter, Karen. et al.,「The University Licensing Program (TULIP) プロジェクト最終報告書」細野公男監訳.『情報の科学と技術』Vol.47, No.5, 1997, p.264-268. Vol.47, No.7, 1997, p.363-370. Vol.47, No.9, 1997, p.472-481. Vol.47, No.11, 1997, p.604-611. Vol.48, No.1, 1998, p.37-44. Vol.48, No.2, 1998, p.107-114. Vol.48, No.3, 1998, p.181-188. Vol.48, No.4, 1998, p.247-251.
17) 前掲10).
18) 森岡倫子「電子ジャーナル黎明期の変遷—1998年から2002年までの定点観測」Library and Information Science. No.53, 2006, p.19-36.
19) 太城由紀子「学術雑誌の電子化の現状—分野間の比較を中心に」慶應義塾大学卒業論文, 2003, 71p.
20) Cox, John. and Cox, Laura. Scholarly publishing practice: the ALPSP report on academic journal publishers' policies and practices in online publishing. ALPSP, 2003, 71p.
21) Cox, John. and Cox, Laura. Scholarly publishing practice: the ALPSP report on academic journal publishers' policies and practices in online publishing. Third Survey. ALPSP, 2005, 124p.
22) 堀内美穂ほか「JST国内収集誌の電子化状況調査報告」『情報管理』Vol.52, No.2, 2009, p.95-101.
23) 国立国会図書館編『電子情報環境下における科学技術情報の蓄積・流通の在り方に関する調査研究(平成15年度調査研究)』国立国会図書館, 2003, 107p.
24) Tenopir, Carol. Use and Users of Electronic Library Resources: An Overview and Analysis of Recent Research Studies. Council on Library and Information Resources, 2003, 72p. http://www.clir.org/pubs/reports/pub120/pub120.pdf (参照 2012-01-30).
25) 三根慎二「研究者の電子ジャーナル利用—1990年代半ばからの動向」Library and Information Science. No.51, 2005, p.17-39.
26) 倉田敬子ほか「電子ジャーナルとオープンアクセス環境下における日本の医学研究者の論文利用および入手行動の特徴」Library and Information Science. No.61, 2009, p.59-90.
27) Keiko Kurata. et al., "Electronic journals and their unbundled functions in scholarly communication: views and utilization by Scientific, Technological and Medical researchers in Japan," Information Processing & Management. Vol.43,

2007, p.1402-1415.
28) Suber, Peter.「オープンアクセスの簡略紹介」[Very Brief Introduction to Open Access] 2011（2011 年 5 月 3 日最終更新日），http://www.openaccessjapan.com/what-is-open-access.html（参照 2012-01-30）．
29) Frantsvåg, Jan Erik. "The Mega-journals are coming!" SciecomInfo. Vol.7, No.3, 2011. http://www.sciecom.org/ojs/index.php/sciecominfo/article/view/5278/4654 （参照 2012-01-30）．
30) Harnad, Stevan.『転覆計画』[The Subversive Proposal] デジタルリポジトリ連合訳，2011. http://drf.lib.hokudai.ac.jp/drf/index.php?plugin=attach&refer=Foreign%20Documents&openfile=TheSubversiveProposal.pdf（参照 2012-01-30）．
31) Crow, Raym. The Case for Institutional Repositories: A SPARC position paper. SPARC, 2002, 37p. http://www.arl.org/sparc/bm%7Edoc/ir_final_release_102.pdf （参照 2012-02-02）．翻訳が以下から入手できる。レイム・クロウ『機関リポジトリ擁護論―SPARC 声明書』栗山正光訳．http://www.tokiwa.ac.jp/~mtkuri/translations/case_for_ir_jptr.html（参照 2012-02-02）．
32) Lynch, Clfford. Institutional Repositories: Essential infrastructure for scholarship in the digital age. Association of Research Libraries, No.226, 2003, p.1-7. http://www.arl.org/resources/pubs/br/br226/br226ir.shtml（参照 2012-02-02）．
33) 総務省「科学技術と社会に関する世論調査」http://www8.cao.go.jp/survey/h21/h21-kagaku/2-1.html, http://www8.cao.go.jp/survey/h19/h19-kagaku/2-1.html（参照 2012-02-02）．
34) 酒井由紀子「ヘルスリテラシー研究と図書館情報学分野の関与――一般市民向け健康医学情報提供の基盤として」Library and Information Science. No.59, 2008, p.117-146.

【参考文献】

Crawford, Susan Y., Hurd, Julie M. and Weller, Ann C. From Print to Electronic: The Transformation of Scientific Communication. Information Today, 1996, 117p.

　学術コミュニケーションの電子化への変容を，4 つのモデルとして提示した，電子化に関する先駆的著作。まだ電子ジャーナルも本格的に普及していない時期に，いくつかの分野で萌芽的に見られる現象に基づいて考えられた 4 つのモデルは，現在においても色あせておらず，新しい学術コミュニケーションのかたちを示唆している。

Tenopir, Carol. and King, Donald W. Towards Electronic Journals: Realities for

Scientists, Librarians, and Publishers. Special Libraries Association. 2000, 488p.
　電子化されていく学術雑誌の機能，歴史，出版プロセス，費用や価格問題まで，著者らの長年の研究成果の集大成といえる著作。学術雑誌とは何かを知るための必須の図書といえる。英語は平易でわかりやすい。

House of Commons Science and Technology Committee. Scientific publication: Free for all? 2004, 114p. http://www.publications.parliament.uk/pa/cm200304/cmselect/cmsctech/399/399.pdf.
　イギリス下院科学技術委員会による，現在の学術雑誌を中心とする学術情報流通システムのあり方に関する包括的な報告書。学術雑誌の商業出版社，主要学会の関係者，研究者，図書館員など学術情報流通に関わる多くの人びとからの意見とともに，様々なデータも使って，学術情報流通システムの問題点を整理している。イギリス政府に対して，すべての大学に機関リポジトリの構築を義務づけ，オープンアクセスを推進すべきであると勧告しており，この報告書が現在のオープンアクセスへの潮流の1つの重要な契機となった。

倉田敬子『学術情報流通とオープンアクセス』勁草書房，2007, 196p.
　学術コミュニケーションに関する日本語の概説書。研究活動におけるコミュニケーションの位置づけとそれを実現する情報メディア，中心としての学術雑誌，電子メディアの時代の先駆けとしての電子ジャーナル，学術コミュニケーションの新しい動きとしてのオープンアクセスについてまとめている。

5 計量情報学

5.1 計量情報学とは

5.1.1 計量情報学の目的・範囲

　計量情報学（informetrics）は，「情報」と呼ばれる現象について，数学的・統計的な分析を通して対象のある側面の記述を目指す，図書館情報学の一研究領域である。経済学分野における計量経済学や，生物学分野における計量生物学などと同様である。「情報」と「データ」を区別していうならば，計量情報学研究では，「情報に関するデータ」を観察・収集し，そこから「情報に関する情報（そして知識）」を引き出すことを目的とする。

　図書館情報学の一領域としては，しばしば，計量情報学でなく計量書誌学と呼ばれる。両者は，ほとんど同義に用いられることもあるが，計量情報学は，計量書誌学を含む，より広い対象を扱う領域として位置づけられることが多い（計量情報学と関連領域との関わりについては後で整理する）。計量情報学において分析される「情報」は，文献を中心とするメディアの生産・流通・蓄積・利用（計量書誌学で扱われる対象）に関わるものに加え，文献のなかみ，あるいは言語自体（計量言語学で扱われる対象）に関わるものである。さらに，導き出されるモデルや法則の共通性から，計量経済学や計量生物学など，他の分野の計量的研究領域で扱われる対象に関わる情報（所得や生物の生息数など）まで，計量情報学の範囲に含められる場合もある。確率理論や多変量解析などを含む統計をベースにした，オペレーションズ・リサーチおよび図書館管理（貸出理論など），引用分析，そして現象のモデル化・法則への当てはめなどが，計量情報学の主要なテーマとして挙げられる[1]。

　計量情報学の範囲に関して，以下のように整理できる[2]。扱う対象の側面か

ら整理すると，(1) 情報の生産，(2) 情報の流通，(3) 情報の蓄積・利用，各々の主体と対象に関する属性，さらに，(4) 情報の内容そのものに関する属性が，観察される項目として挙げられる。それぞれの項目の具体的な計量対象を例示すると，(1) 著者・共著者・謝辞の対象者の名前，専門分野，所属組織・国など，(2) 文献の掲載誌名，出版年，出版地，出版者名，購入者の種別など，(3) 引用主体・引用対象の文献名，図書館の貸出文献名・利用者の種別など，(4) 文献の分類，テキスト中に現れる語などがある。計量情報学研究では，これらの項目を，目的に応じて組み合わせて数えあげ（例えば，著者（生産者）ごとに，引用された（利用された）頻度を集計し），統計的な分析を加えることにより，設定した問いに対する答えを導き出していく。

　また，研究の目的から見ると，次のような整理が可能である。

情報の生産・流通・蓄積・利用のパターンの解明

　著者生産性に関するロトカの法則，雑誌文献掲載に関するブラッドフォードの法則，単語の出現頻度に関するジップの法則（いずれも，少数のソース（生産源）に大多数のアイテム（生産物）が集中する様子を表す法則）のような規則性の観察を通して，情報に関わる人間の振る舞いを読み解くことを目的とする研究である。それらのほかに，よく知られている経験則としては，文献利用（被引用回数，あるいは図書館での貸出回数）の経年的な廃れ（オブソレッセンス）の規則性が挙げられる。これらの規則性を記述する確率的モデルの提案や，既存のモデルへのデータの当てはめ，そして，規則性に対する説明・解釈を試みる研究が，これまで数多くなされてきている。

情報の計量の実際的な応用

　何らかの指標で情報の諸側面に関わる現象について測り，管理方針や政策の意思決定に役立てることを目的とした研究，そして，応用システムの作成を目的とした研究である。(1) 図書館管理，資料の整理・検索への応用，および，(2) 科学政策・学術政策への応用が，ここに含まれる。

　(1) の例としては，ブラッドフォードの法則が表すような雑誌の掲載文献数に関する規則性から，雑誌の購入に関する指針を引き出すことや，オブソレッ

センスの分析から，資料を閉架書庫に移す時期や廃棄する時期，あるいは，雑誌を製本する時期の基準を導くことなどへの応用がある。購入する雑誌の選択には，被引用回数から求められるインパクトファクターや被引用半減期といった，雑誌の影響の度合いや傾向を測る指標も利用される。また，文献内での語の出現頻度の計測は，文献の自動分類・索引づけ・要約などに応用され，共起語の分析や，共引用・書誌結合（共通の文献を引用する / に引用される関係）の強度の計測は，類似文献の検索にも応用される。一方，(2) の例としては，論文の出版点数や被引用回数に基づく指標を，研究者個人あるいは組織の研究活動の評価に適用するための，枠組みの検討などがある。

分析されるメディアは，印刷体の文献が中心であるが，インターネットの発展に伴い，電子ジャーナルなどのデジタルアーカイブやウェブページのコンテンツ，関係性（引用，ハイパーリンク），利用（アクセス）が扱われることが増えてきている。

5.1.2　計量情報学が置く前提

観察されるデータを眺めても，そのままでは複雑で，そこから何がしかの意味を読み取ることは難しい。データを意味のあるものとして見えるようにする点に，計量情報学，あるいは，そこで用いられる統計的アプローチの意義がある。ただし，データは，本来見たいもの（真の対象）そのものとは異なることに留意しなければならない。ほとんどの場合，本来見たいものの現れとしては，データはきわめて不完全なものである。例えば，論文の書誌データを分析する場合，ふつう，論文というよりも，論文を生み出す研究者の生産活動そのもの，そして，それに関わる要因の世界が見たい・知りたい対象であろう。しかしながら，例えば，論文の生産量や共著ネットワークの構築状況などは，生産活動の一部が，見えるかたちをとってデータに現れたものにすぎない。

真の対象である要因世界は，直接的に観察可能なものとしては捉えられない。そこで，何らかの前提を置いた上で，データと結びつけて分析される。ある仮定をすれば，要因世界のある部分については記述できるという前提である。5.3節で説明するような計量情報学的指標においても，論文などのアイテムや，著者，雑誌などのソースの特徴を，これこれのデータの観察を通して計測できる

という仮定が置かれ，それに従って対象の操作化がなされている。例えば，生産性は出版点数で（あるいはページ数で），アイテム・ソースの影響度は被引用回数で（あるいは貸出回数，アクセス回数で）計測が可能といった仮定が前提になっている。

そうした前提や，それに基づく計測がどこまで妥当なものであるかについては，これまで繰り返し議論されてきている。その妥当性に関わる問題として，論文の断片化，クレジット（著者表示）の信頼性，引用におけるバイアスなどが挙げられる。論文の断片化の問題とは，論文出版へのプレッシャーから，1つの研究成果を複数に分割して「論文の出版点数を稼ぐ」ことを指し，生産性を計測する際に問題視される。どこまで細かく分割できるか，あるいは，そもそも，出版点数を稼ぐという意図で，研究成果を分割して発表してよいものかという問題は，1つの論文として成り立ちうる最小出版可能単位（least publishable unit: LPU）の議論につながる。多数の論文を発表しなければならないというプレッシャーを，研究者が感じる背景には，「出版か，さもなくば死か（publish or perish）」という言葉に象徴されるような，採用・昇任の際の評価における出版点数の影響があり，これは，クレジットの信頼性の問題にも関連している。

クレジットに基づく出版点数のカウントは，その信頼性が大前提である。しかし，クレジットは必ずしも論文に対する研究者の貢献を表すものではないと指摘されることもある。所属組織の上司や指導教員であること，あるいは実験器具などの提供者であることだけを理由に，専門的・実質的な貢献をしていないにもかかわらずクレジットに記載されるケースや，その反対に，実質的に執筆に関わったがクレジットに記載されないケースもあるといわれる。前者は名誉共著者（honorary coauthor），そして，後者は幽霊共著者（ghost coauthor）と呼ばれ，クレジットが実質的な貢献の有無・程度を反映しない例に挙げられる。貢献なき共著者の名前が論文に記載されるのは，上で述べた出版へのプレッシャーにさらされて，第1著者（クレジットの筆頭に名前が記される著者）以外でもよいから共著者に加わろうとする傾向が強くなったことが一因と考えられている。

最後に挙げた引用におけるバイアスの問題は，マタイ効果（Matthew effect）

あるいはハロ効果（halo effect）と呼ばれる。マタイ効果とは，「成功が成功を生む」現象を指す。論文引用の文脈では，すでに高く評価されている研究者の論文は，目に留まりやすく引用されやすい（そのような研究者は，さらに高い評価を得やすい）一方で，まだ評価を得ていない研究者の論文は引用されにくい（そのような研究者は，評価が得られない状況が続く）ということである。そのようなバイアスの存在は，被引用回数を数えることの意味・妥当性を問うものであり，研究評価などへの引用分析の応用において問題視される。計量情報学の研究では，これらの問題を踏まえ，逆に，何なら，どこまでなら，データからわかるといえるのか——例えば，引用が影響を表すとしたら，それはどういう面での「影響」なのか——，データが表す二次的な世界，それ自体としての意味づけをして，その上で分析が行われる。

5.1.3 歴史・関連領域との関わり

　計量情報学は，様々な分野の計量的研究領域と重なり合うが，ここでは，とくに，図書館情報学との関連が強い計量書誌学（bibliometrics），および科学計量学（scientometircs）を中心に説明する。

　計量情報学との差異を強調するならば，計量情報学がより広く「情報」一般を対象とするのに対し，計量書誌学は，「書誌（bibliographies）が文献を反映しているという前提に立つ，文献の計量的研究」[3]と定義されるように，著者，標題，出版者，出版年など，文献に関する二次情報である「書誌」情報を分析対象の中心に据える研究領域といえる。この領域を指して，計量書誌学と命名したのはアラン・プリチャードであり[4]，それ以前は，統計的書誌学（statistical bibliography）や，計量図書館学（librametrics）などと呼ばれていた。

　ロトカの法則では文献の著者の頻度が，ブラッドフォードの法則では掲載誌の頻度が数えられる。著者名も掲載誌名も，文献の書誌情報であり，これら2つの法則は，計量書誌学の伝統的かつ代表的な法則といわれる。また，テキスト中の単語の出現頻度分布を記述するジップの法則と合わせて，計量書誌学の代表的な3法則として扱われる場合もある（それぞれの法則の説明は5.3節を参照のこと）。ただし，ジップの法則は，書誌情報ではなく，文献のなかみや言語自体に関するものであるため，計量書誌学というよりも，計量言語学，あるい

は，より包括的な計量情報学の範疇に属する。ジップの法則が計量書誌学の法則に含められることからもわかるように，これらの研究領域の境界は，必ずしもはっきりと区分されているわけではない。

一方，科学計量学は，科学・研究活動の実態や動向に関する数学的・統計的分析を行う研究領域である。科学計量学は，扱う対象の点において，ロバート・マートンらの科学社会学の流れをくみ，そして，デレク・プライスの「科学の科学」[5]にその源流を見出すことができる。計量書誌学と科学計量学の差異について，藤垣裕子らは次のように述べている。

　　　計量書誌学といった場合，方法論が定まりやすく，（例えば，論文数，引用回数，共著論文数，共引用回数など）主に書誌情報を使うのに対し，科学計量学では，方法論により自由度があり，書誌情報を使うとは限らない。科学活動を計量する目的にあわせて，新種の指標も開発される。[6]

ただし，計量書誌学でも，前述のようにジップの法則や，内容分析といった文献のなかみ（テキスト）を扱う研究が存在するため，「使う情報」「方法論の自由度」という点で決定的に異なるとはいいがたい。その点が両領域の違いとして強調されるというよりも，むしろ，科学計量学は，科学・研究活動の把握という特定された目的を置いた，応用指向の研究領域であるところに特徴があると考えられる。

最後につけ加えると，計量情報学に関係する新しい研究領域に計量ウェブ学（webometrics）がある。インターネットの普及に伴いウェブページの情報の増大は著しく，1990年代半ば以降，その分析を行う計量ウェブ学が盛んになってきた。計量ウェブ学では，ウェブページのコンテンツだけでなく，ページ間のハイパーリンクの解析に重点が置かれる。とくに，ウェブ上の情報の計量を，学術コミュニティの分析に応用した研究は，計量書誌学や科学計量学に重なる。例えば，研究者のウェブページのリンク関係をもとに，学術コミュニティの構造を分析する研究[7]や，ウェブページ上での研究者の名前の共起関係から，人間関係のネットワークを抽出する研究[8]などがなされている。「ウェブページ＝文献」「ハイパーリンク＝引用」というアナロジーで当てはめれば，最初の

例は，計量書誌学（あるいは科学計量学）で行われてきた引用分析の応用であり，2つめの例は，文献の共著者間のネットワーク分析に近い。研究者を結ぶメディアとしてのウェブの役割が大きくなってきているので，計量ウェブ学的アプローチによる計量書誌学（あるいは科学計量学）研究の重要性は増大している。

5.2 データとモデル

5.1 節における基本的な用語・概念，動向の整理を受け，5.2 節では，具体例を通し，計量情報学の考え方を理解することを目指す。

5.2.1 基本的な枠組み

データとモデル

計量情報学の考え方を理解するためには，データとモデルという2つの概念を理解することが重要である。これは，データとモデルを往復するなかで，計量情報学の多くの重要な発見がなされてきたためである。本書第 1 章では，情報や知識との対比からデータについて定義がなされていたが，本節では，データとモデルとを対比させ，データを「現象を調査した結果得られたもの」，モデルを「（多くの場合数式を用いて）現象を抽象化，理論化したもの」と定義する。

帰納と演繹

社会科学における実証分析には，先にデータを収集し，データをもとにモデルを導く探索的分析（帰納的分析）[9]と，先にモデルを構築し，データを用いて構築されたモデルを検証する演繹的分析，2種類のアプローチがある。いずれの方法を用いるかは，問題の性質と既存研究の蓄積に依存する。すなわち，データ収集が比較的容易であり，また，既存研究の蓄積が少なく，仮説の構築が困難な問題に対しては，探索的分析を行うことが適切であり，逆にデータ収集が比較的困難であり，また，既存研究の蓄積があり，はっきりとした仮説が構築可能な問題については，演繹的分析を行うことが適切である。同じ計量的手法を用いる学問分野であっても，計量政治学のような学問分野では，演繹的分

析が重視されてきており[10]，一方，計量言語学のような学問分野では，探索的分析が一般的な研究手法として認識されている。これは，データ収集作業の負担や学問分野の成立，発展状況と関連する。計量情報学は，比較的探索的分析を積極的に用いる分野であるといえる[11]。学問分野全体を見れば，2000年以降は，ウェブの発達，データ量の増大，データ分析環境の向上などにより，データセントリックアプローチが様々な分野で唱えられており[12]，探索的分析の重要度が増している。

5.2.2　簡単な例題

基本的な用語と記号の定義[13]

ここでは，「6面の偏りがないサイコロを振る」という例をもとに，計量情報学の問題を考える。まず，基本的な用語を定義する。何らかの確率的な結果を導く行為を試行（trial）と呼び，試行の結果，起こりうる結果の1つ1つを事象（event）と呼ぶ。また，事象の総数（全体として何回現れたか）を延べ数（number of tokens）と呼び，事象の種類数（何種類現れたか）を異なり数（number of types）と呼ぶ。ある事象の現れた回数が，その事象の頻度（frequency）であり，これを，全事象の頻度の総和で割ると標本相対頻度（relative frequency）が求められる。この例では，「サイコロを振る」ことが試行であり，例えば，「3の目が現れる」ことが事象に相当する。「サイコロを4回振ったとき，目が1, 2, 4, 4の順にでた」とき，出現した事象の延べ数は4であり，異なり数は3である。「サイコロを100回振ったとき3の目が10回現れた」とき，「3の目が現れる」事象の頻度は10，標本相対頻度は$\frac{10}{100}$となる。以降の説明のために，次の記号を定義する。

N：延べ事象数

$V(N)$：大きさNの標本中の異なり事象数

$V(m, N)$：大きさNの標本中にm回現れる異なり事象数

$f(i, N)$：大きさNの標本中での事象e_iの頻度

$p(i, N)$：大きさNの標本中での事象e_iの標本相対頻度，もしくは，事象e_iの起こる確率

$E[X]$：Xの期待値（何度も何度も繰り返したとき，Xの値が平均的にいくつになるかを表す）

二項分布

以上の前提をもとに，具体的に「6面の偏りがないサイコロを振る」という例を考える。まず，出現する事象の集合Sとそれぞれの出現確率の集合Pを以下のように記述する。

$$S = \{1, 2, 3, 4, 5, 6\} \tag{1}$$

$$P = \{\frac{1}{6}, \frac{1}{6}, \frac{1}{6}, \frac{1}{6}, \frac{1}{6}, \frac{1}{6}\} \tag{2}$$

Sの要素は出現しうる事象であり，Pの要素は，それぞれの確率である[14]。ここでは，サイコロを振ったとき1から6の目いずれかが出現し，それぞれの出現する理論的な確率はすべて$\frac{1}{6}$であることを示している。

さてここで，N回サイコロを振ったときiの目がm回現れる確率，例えば，「4回サイコロを振ったとき3の目が2回現れる確率」は，以下で示す二項分布で表される。

$$Pr[f(i,N)=m] = \binom{N}{m} p_i^m (1-p_i)^{N-m} \tag{3}$$

ただし$Pr[f(i,N)=m]$は，$f(i,N)=m$となる確率を表す。p_iはiの目が現れる確率であり，これがm回現れるため，m乗されている。$1-p_i$はi以外の目が現れる確率を表し，i以外の目は，$N-m$回現れるため，これが$N-m$乗されている。$\binom{N}{m}$は，N個からm個を選ぶ組み合わせの総数であり，これがかけられている理由は，iの目が何回目の試行で現れているのかを考慮しなければならないからである。例えば，4回サイコロを振って3の目が2回現れるという場合，1回目の試行と2回目の試行で3の目が現れる場合もあれば，2回目の試行と4回目の試行で3の目が現れる場合もある。このようなパターンをすべて数えあげるためには，4個から2個を選ぶ組み合わせを求めればよい。し

たがって, $\binom{N}{m}$, この例では, $\binom{4}{2} = \frac{4 \times 3}{2 \times 1}$ をかければよいことになる。

次に, N回サイコロを振ったときiの目が平均何回現れるか, 例えば,「30回サイコロを振ったとき, 2の目が平均何回現れるか」は, 以下の式で表される。

$$E[f(i,N)] = \sum_{m=0}^{N} m Pr[f(i,N) = m] \tag{4}$$

$$= \sum_{m=0}^{N} m \binom{N}{m} p_i^m (1-p_i)^{N-m} \tag{5}$$

$$= N p_i \tag{6}$$

(4) 式右辺は, (3) 式左辺にmをかけ, これをすべてのmについて足し合わせたものである。(3) 式では, N回サイコロを振ったときiの目がm回現れる確率を求めたが, (4) 式は, (3) 式で求められる確率に実際に現れる回数mをかけ, さらに, これを$m=0$から, $m=N$まで, すべての場合について求め, その和を求めることを表している。(5) 式は (6) 式のように変形できることが知られており[15], 実際の計算ではこれを用いた方が簡単である。例えば, 「サイコロを30回振ったとき, 2の目が平均何回現れるか」は, $Np_i = 30 \times \frac{1}{6}$ = 5 と求められる。

さらに, N回サイコロを振ったときm回現れる目は平均何種類あるか, 例えば,「4回サイコロを振ったとき, 3回現れる目が平均何種類あるか」は, 以下の式で表される。

$$E[V(m,N)] = \sum_{i=1}^{|S|} \binom{N}{m} p_i^m (1-p_i)^{N-m} \tag{7}$$

ただし$|S|$は, 事象集合の要素数, ここではサイコロが全部で何面からなるかを表す。(7) 式右辺は, (3) 式右辺をすべての目について足し合わせたものである。(3) 式では, N回サイコロを振ったときiの目がm回現れる確率を求めたが, (7) 式は, (3) 式で表される確率を$i=1$から$i=|S|=6$まで, すなわち1の目から6の目まですべて求めて, その総和を求めることを表す。(3) 式では, ある特定の目iについて, それがm回現れる確率を求めていたが, こ

の例では，どの目でもよいから同じ目が m 回現れる確率を求めている．確率の和をすべての事象について求めている，あるいは，すべての事象の確率の和を求めているため，求められた値は，平均何種類あるかという異なり事象数の期待値に等しくなる．

最後に，N 回サイコロを振ったとき平均何種類の目が現れるか，例えば，「4回サイコロを振ったとき，平均何種類の目が現れるか」は，以下の式で表される．

$$E[V(N)] = \sum_{m=1}^{N} \sum_{i=1}^{|S|} \binom{N}{m} p_i^m (1-p_i)^{N-m} \qquad (8)$$

(8) 式右辺は，(7) 式右辺を $m=1$ から $m=N$ まで，すべての回数について足し合わせたものである．(7) 式の例では，m 回現れる目が平均何種類現れるかを求めていたが，(8) 式の例では，「1 回現れる目が平均何種類あるか」から，「$N=6$ 回現れる目が平均何種類あるか」まで，すべての回数について足し合わせたものを求めている．これによって，「N 回サイコロを振ったとき平均何種類の目が現れるか」が求められる．なお，これは以下のようにも求められる．

$$E[V(N)] = |S| - \sum_{i=1}^{|S|} p_i^0 (1-p_i)^{N-0} \qquad (9)$$

$$= |S| - \sum_{i=1}^{|S|} (1-p_i)^N \qquad (10)$$

(9) 式は，事象集合の要素数，ここでは「サイコロが全部で何面からなるか」から，(3) 式に $m=0$ を代入した値，すなわち，「N 回サイコロを振ったとき 1 回も現れない目が平均何種類あるか」を引いたものである．「目が全体で何種類あるか」から「1 回も現れていない目が平均何種類あるか」を引くことで，「平均何種類の目が現れるか」が求められるのである．

5.2.3 標本相対頻度による推定，未出現事象の考慮と推定の修正

上述の例では，「6 面の偏りがないサイコロを振る」という前提から，それぞれの目がでる理論的な確率である $\frac{1}{6}$ を導き，これを p_i の値として利用した．

以下では，このような理論的な確率がわからない場合に，p_i の値として標本相対頻度を利用する例を考える．

標本相対頻度による推定

まず，サイコロの例で確率と標本相対頻度の関係について整理する．「6面の偏りがないサイコロを120回振る」という実験を行う．このとき，1から6までそれぞれの目が，順に21回，21回，17回，19回，18回，24回現れたとする．この実験をモデル化すると以下のようになる．

$$S = \{1, 2, 3, 4, 5, 6\} \tag{11}$$

$$P = \{\frac{21}{120}, \frac{21}{120}, \frac{17}{120}, \frac{19}{120}, \frac{18}{120}, \frac{24}{120}\} \tag{12}$$

(2) 式では理論的な確率によって P を構成していたのに対して，(12) 式では標本相対頻度によって P を構成している．前者の理論的な確率を理論値と呼び，後者の標本相対頻度を実測値と呼ぶ．一般に，実測値と理論値は一致するとは限らない．ただし，試行回数 N（上述の例では120）を無限大に近づければ，実測値は徐々に理論値に収束していく．これが大数の法則と呼ばれるものである[16]．

さてここで，別の例を用いて，二項分布と標本相対頻度を利用した推定の例を考える．たくさん果物が入っている箱が箱1から箱4まで4種類あるとする．それぞれの箱には，たくさんの果物が入っており，何個果物が入っているのか，何種類の果物が入っているのかはわからない．また，それぞれの箱に入っている果物の数，種類は異なる．このとき，それぞれの箱から果物を10個取り出すという実験を行ったところ，箱1からはりんご10個が，箱2からはりんご5個，なし5個が，箱3からはりんご5個，なし4個，メロン1個が，箱4からはりんご1個，なし1個，メロン1個，グレープフルーツ1個，キウイ1個，桃1個，チェリー1個，バナナ1個，パパイヤ1個，いちじく1個が，それぞれ得られた．それぞれをモデル化すると以下のようになる．

$$S1 = \{りんご\} \tag{13}$$

$$P1 = \{\frac{10}{10}\} \tag{14}$$

$$S2 = \{りんご, なし\} \tag{15}$$

$$P2 = \{\frac{5}{10}, \frac{5}{10}\} \tag{16}$$

$$S3 = \{りんご, なし, メロン\} \tag{17}$$

$$P3 = \{\frac{5}{10}, \frac{4}{10}, \frac{1}{10}\} \tag{18}$$

$$S4 = \{りんご, なし, メロン, グレープフルーツ, キウイ, 桃, チェリー, バナナ, パパイヤ, いちじく\} \tag{19}$$

$$P4 = \{\frac{1}{10}, \frac{1}{10}, \frac{1}{10}, \frac{1}{10}, \frac{1}{10}, \frac{1}{10}, \frac{1}{10}, \frac{1}{10}, \frac{1}{10}, \frac{1}{10}\} \tag{20}$$

箱1-箱4がそれぞれ$S1$-$S4$, $P1$-$P4$に対応する．ここで，$S1$-$S4$, $P1$-$P4$および(10)式を利用して，それぞれの箱から「10個果物を取り出したとき平均何種類の果物が現れるか」を推定する．(10)式に，それぞれの値を代入すると，以下の結果が得られる．

$$E[V(N)] = 1 - (1 - \frac{10}{10})^{10} = 1 \tag{21}$$

$$E[V(N)] = 2 - [(1 - \frac{5}{10})^{10} + (1 - \frac{5}{10})^{10}] = 1.988... \tag{22}$$

$$E[V(N)] = 3 - [(1 - \frac{5}{10})^{10} + (1 - \frac{4}{10})^{10} + (1 - \frac{1}{10})^{10}] = 2.654... \tag{23}$$

$$E[V(N)] = 10 - [(1 - \frac{1}{10})^{10} + (1 - \frac{1}{10})^{10} + \cdots + (1 - \frac{1}{10})^{10}] = 6.513... \tag{24}$$

これら求められた$E[V(N)]$の値を$|S|$の値と比較すると，箱1から箱4に進むにつれ差が大きくなる．箱1では，実際の実験で取り出した果物も1種類であり，その結果をもとに推定した期待値も1種類である．箱4では，実際の実験で取り出した果物は10種類であり，その結果をもとに推定した期待値は約6.5種類である．箱4の結果のズレは，もとの大きな箱に入っているにもかかわらず，実験で取り出された10個には含まれていない種類の果物が存在する

ことによる.そもそも大きな箱には,何個の果物が入っているかも,何種類の果物が入っているのかもわかっていない.このために,上述の$E[V(N)]$の計算では,理論的確率ではなく,標本相対頻度をp_iとして利用した.しかし,標本相対頻度による推定では,1回も標本にでていない果物,データとして得られなかった果物が,「世界に存在しないもの」として扱われてしまい,結果として,箱1から箱4にいくに従い,実際の実験で取り出した果物の種類$|S|$と,その結果をもとに推定した期待値$E[V(N)]$の間のズレが大きくなっていってしまうのである.

推定の修正

このような推定のズレを修正するための1つの手法を紹介する.ここでは,標本中に1回現れている果物の頻度によって,標本中に1回も現れていない果物の頻度を近似する.上述の箱から果物を取り出す例で考える.箱1-箱4から取り出した10個ずつの果物を新しい箱,箱1′-箱4′に入れ,そこから9個果物を取り出すことを考える.このとき,最後の1個として残る果物を利用して,もともとの箱に入っているにもかかわらず,取り出した10個には含まれていない果物が何種類あるかを推定する.箱3の例で考えると,箱3′から9個果物を取り出したとき,最後の1個として残る果物が,りんご,なしのいずれかである場合は9通りである.一方,メロンが最後に残る場合は1通りである.りんご,なしが残った場合,これらは,すでに取り出された3種類9個の果物に含まれている.一方,メロンが残った場合,メロンはすでに取り出された2種類9個の果物には含まれていない.したがって,最後に残る果物が,すでに取り出されている場合は10通り中9通りであり,いまだ取り出されていない場合は,10通り中1通りである.これを利用して(17)-(18)式のモデルを修正すると以下のようになる.

$$S3' = \{りんご, なし, メロン, その他\} \tag{25}$$

$$P3' = \{\frac{5}{10}, \frac{4}{10}, \frac{1}{10}, \frac{1}{10}\} \tag{26}$$

ただし,確率の公理から確率の和は1とならなければならない[17].$P3'$のすべての要素を足した値は1を超えてしまうため,これを割り引く必用がある.こ

の割引には例えばGood-Turing推定法が用いられる。Good-Turing推定法では，m に代えて以下の m^* の値を利用する[18]。

$$m^* = (m+1)\frac{E[V(m+1,N)]}{V(m,N)} \quad (27)$$

このような未出現事象の問題は，ゼロ頻度問題とも呼ばれ，推定値の調整の問題は，スムージングやディスカウンティングの問題と呼ばれる。Good-Turing推定法のほかにも加算法（ラプラス法），ヘルドアウト推定法，削除推定法などが知られている[19]。

データの有限性

　上述の例で見てきたように，標本相対頻度を利用した推定では，観察されたデータの世界のみを前提として，それをもとにモデルをつくり，推定を行っている。実際には，修正モデルでも，利用しているデータは観察されたデータのみであるが，観察されていない世界を想定し，少なくとも，それを考慮に入れようとする点で，単純な標本相対頻度による推定を拡張しようとしている。

　そもそも，データは，現実の世界を何らかのかたちで切り取ったものであり，そのため，常に有限であるといえる。ここで有限であるとは，2つの意味を持つ。1つには，データを収集するためには，何らかのカテゴリ化が必要であり，カテゴリを操作的に定義し，それに基づいてデータを収集する際に，もとの世界から情報が必然的に縮減されてしまうという意味である。これは，内容分析やアノテーションに際して常に問題になる点である。もう1つは，世界の全数を調査することはできないという意味での有限性であり，得られたデータは常に世界の一部でしかないという意味である。上述の例で問題となっているのはおもに後者の有限性の問題である。

5.3　具体的な分析

　計量情報学研究で行われている具体的な分析を，いくつかのタイプに分けて整理する。ここでは，計量する情報のタイプ（理論的枠組み・手法の適用対象）に基づいて分けたが，5.1節で示したような研究の目的のタイプによる分け方

や，共時的な様態の描出か時系列変化の観察か[20]という分け方もできる。

5.3.1 出版情報の分析

特定の期間に出版された文献の数を数えて，それらの著者，著者の所属，掲載誌，主題などの傾向・動向を明らかにすることは，計量情報学の主要なテーマの1つである。それらの傾向に関する規則性の記述・検証も行われてきた。また，複数の著者による「共著」を協力関係の現れと捉え，著者間，あるいは著者の所属（組織，国）間の関係性を分析した研究も多い。

以下に，計量情報学における出版情報（出版点数・共著関係）の分析について整理する。

分布法則

多産な少数のソースに大部分のアイテムが集中する一方で，その他の多数のソースに少数のアイテムが広く分散しているという，集中と分散の状況は，自然界の現象や人間の社会的営みに頻繁に見られるものである。そのような「集中と分散」の規則性は，いろいろな現象について発見，報告されているが，文献の出版点数に関わっては，ロトカの法則とブラッドフォードの法則が知られている。

ロトカの法則は，著者ごとの出版点数，つまり著者生産性に関する規則性を表しており，下のように定式化される。

$$y = \frac{c}{x^n} \tag{28}$$

ここで，yは，x編出版した著者の数が全体に占める割合を表し，cおよびnは定数（対象文献集合の特性によって変化するパラメータ）である。この式は，出版点数に応じて著者の数が逆べき関数的に減少する，言い換えれば，大多数の著者が，1，2編しか文献を出版していないことを示している。すでに多数出版している研究者は，その実績が評価され研究費などの面で恵まれやすいため，さらに多くの論文を出版しやすいという，引用のマタイ効果と同じような「成功が成功を生む」累積優位性が，この規則性の背後にあると説明される。

ブラッドフォードの法則は，特定主題を扱う文献の，雑誌ごとの掲載数に関

する規則性を表すものである．この法則によれば，掲載数の多い順に雑誌を並べ，そして，各グループにおよそ同数の文献が含まれるように，雑誌を順にグループ化すると，各グループに属する雑誌の数は $1:n:n^2:...:n^i:n^{i+1}:...$ という等比関係になる．

掲載数がもっとも多い第1グループに属する雑誌は，その主題におけるコアジャーナルとみなせる．第1グループ（コアジャーナル群）と同数の文献を集めようとすると，第1グループの n 倍の雑誌を加える必要がある．第2グループは n 倍，第3グループはさらに n 倍という具合に，必要な雑誌の数は指数関数的に増加する．つまり，特定主題の文献の網羅的な収集を目指すと，1文献あたりのコストが急激に上昇していくということであり，雑誌コレクションの構築において示唆を与える法則である．

ロトカの法則，ブラッドフォードの法則，後述するジップの法則は，数学的にほぼ等しく，同様の現象を記述したものであることがわかっている[21]．

計数方法

文献に記載されたクレジットに基づいて，著者ごと，あるいは著者の所属（組織，国）ごとの出版点数を集計する場合，まず，同姓同名の著者を判別し，表記上のゆれを統合（名寄せ）する処理が必要という問題がある．とくに，日本，中国，韓国など，同姓が多く存在する国の著者について問題になる．文献のキーワードや引用文献の類似性などを手がかりに，著者の識別を機械的に行う手法が提案されている[22]．

文献の計数にまつわるもう1つの問題は，共著の扱いである．例えば，1人で出しても10人で出しても，同じく1編として数えてよいか，という問題である．これは，数える目的や置かれた前提に依存し，様々な計数方法が提案されている．代表的な計数方法として以下が挙げられる．

第1著者計数法（straight count）：
　第1著者として出版した文献のみを数える．
完全計数法（complete count）：
　共著と単著を区別せず，すべての共著者を等しく扱う．つまり，複数の著

者による文献であっても，各々の著者がそれぞれ1編の論文を出版したものとして数える。

調節計数法（adjusted count）：

共著者の人数に応じて重みづけを行う。n 人による共著であれば，各々 $\frac{1}{n}$ 編の論文を出版したものとして数える。

比例計数法（proportional count）：

共著者の人数だけでなく，クレジットにおける順位も考慮した重みづけを行う（第1著者をもっとも大きく，第2著者以降，順に小さく，全員の合計が1となるように）。重みづけの式はいくつか提案されている[23]。

これらは，もちろん，クレジットの信頼性，すなわち，すべての共著者が実質的に貢献していることを前提にしている。さらに，第1著者計数法と比例計数法については，クレジットの表示順序が貢献を反映したものであることが前提となっている。

共著の計数方法は，直接的には，研究活動の動向調査や研究者・組織の実績評価に影響を及ぼす。計数方法を変えると，研究者の出版点数の順位も変わりうる。どういう観点か，何を重視するかによって用いられる手法は異なってくる。計数方法は，それだけでなく，生産性の分布モデル（が示唆する累積優位性）とも関わっている。例えば，調節計数法で出版点数を数えると，ロトカの法則が成り立たなくなるという報告もある[24]。

共著分析

論文の共著は，研究者やその所属組織・国の研究協力関係を示すものと捉えられる。今日，自然科学系だけでなく，社会科学系の分野でも共同研究は盛んになってきている。しかしながら，「形になった成果が出せるかどうかが不明なプロジェクト段階の研究者の関係は，プロジェクト実施の過程において多数淘汰されるため，共著関係まで生存できるものは少ない」[25]といった指摘もあるように，研究協力関係のすべてが，実際に成果を挙げているわけではない。共著は，協力関係のなかでもとくに，論文出版という成果にまで至った，実質のある関係の表れとみなすことができる。

共著関係の分析では,「どういう属性の著者が, どういう属性の著者と共著しているか」が観察される。著者個人あるいは著者の属性（例えば所属組織, 国）をノードとし, 共著関係にあるノード同士を結ぶエッジによって形づくられるネットワークが分析の対象になる。共著関係の強度（エッジの重み）は, 基本的に共著した頻度に基づいて測られるが, 頻度の規模による規格化の方法などに差異があるいくつもの指標が提案されている[26]。

　「どういう属性の研究者が, どういう属性の研究者と共著しやすいか」というような直接的な個々の関係に注目する場合もあれば, ネットワークの大域的構造を考慮して, 協力関係の傾向や, ネットワークにおける著者（あるいは組織, 国）の重要度を分析する場合もある。後者の場合, 社会ネットワーク分析や複雑ネットワーク分析の手法が応用され, ネットワークや各ノードの特徴量（中心性など）の計測や, ネットワークの成長のモデル化などが行われている[27]。ただし, それらの手法を単純に適用するのではなく, 共著という現象特有の要素（第1著者とそれ以外の共著者の区別など）を考慮に入れた分析も多くなされている[28]。

5.3.2　引用情報の分析

　先行研究の引用は, 類似した研究と関係づけ, その主題において蓄積された研究の文脈のなかでの位置づけを示すことなどを目的としてなされる。ただし, 必ずしも肯定的なものばかりでなく, 先行研究を否認する引用もあり, また, 引用の必要性（当該引用が, 論文の生産にあたってどの程度必要であるか）もまちまちである。

　引用は論文が利用されたことを明示的に表すといえ, 被引用回数は, 利用の頻度（あるいは, 利用されたことで影響を与えた頻度・程度）を見積もる尺度になりうると考えられている。さらに, 引用の目的に, 類似した論文との関係づけがあることから, 引用関係をもとにして, 論文間の類似性の有無・強度を測りうるとする主張もある。以下に, 計量情報学における引用情報（被引用回数・引用関係）の分析について整理する。

影響度の評価

引用されることを「他の研究に影響を与えること」あるいは「利用されるだけの価値があるとみなされること」と捉えるなら，論文が引用された回数は，その論文の影響度や重要度を表すものと考えられる。もっとも単純には，引用された回数そのもの（被引用回数）がその尺度となるが，一般的に広く用いられている指標は，インパクトファクター（引用影響度とも訳される）である。一般的に知られているインパクトファクターの定義は次の通りである。

$$IF_{i,a} = \frac{\sum_j C_{i(a-1),j(a)} + \sum_j C_{i(a-2),j(a)}}{P_{i(a-1)} + P_{i(a-2)}} \tag{29}$$

ここで，$IF_{i,a}$ は雑誌 i の a 年時点のインパクトファクター，$P_{i(a)}$ は雑誌 i の a 年における掲載論文の総数，そして，$C_{i(a),j(b)}$ は，雑誌 i の a 年の掲載論文が，雑誌 j の b 年の掲載論文に引用された回数を表すとする。すなわち，対象雑誌に1-2年前に掲載された論文が，対象年に引用された回数の，1論文あたりの平均値がインパクトファクターである。

インパクトファクターの基本的な考え方は，対象論文集合（対象雑誌に掲載された論文）の被引用回数を，対象論文集合の規模で規格化するというものである。論文集合を雑誌単位ではなく著者単位にして計算すると，著者インパクトファクター（author impact factor）になる。著者インパクトファクターと区別して，上述のインパクトファクターを雑誌インパクトファクター（journal impact factor）と呼ぶ場合もある。また，被引用回数に基づいて論文の影響度を測る指標として，インパクトファクターのほかに，ポピュラリティ係数（popularity factor）や感化重み（influence weight）などが提案されている。ポピュラリティ係数は，対象雑誌の論文「を引用している」雑誌の異なり数を，対象雑誌の論文「が引用している」雑誌の異なり数で除したものであり，被引用と引用のバランスが考慮されている。感化重みは，いずれの雑誌に対しての影響かを特定して測る指標で，特定の雑誌による引用のみを被引用回数としてカウントする。何の影響度を見たいか（雑誌か著者か，あるいは個々の論文か），どのような影響度が見たいかによって，これらの指標を使い分ける必要がある[29]。

その他，近年普及してきた指標としては，h指数（index h）およびアイゲンファクター（Eigenfactor）が挙げられる。h指数は，「N_p 編の論文のうち h 編

が各々最低h回は引用されており，残りのN_p-h編は，各々h回以下しか引用されていないなら，それらの論文を発表した研究者のh指数はhの値をとる」と定義され，著者（研究者）の評価指標として提案された[30]。例えば，1編しか論文を発表していなければ，それがどれだけ多く引用されていても，h指数は1を超えることはない。著者インパクトファクターとは異なり，影響度だけでなく生産性も考慮に入れた指標といえる。g指数，R指数，一般化Wu指数など，h指数をもとにした多様な指標が提案されている[31]。一方，アイゲンファクターは，インパクトファクター（雑誌インパクトファクター）と同様，雑誌を評価する指標であるが，被引用回数を単純に数えるのではなく，対象雑誌の論文を引用している雑誌の質（被引用回数）を反映させている点に特徴がある[32]。「より重要な相手との関係（より重要な雑誌に引用されること）の方が，そうでない相手との関係よりも，重要度への寄与は大きい」というアイデアは，社会ネットワーク分析の固有ベクトル中心性や，ウェブページ検索で用いられるPageRankアルゴリズム[33]と共通している。

オブソレッセンス

利用頻度の観察を通して，文献の需要の経時変化が分析される。文献は，通常，出版後，年を経ていく過程で利用される頻度が減少する。その利用の廃れ，すなわちオブソレッセンスが，分析においてとくに注目される。

文献引用に関するオブソレッセンスの傾向は，引用年齢を集計することで調べることができる。引用年齢は，被引用文献と，それを引用している文献との出版年の差（つまり，出版されてから何年後に引用されているか）を指す。対象文献集合の被引用文献各々の引用年齢を調べ，その中央値や平均値が小さければ，廃れが速いということになる。引用の廃れの速さを雑誌ごとに見る指標として知られているのが，被引用半減期（cited half life）と引用半減期（citing half life）である。被引用半減期は，対象雑誌の掲載文献がある年に引用された回数（被引用回数の総計）の半分が，過去何年までに出版された文献でカバーできるかを意味する。それに対して，引用半減期は，対象雑誌がある年に引用した文献の延べ数（引用回数の総計）の半分が，過去何年までに出版された文献でカバーできるかを意味する。したがって，雑誌を対象にして引用年齢の中央値を

求めたものに相当する。

プライス指数（Price's index）や即時性指数（immediacy index）も，引用の廃れの速さを測る指標である。プライス指数は，被引用回数の総計に占める，出版後5年以内に引用された回数の割合と定義される。即時性指数の方は，対象雑誌の掲載論文が出版されてすぐ同じ年に引用された回数を，その雑誌がその年に掲載した論文の総数で除したものと定義される。つまり，即時性指数は，観察範囲を1年に限定した，インパクトファクターの亜種ともいえる。これらの指標は，引用サイクルが速いリサーチフロントの同定に利用できる。自然科学系か人文・社会系か，理論系か応用系かなど，分野の性質によって，被引用半減期などの指標で測られる引用の廃れの速さに差が生じる。そのため，1-2年後の引用のみを考慮するインパクトファクターは，異なる分野に属す雑誌の比較には適さないという問題が指摘されている。

また，引用だけではなく，図書館での貸出や，デジタルアーカイブへのアクセスに対しても，文献利用の廃れに関して同様の分析を行える。

関係性の分析

引用した文献と引用された文献の間に，内容の類似性があるといえるなら，それを拡張すると，「同一の文献に引用された文献同士」あるいは「同一の文献を引用している文献同士」という，共通の文献に介在された間接的な引用関係もまた，文献間の類似性を示すものと推測される。「同一の文献に引用された文献同士」の関係を共引用（cocitation），「同一の文献を引用している文献同士」の関係を書誌結合（bibliographic coupling）と呼ぶ。

実際の分析では，共引用に比べて書誌結合が見られることは非常に少ない。引用文献リストを個別に観察すれば確認できる共引用と違って，多くの文献の引用文献リストを横断的に照らし合わせなければ「同一の文献を引用している」ことが確認できない書誌結合は，分析に要する手間が大きい（とくに，書誌データベースの整備が不十分であった時代には）ことも，これまであまり用いられてこなかった理由の1つとして挙げられよう。共引用と書誌結合についての，より本質的な議論では，関係構造の安定性に両者の違いが表れるという下記の指摘がある。

一度行われた書誌結合分析の分析結果は追加的に関連する論文が出版されても変更されることはないが，共引用分析では極端にいえば新たな論文が出版されるたびに，導出される構造は変化していく。[34]

　ただし，文献単位ではなく，著者単位や雑誌単位で関係を見る場合は，共引用（同じ著者／雑誌に引用された著者／雑誌同士）だけでなく，書誌結合（同じ著者／雑誌を引用している著者／雑誌同士）の関係構造も，新たな文献の出版に伴って変化しうる。

　共引用・書誌結合は，関係の有無だけでなく，その強度も含めて分析されることもある。同時に引用された頻度（あるいは，共有する引用文献の数）に基づき，共引用（あるいは，書誌結合）関係が重みづけられる。共引用関係の強度に基づいて，研究領域間の関連性を可視化したサイエンスマップを作成する研究が，近年増えてきている[35]。

5.3.3　テキスト情報の分析

　テキスト情報の分析は，内容分析[36]，計量言語学[37]，計算文体論[38]，情報検索[39]など様々な分野で行われてきた。本来，テキスト情報の分析は，質的な分析も含むが，ここでは計量情報学との関係から，いくつかの量的分析のみを紹介する。

出現頻度の分析

　テキスト情報の分析においてもっとも基本となるのは，ある特定の語の頻度である。とりわけ基本的な指標は，あるテキストにある語が何回出現するかという語の出現頻度 tf である。tf は，あるテキストに出現する語の頻度を数えることで求められるが，これは，テキストの延べ語数 N に強く依存する。そこで，tf を N で割った相対頻度 rf が通常利用される。また，機能語など一般的な語は，どのようなテキストでも高頻度で出現するため，それぞれのテキストに特徴的な語を抽出したい場合には，語の頻度に重みづけがされる。基本的な重みづけの指標として，$tfidf$ があり，これは，idf，すなわち，全文書集合中

いくつの文書で，その語が出現したか（df）の逆数を tf にかけたものである。これにより，一般的な語を低く，特徴的な語を高く重みづけすることができる。$tfidf$ については，対数をとる，1を足すなどいくつか計算上のバリエーションがある。

語の出現頻度については，ジップの法則が知られている。ジップの法則はいくつか種類があるが，ここで示すのは，テキスト中に m 回現れる語の比率 $K(m)$ に関するジップの法則であり，以下の式で表される[40]。

$$K(m) \simeq \frac{1}{m(m+1)} \tag{30}$$

この式によれば，例えば，テキスト中に1回出現する語は約 $\frac{1}{2}$，2回出現する語は約 $\frac{1}{6}$ となる。

語彙指標

語の出現頻度が，テキスト中の特定の語に関する情報に注目する指標であるのに対して，テキスト単位の情報に注目する指標が提案されている。これらは，テキストの特徴分析のほか，著者推定，ジャンル判定など計算文体論の研究でしばしば用いられる。

このような指標として，もっとも基本となるのは，延べ語数 N と異なり語数 $V(N)$ である。N は，あるテキスト中に延べ何語含まれているかを表し，$V(N)$ は，あるテキスト中に何種類の語が含まれているかを表す。さらに，語彙の多様性の指標として，延べ語数／異なり語数比（Type-token ratio: TTR）がある。これは，N を $V(N)$ で割ったものであり，あるテキストの語彙が豊富か否かを表す指標である。

$V(N)$ や TTR などの語彙指標は N に強く依存するという性質がある。そのため2つのテキストの語彙多様性を比較しようとした場合に，N が異なれば同一条件で比較ができないという問題が生じる。これを解決するために，以下の2つの方法が知られている。第1は，モンテカルロシミュレーションによって，N を統制する方法であり，第2は，N に依存しない別の指標を利用する方法で

ある。

　第1の方法は，以下の手順で行う．それぞれ長さの異なるテキスト a_1 から a_n, b_1 から b_m があり，テキスト集合 $A = \{a_1, a_2, a_3, ..., a_n\}$, $B = \{b_1, b_2, b_3, ..., b_m\}$ の TTR を比較する．例えば，a_1 から a_n が阿部和重の小説，b_1 から b_m が平野啓一郎の小説であり，阿部和重の小説と平野啓一郎の小説の語彙多様性を TTR によって比較すると考える．$a_1, ..., a_n$, $b_1, ..., b_m$ は，それぞれ N が異なるため，単純に TTR の値を比較しても望む結果は得られない．そこで，まず，a_1 から a_n, b_1 から b_m を併合して，阿部和重，平野啓一郎，それぞれのテキスト a', b' を作成する．次に，a', b' から，等間隔で，例えば，500語，1000語，1500語，…，というように語をランダムサンプリングで抽出する．このランダムサンプリングを複数回，例えば1000回繰り返し TTR を計算，平均値と信頼区間を得ることで，阿部和重の小説と平野啓一郎の小説の語彙多様性の比較が可能となる．

　第2の方法として，N に依存しない語彙多様性の指標，例えば以下で示すシンプソンの D を使うことが考えられる．

$$D = \sum_{m=1}^{V(N)} V(m, N) \frac{m}{N} \frac{m-1}{N-1} \tag{31}$$

シンプソンの D は，繰り返し率の指標とも呼ばれ，語彙の多様性を表す指標の1つであり，これは，N に依存しないことが知られている[41]．上述の例では，単純に $a_1, ..., a_n$ の D の平均値と $b_1, ..., b_m$ の D の平均値を比較することで阿部和重と平野啓一郎の小説の語彙多様性の比較ができる[42]．

テキスト分類

　現在では，多変量解析や機械学習を用いたテキスト分類が，テキスト情報の分析に際して，広く用いられている．分類に利用されるテキストの特徴量としては，上述の，語の頻度や語彙指標のほか，文長，品詞比率，語の共起関係の情報，bag of words モデル，n-gram モデルなど様々なものがあり，統計手法としても，主成分分析，因子分析，多次元尺度法やサポートベクターマシン，ランダムフォレストなど様々なものが利用されている[43]．従来，テキスト分類においては，分類自体を目的とする研究が主流であったが，分類の際の特徴量

選択を利用し，テキスト分類の結果を質的な解釈に利用しようとする研究も増えている[44]。

5.3.4 ウェブリンク情報の分析

2000年代に入り，ウェブの発達が著しく，ウェブ情報の分析も広く行われている。ここでは，そのなかでも計量情報学との関連性が深い，ウェブリンク情報の分析を整理する。ウェブ上のリンク関係は，A が B にリンクを張るという関係を $A \to B$ という有向グラフで表すことができる。これを基本としてグラフを作成し，指標の計算，コミュニティ検出などを行う。バラバシ＝アルバートの研究[45]を出発点とした複雑ネットワーク研究の興隆にあわせて，理論研究と実証研究が盛んになっている。

グラフの定義と基本的な指標

A から B にリンクが張られている場合，A, B をノードもしくはバーテックス v_i，AB 間のリンク関係をエッジ e_i と呼ぶ。このとき，ノードの集合 $V_i = \{v_1, v_2, ..., v_n\}$，エッジの集合 $E_i = \{e_1, e_2, ..., e_m\}$ によって構成される，グラフ $G_i = \{V_i, E_i\}$ が定義できる。あるノード v_i が張るエッジ数 e_i をそのノードの次数（degree, $deg(v_i)$）と呼ぶ。さらに，グラフの特徴を分析するための基本的な指標として以下のようなものがある。

ノード数　$|V_i|$

エッジ数　$|E_i|$

密度　$den(G_i) = \sum \dfrac{deg_{(v_i)}}{2|V_i||V_i-1|}$

平均頂点間距離　$L_i = \dfrac{2\sum d(v_i, v_j)}{|V_i|(|V_i|-1)}$

クラスター係数（ノード）　$c(v_i) = \dfrac{2Cl(v_i)}{|E_i||E_i-1|}$

クラスター係数（グラフ）　$C(G_i) = \dfrac{1}{|V_i|}\sum_{i=1}^{|V_i|} c(v_i)$

ここで，$d(v_i, v_j)$ は，ノード v_i と v_j の最短距離を表し，$Cl(v_i)$ はクラスター数，すなわち，v_i を含む三角形の数を表す。ノード数 $|V_i|$，エッジ数 $|E_i|$ は，グラフ G_i の特徴を分析するためのもっとも基本的な指標である。密度 $den(G_i)$ は，グラフにおいてエッジが密に張られているか疎に張られているかを表す指標であり，平均頂点間距離 L_i は，グラフにおける2頂点の距離が平均的に近いか遠いかを表す指標である。クラスター係数は，クラスター性が高いか低いかを表す指標であり，個々のノードについてのクラスター係数 $c(v_i)$ は，そのノードが隣接するノードとの関係においてクラスター性が高い（クラスターが多い）か否かを表し，グラフ中の全ノードについてこれを平均したものが，グラフ全体のクラスター係数 $C(G_i)$ となる。グラフ全体のクラスター係数は，そのグラフが凝集的（クラスター化が進んでいる）か否かを表す。

スモールワールドとスケールフリー

現実のネットワークは，スモールワールドとスケールフリーの特徴を持つとされる。スモールワールドは，2つのノード間の距離が意外に小さいことを示しており，このようなネットワークは，低い L_i と高い C_i で特徴づけられる。スケールフリーは，ネットワークの次数がべき則に従う，すなわち，一部のノードがハブとなり多くのエッジとつながっている一方，ほかの多くのノードは，わずかなエッジとしかつながっていないことを示している。ウェブ上のリンク関係を含む実際の多くのネットワークは，このようなネットワークであることが示されている。実証分析の例としては，オーストラリア，ニュージーランド，イギリスの国立大学図書館のウェブリンクの次数分布を調べた研究[46]，日本の公立図書館のウェブリンク関係を上述の指標やネットワークの分類によって調べた研究[47]などがある。

ネットワークの理論的研究では，いくつかのネットワーク生成モデルが提案されており，バラバシ=アルバートモデルは，スケールフリーを実現する代表的なモデルであり，ワッツ=ストロガッツモデルは，スモールワールドを実現する代表的なモデルである[48]。

注

1) Egghe, Leo and Rousseau, Ronald. Introduction to Informetrics: Quantitative Methods in Library, Documentation and Information Science. Elsevier Science Publishers, 1990, 450p.
2) 芳鐘冬樹「ビブリオメトリクス―何を数えるか，何のために数えるか」『図書館情報学の地平―50のキーワード』根本彰ほか編，日本図書館協会，2005，p.125-130.
3) White, Howard D. and McCain, Katherine W. "Biblometrics," Annual Review of Information Science and Technology. Vol. 24. Martha E. Williams, ed. Elsevier Science Publishers, 1989, p.119.
4) Pritchard, Alan. "Statistical bibliography or bibliometrics?," Journal of Documentation. Vol.25, No.4, 1969, p.348-349.
5) Price, Derek J. de S.『リトル・サイエンス ビッグ・サイエンス』[Little Science, Big Science] 島尾永康訳，創元社，1970，224p.
6) 藤垣裕子ほか『研究評価・科学論のための科学計量学入門』丸善，2004，p.7.
7) 例えば，Nomura, Saeko. et al, "Analysis and improvement of HITS algorithm for detecting Web communities," The 2002 International Symposium on Applications and the Internet. 2002, p.132-140.
8) 例えば，松尾豊ほか「Web上の情報からの人間関係ネットワークの抽出」『人工知能学会論文誌』Vol.20, No.1, 2005, p.46-56.
9) 探索的分析の理論的背景については，林知己夫『行動計量学序説』朝倉書店，1993, 193p. 林知己夫『データの科学』朝倉書店，2001, 131p.
10) King, Gary. et al., Designing Social Inquiry: Scientific Inference in Qualitative Research. Princeton University Press, 1994, 300p. Van Evela, Stephen. Guide to Methods for Students of Political Science. Cornell University Press, 1997, 136p.
11) 例えば，以下の教科書では，明示的にこの方針を打ち出している。影浦峡『計量情報学』丸善，2000，182p.
12) Kobayashi, Tetsuro. et al., "Breakthroughs in socio-informatics through data-centric science," Journal of Socio-Informatics. Vol.3, No.1, 2010, p.55-68.
13) ここでの説明，記号の定義などの一部は，前掲11)によっている
14) ここでは，モデルを先に考えているためPの要素p_iは確率を表す。Pの要素p_iに標本相対頻度を利用する例は5.2.3項で説明する。
15) 前掲11).
16) より厳密な説明は，例えば以下を参照。竹村彰通『現代数理統計学』創文社，1991，347p.

17) Kolmogorov, Andrei Nikolaevich. Foundations of the Theory of Probability, translation edited by Nathan Morrison. Chelsea, 1956, 84p.
18) 前掲 11).
19) 北研二『確率的言語モデル』(言語と計算 4) 東京大学出版会, 1999, 239p.
20) 5.3.2 項で示すオブソレッセンス (文献利用の廃れ) の分析は, 時系列変化に着目する研究の一種である. そのほかにも, 出版点数の変化や, 共著者間のネットワークの成長など, 様々な分析がなされている. 例えば, Barábasi, Albert-L. et al. "Evolution of the social network of scientific collaborations," Physica, A. Vol.311, No.3-4, 2002, p.590-614.
21) 岸田和明「計量書誌学的法則に関するモデルと理論」『文化情報学』Vol.3, No.2, 1996, p.147-166.
22) 例えば, Onodera, Natsuo. et al. "A method for eliminating articles by homonymous authors from the large number of articles retrieved by author search," Journal of the American Society for Information Science and Technology. Vol.62, No.4, 2011, p.677-690.
23) 例えば, Egghe, Leo. et al. "Methods for accrediting publications to authors or countries: consequences for evaluation studies," Journal of the American Society for Information Science. Vol.51, No.2, 2000, p.145-157.
24) Rousseau, Ronald. "Breakdown of the robustness property of Lotka's law: the case of adjusted counts for multiauthorship attribution," Journal of the American Society for Information Science. Vol.43, No.10, 1992, p.645-647.
25) 安田雪『人脈づくりの科学』日本経済新聞社, 2004, p157.
26) 例えば, Kundra, Ramesh and Kretschmer, Hildrun. "A new model of scientific collaboration part 2: collaboration patterns in Indian medicine," Scientometrics. Vol.46, No.3, 1999, p.519-528.
27) 社会ネットワーク分析と複雑ネットワーク分析の詳細については, それぞれ以下を参照のこと. 金光淳『社会ネットワーク分析の基礎—社会的関係資本論にむけて』勁草書房, 2003, 321p. 増田直紀, 今野紀雄『複雑ネットワーク—基礎から応用まで』近代科学社, 2010, 279p.
28) 例えば, Yoshikane, Fuyuki. et al. "Comparative analysis of co-authorship networks considering authors' roles in collaboration: differences between the theoretical and application areas," Scientometrics. Vol.68, No.3, 2006, p.643-655.
29) 各種指標の詳細については, 下記を参照のこと. Diodato, Virgil. Dictionary of Bibliometrics. Haworth Press, 1994, 185p.
30) Hirsch, Jorge E. "An index to quantify an individual's scientific research

output," Proceedings of the National Academy of Sciences of the United States of America. Vol.102, No.46, 2005, p.16569-16572.
31) Egghe, Leo. "Mathematical derivation of the scale-dependence of the h-index and other h-type indices," Scientometrics. Vol.87, No.2, 2011, p.287-292.
32) Bergstrom, Carl. "Eigenfactor: measuring the value and prestige of scholarly journals," College & Research Libraries News. Vol.68, No.5, 2007, p.314-326.
33) Brin, Sergey and Page, Lawrence. "The anatomy of a large-scale hypertextual Web search engine," Proceedings of 7th International World Wide Web Conference. 1998, p.101-117.
34) 前掲6), p.68.
35) 例えば, Igami, Masatsura and Saka, Ayaka. "Science map 2006, a Japanese experience on the mapping of science," Excellence and Emergence: A New Challenge for the Combination of Quantitative and Qualitative Approaches. Austrian Research Centers GmbH, 2008, p.463-466.
36) Krippendorff, Klaus H. Content Analysis: An Introduction to Its Methodology (2nd ed.). Sage Publications 2004, 440p.
37) 伊藤雅光『計量言語学入門』大修館書店, 2002, 285p.
38) 金明哲『テキストデータの統計科学入門』岩波書店, 2000, 244p.
39) 徳永健伸『情報検索と言語処理』(言語と計算5) 東京大学出版会, 1999, 234p.
40) 前掲11).
41) 前掲11). Baayen, R. Harald. Word Frequency Distribution: Exploring Quantitative Aspects of Lexical Structure. Kluwer Academic, 2001, 356p.
42) TTR と D が表すものは, 実際には微妙に異なる。しかし, 同様の結果を示すことも多い。これについては, 例えば, 以下を参照。前掲11). 鈴木崇史, 影浦峡「名詞の分布特徴量を用いた政治テキスト分析」『行動計量学』Vol.38, No.1, 2011, p.83-92.
43) 前掲38).
44) Argamon, Shlomo et al. "Stylistic text classification using functional lexical features," Journal of the American Society for Information Science and Technology. Vol.58, No.6, 2007, p.802-822. Argamon, Shlomo et al. "Language use reflects scientific methodology: a corpus-based study of peer-reviewed journal articles," Scientometrics. Vol.75, No.2, 2008, p.203-238. Suzuki, Takafumi. "Extracting speaker-specific functional expressions from political speeches using random forests in order to investigate speakers' political styles," Journal of the American Society for Information Science and Technology. Vol.60, No.8, 2009,

p.1596-1606.
45) Barábasi, Albert-L. and Albert, Réka. "Emergence of scaling in random networks," Science. Vol.286, No.5439, 1999, p.509-512.
46) Thelwall, Mike and David Wilkinson. "Graph structure in three national academic webs: power laws with anomalies," Journal of the American Society for Information Science and Technology. Vol.54, No.8, 2003, p.706-712.
47) Kawamura, Shuntaro et al. "The structure of hyperlink network formed by the Web pages of Japanese public libraries," Journal of the American Society for Information Science and Technology. Vol.60, No.6, 2009, p.1159-1167.
48) 増田直紀, 今野紀雄『複雑ネットワーク―基礎から応用まで』近代科学社, 2010, 279p.

【参考文献】
藤垣裕子ほか『研究評価・科学論のための科学計量学入門』丸善, 2004, 208p.
　科学計量学の目的, 歴史, 理論的枠組み, 手法が説明されている。それらは計量情報学にも通じ, 分析の理論的な枠組みや具体的な手法の基礎を学ぶ教科書として利用できる。
Leydesdorff, Loet A.『科学計量学の挑戦―コミュニケーションの自己組織化』[The Challenge of Scientometrics: The Development, Measurement, and Self-organization of Scientific Communications] 藤垣裕子ほか訳, 玉川大学出版部, 2001, 303p.
　近年に出版された科学計量学の基本的なテキストの1つ。背景にある科学社会学の文脈を踏まえながら, ネットワークモデルや確率論などに基づく研究手法について解説している。
Diodato, Virgil『計量書誌学辞典』[Dictionary of Bibliometrics] 芳鐘冬樹ほか訳, 日本図書館協会, 2008, 211p.
　計量書誌学を中心とした計量情報学の基本概念や指標などが説明されている。それらを手軽に調べるのに利用できる。原書の載録語に加えて, 翻訳書では新しい語が若干補われている。
増田直紀, 今野紀雄『複雑ネットワーク―基礎から応用まで』近代科学社, 2010, 279p.
　複雑ネットワークについて概観した書籍である。標準的な話題から, 最新の知見, 高度な話題までバランスよく解説している。
Baayen, Harald R. Word Frequency Distributions. Kluwer Academic Publishers, 2001, 333p.
　計量言語学の研究書であり, とくに単語頻度分布の話題を理論的, 実証的に検討し

ている。未知の現象の推定等の話題について，さらに発展的な議論を学ぶことができる。

Manning, Christopher D. and Suhütze, Hinrich. Foundations of Statistical Natural Language Processing. The MIT Press, 1999, 680p.

計算言語学の標準的な教科書であり，とくに，テキストデータの処理から計量情報学へ接近したい読者に有用である。学部上級から大学院初級に位置づけられる。

Newmann, Mark E. J. Networks: An Introduction. Oxford University Press, 2010, 772p.

ネットワーク分析に関する標準的な教科書である。指標，アルゴリズム，実例など，標準的なものをバランスよく解説している。構成がわかりやすく，この分野に関する簡易な辞書としても利用可能である。

6 図書館情報学をつくる

6.1 図書館情報学の領域と特性

6.1.1 概念形成の経緯

　図書館情報学（library and information science）という分野は，文献資料の処理に関わる図書館学（librarianship; library science）がその対象を文献資料から情報一般にひろげるための条件が整った1960年代から70年代にかけてのアメリカで誕生し，まもなく日本にも伝わった。

　それ以前の図書館学は図書館という機関におけるサービス，技術，歴史を対象にしていた。図書館が社会的に有意義な制度だということを前提にし，これを支えるための様々な技術と知識の総体を図書館学と呼んでいたが，その機関名をそのまま学問の名称として取り込んでいたことで，素朴な学問と見られていたことは否定できない[1]。

　これが図書館情報学になるための条件とは次のようなものである。

(1) コンピュータによる文字，画像，音声，動画の処理可能性
(2) そうした情報を電子的に蓄積し検索する技術（情報検索）の開発
(3) 遠隔地から情報のやりとりを可能にするネットワーク通信システムの開発と普及
(4) 情報を電子的に交換するためのファイルフォーマットの標準化の進展
(5) 文献に関わる諸現象についての計量的な分析方法の開発
(6) 情報利用者である人間の情報行動への着目

　これらの条件のなかで(1)から(4)は，従来の図書館で扱われてきた文献

操作の方法をコンピュータで置き換えるための技術開発を伴ったものである。これらはあとで述べるように，20世紀前半のドキュメンテーションと呼ばれる領域にこの頃に開発された新技術を適用したものともいえる。しかし技術的要因だけではなく，冷戦体制を背景として科学技術情報流通の効率化を要請する政治的状況，計量化のような科学的方法を重視する学術的な状況など，第二次世界大戦後のいくつかの要因が複合してもたらされたものである。図書館学が図書館情報学に変わるときにつけ加えられた情報という言葉は，このような複合的なものを総称している。

日本でも同様の傾向が10年以上遅れて1970年代から80年代にかけて生じた。遅れた理由としては，1つは前身の図書館学そのものが輸入学問であったことが挙げられる。図書館学は第二次世界大戦後にアメリカを中心とする占領軍の指示を受けて推進されたが，経済復興期の日本社会のなかで十分に定着するに至らなかった。同様に図書館情報学への移行もアメリカの動向の強い影響を受けたものであったが，輸入過程は複雑で日本の大学に定着するのにタイムラグを伴った。

もう1つは，日本のコンピュータサイエンス特有の事情に基づくもので，具体的には図書館情報学を構成するのに不可欠な日本語処理の技術開発に時間がかかったことである。ローマ文字を使用する言語圏の文字処理技術は，大文字小文字のアルファベット50-60個と数字10個，および記号類を操作できればよいので比較的簡単であった。1963年に交換用の文字コードASCIIが標準として制定され，67年には国際標準機構（ISO）によって国際標準になった。これに対して，日本語処理は漢字かな等の数千文字を使用するので，標準化された日本語文字コード（JIS, Shift-JIS, EUC）が制定されるのは1970年代後半から80年代前半と20年の遅れを伴っている。この遅れは日本語環境における文字情報の蓄積・検索技術の遅れと対応している。

このように図書館情報学は日米間の技術的社会的条件の違いによるタイムラグを伴いながらも，日本でも1980年代にはっきりその姿を現した。1980年代から90年代にかけて，コンピュータによる文字処理が可能になり，文字情報を電子的に蓄積し検索する技術（情報検索）が開発され，さらにそれにオンラインで遠隔地からアクセスする技術が開発されるようになったことで，技術的

な基盤が確立したことが大きな影響を与えている。これに伴い，文献に関わる諸現象についての計量的な分析方法の研究開発が行われ，同時に情報利用者である人間の情報行動についての研究も進められた。

　図書館情報学は1990年代中頃から第2の波を経験する。それは本格的なインターネット社会の到来である。それ以前のインターネットは各国の研究機関や大学の研究者が相互にコンピュータを接続して情報をやりとりするための仕組みであったが，この時期に研究機関を超えて民間の企業や政府，家庭を結びつけ，情報を共有することが可能になった。それには，ネットワーク技術の拡張に加えて，パーソナルコンピュータの普及やネット上の情報を閲覧するためのソフトウェア開発が進んだことが大きな役割を果たした。世界中のコンピュータ上のデータ，文書，画像，音声，動画を相互に閲覧したり，交換したりすることが技術的に可能になったことは，同様に情報の蓄積と検索，提供が究極の目的であった図書館情報学にとっては大きなインパクトとなったのである。

　この第2の波の後，図書館情報学そのものの定義や目的についての議論がきわめてしにくい状況が続いていた。コンピュータ技術による情報の共有を推進する民間企業や非営利団体の動きが続いているので，図書館情報学としてどこまでを対象にすべきかについて不明な点が大きく，逆にそれが従来からの図書館情報学が対象にしてきた領域の信頼性を損なうものと理解される傾向もあったからである。しかしながら，インターネットが民生化されて15年がすぎた今，ようやくこれからの見通しがつけやすい状況ができてきた。

6.1.2　図書館情報学の領域

　英米で19世紀末以降に発達した図書館学は，図書館という施設ないし制度と図書館員の仕事の改善を前提としていたプロフェッション領域である。これはライブラリアンシップ（librarianship）と呼ばれた。図書館情報学の前身の1つ，図書館学（library science）は20世紀前半にこれを学術的領域として再編成しようとして生まれたものである。もう1つの淵源のドキュメンテーション（documentation）は，20世紀初頭にヨーロッパ大陸諸国で概念化され発展した。これはライブラリアンシップや図書館学が施設中心であることを批判しながら，文献の社会的な利用を促進することを目的としつつ情報に関する理論と技術開

図6-1 図書館情報学の構成

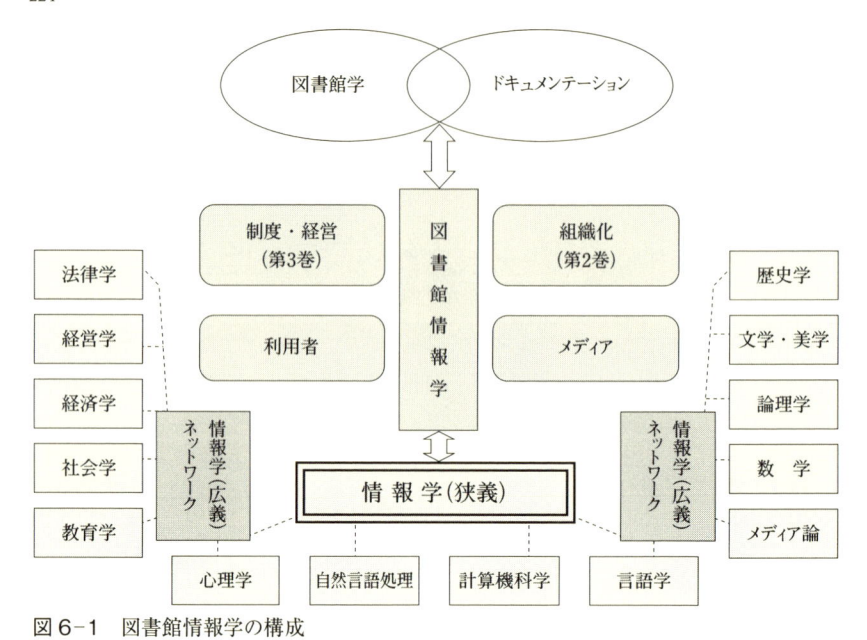

発の研究分野として発展してきた。図書館情報学は第二次世界大戦後にこれら2つを架橋しつつ，本書に見られるようないくつかの研究領域を持ちつつ発展してきたものである。

現在，欧米ではこれらの領域は，論者によって少しずつニュアンスの差はあるが，基本的に連続的に連なる領域を形成していると考えられている。図書館情報学は図書館学やドキュメンテーションから情報学（information science）へと連なる連続体の間に位置づけられている。また，これらは他分野の学問と密接な連携関係を持って構成されている。この考え方の構成を図示すると図6-1のようになる[2]。

情報学には狭義のものと広義のものとがある。広義の情報学が情報現象全体に学際的にアプローチしようというものであるのに対して，狭義の情報学は，ドキュメンテーションが発展したもので，コンテンツと呼ばれるような知識を伴った情報メディアの特性の分析や，それに伴う現象の分布や動態の変化を測定し分析することなどを中心とする研究領域となっている。本書（第1巻）の

本章以外の各章が扱う内容は，この狭義の情報学が扱う内容である。

ほかに図書館情報学が扱う領域は伝統的図書館学が対象としてきた分野の延長上にある。現在図書館情報学が扱う中心は，物理的にあるいは電子的にひとまとまりの操作可能な塊としてあるもので，一般に「知識情報資源」あるいは「コンテンツ」と呼ばれるものに関わる分野である。これらが対象となっているのは，かつてその操作が「図書館」という特定の機関で行われていたことから来ているが，図書館が果たしてきた機能と対応させつつもそれにとどまらない普遍性を持っている。

知識情報資源やコンテンツの扱い方として次の2つの分野がある

知識情報資源の組織化とその利用

1つは知識情報資源の組織化とその利用に関する分野であり本シリーズ第2巻で扱う。この分野は資料，コンテンツ，知識情報資源を社会的に扱うときの技術的手法とそれが社会的にどのように配置されているかを中心にしている。図書館学時代の伝統的な方法である知識情報資源の目録法（cataloging），分類法（classification），件名法（subject cataloging）は著作物としての図書やタイトル単位の逐次刊行を対象に組織化を行うものであり，書誌コントロール（bibliographic control）とも呼ばれた。だが組織化の対象資料としては必ずしもそうした単位ではなく，そこに含まれる図書の各章やさらに文章そのもの，あるいは逐次刊行物や定期刊行物に含まれる各記事や論文を単位として，同様の操作を行う場合があり，これを索引法（indexing）と呼んできた。そしてこの過程をコンピュータによるデータベース処理で実現し，文献資料の書誌データベースだけでなく，様々な全文データベースも対象に実施したものが情報検索（information retrieval）という技術である。さらにこれがインターネット上の情報資源に対して適用することが一般的になっている。

伝統的図書館学では組織化された知識情報資源を利用して様々なサービスを提供してきた。その中心はレファレンスサービス（reference service）である。レファレンスサービスでは質問を分析して情報資源に含まれる知識にたどりつくまでのプロセスが重視されている。また，組織化された知識情報資源はそれ自体が社会的な資源となっている。この資源自体の分析と利用方法についても

この領域の重要な分野である。

知識情報資源の制度と経営

　もう1つは，知識情報資源の社会的制度と経営に関する社会科学的分野である。知識情報資源は社会的には公共セクターと私的セクターのいずれにおいても重要な位置づけとなっているが，社会科学的分野では知識情報資源が流通する市場と管理するための制度実態を明らかにする。ただし図書館学の時代から公共セクターが中心的な役割を果たすものとされており，本シリーズ第3巻でも公共セクターにおける知識情報資源管理を中心に論じることになる。

　知識情報資源管理に関わる法的領域でもっとも重要なものは著作権法である。日本の著作権法には著作権者の権利を守るだけでなく，必要な場合に著作権を制限して公共的な利用を図ることが規定されており，この部分が社会的な情報資源の利用に関わってくる。また，個人情報保護や公共セクターの情報公開や公文書管理に関わる法律も合わせてこの領域において基本的な対象となる。

　知識情報資源の経営に関しては図書館経営を中心とする領域が重要である。図書館運営においてもほかの公共セクターの機関と同様に計画（plan）・執行（do）・評価（see）の過程を重視する経営学的な考え方が浸透しつつある。図書館は設置母体と設定する利用者を基にして館種と呼ばれるカテゴリに分けられるので，公共経営の考え方をベースにしながら館種ごとの経営を検討する必要がある。また，コンテンツを媒介する点で図書館と類似の機能を持つ文書館や博物館との連携についても無視できない。

　私的セクターに関しては，ネットワークによる情報流通が一般的になってからは，デジタル化されれば電子図書館と電子出版とには大きな違いがなくなることが重要なポイントである。Google社が提供するGoogleブックスは，図書館蔵書のデジタル化を行いこれを提供すると同時に電子書籍の販売も兼ねているものである。このサービス自体は市場ベースで行われるが，検索サービスは無料で自由に使用できることから公共ベースの図書館サービスとの区別は以前にも増して難しくなっているといえるだろう。この分野は図書館情報学関連で現在もっとも注目されている分野の1つである。

6.1.3　図書館情報学と情報学

　狭義の情報学に対して，広義の情報学とは，様々な領域で取り組まれている情報に関する研究分野を総称して述べる表現である。それらはゆるくネットワーク的に結びついていると捉えられるので，図 6-1 ではこれを情報学（広義）ネットワークと呼んでいる。

情報科学と情報学

　日本では，計算機科学（computer science）を中心に通信工学や情報工学を加えた領域を情報処理学あるいは情報科学と称することがある。1960 年に情報処理学会が発足し，66 年に「情報科学講座」（共立出版）全 66 巻が刊行され始め，75 年に東京大学理学部に情報科学科が設置されることで，その存在と領域が明確になった。これに対してさらに工学的な情報工学という領域があり，こちらの研究者のためには電子情報通信学会がある。

　計算機科学としての情報科学では，サイバネティクス，情報理論，プログラム内蔵式コンピュータ，オートマトンといった 1940 年代から 50 年代に開発された理論を基礎にして，コンピュータのハードウェアやソフトウェアの開発，様々な情報システムの設計と評価，情報の蓄積や流通に用いられるメディアの研究開発，ネットワークシステムの研究開発などの技術的な領域が発展した。ここには，データベースの理論，情報検索システムの開発と評価，情報メディアの開発といった図書館情報学におなじみの技術領域も含まれているが，日本ではそれらは情報科学の一部でしかなかった。

　しかしながら，徐々に狭義の情報学あるいは図書館情報学的な領域が一定の位置づけを得るようになってきた。例えば 1990 年刊行の『岩波情報科学辞典』（岩波書店）では，計算機科学的な情報科学と区別して狭義の情報学の項目を置き，これを「情報の発生，収集，組織化，蓄積，検索，理解，伝達，活用などにかかわる事項の社会的適応可能性を追究する学問」[3]と定義している。同様に，95 年刊行の情報処理学会編『新版情報処理ハンドブック』（オーム社）における第 7 編の「情報の基礎的解析・分析」は情報学的な分野を扱い，内容として，「情報の整備と利用」，「情報検索」，「情報の文書化」，「情報の管理と制御」，「専門情報」といった項目がある[4]。

かつての情報科学は，情報をビット列として処理し，処理機械としてのコンピュータやビット列を蓄積したメディア，さらにその通信チャンネルを問題にし，情報そのものの発生や利用，人間にとっての意味などは別扱いしてきた。その後，コンピュータの性能の向上を背景にデータベース技術や自然言語処理技術が発展することにより，情報をデータというより内容や意味を持った〈知識〉とみなす傾向が強まっている。また，このことにより，人間が扱う情報とか知識そのものの発生から利用までの態様の分析とそれを効果的なシステムとして構築するための手法をトータルに捉えることができるようになってきた。

こうした問題について学術的に議論する場として，1988年に情報知識学会が生まれた。また，情報処理学会には情報学基礎研究会のSIGがあって同様の研究活動が進められている。

学際領域としての情報学

1990年代以降，コンピュータ通信技術が企業，官庁，学校・大学，一般家庭にまで浸透するようになったために，あらゆる分野において「情報」に関わる問題が生じている。これを解決するために従来の学問分野に，例えば，情報法学，情報経済学のように情報○○学と呼ばれる領域が生まれている。また，計算機科学から出発した情報科学の手法を様々な分野に適用するものとして，例えば社会情報学，法情報学，教育情報学，医療情報学など○○情報学が生まれている。近年はこれらの領域を総合した分野が情報学であるという理解が定着しつつある。これは明らかに，欧米流の狭義の情報学とは異なるもので，学際領域としての広義の情報学ということができる。

このようにわが国の学術界において，「情報」は1960年代中頃以降すでに40年以上も流行語として使用されており，それを研究する領域として「情報科学」や「情報学」の用語を使用する傾向があったが，その定義や使われるコンテクストは必ずしも一貫していなかった。これは，欧米の情報学が最初から限定された領域であるのと対照的である。

しかしながら，さきほども述べたような狭義の情報学を含めて情報学を再編する動きは存在している。そのなかでとくに注目されるのは，日本学術振興会が科学研究費補助金に基づく研究を公募する際に用いている学問の分類表にお

表6-1 科学研究費の分野表における情報学の構成（平成25年度）

系	分野	分科	細目名	キーワード
総合系	情報学	情報学基礎	情報基礎理論	〔図書館情報学〕 (1)図書館学、(2)情報サービス、(3)図書館情報システム、(4)ディジタルアーカイブズ、(5)情報組織化、(6)情報検索、(7)情報メディア、(8)計量情報学・科学計量学、(9)情報資源の構築・管理 〔人文社会情報学〕 (10)情報倫理、(11)メディア環境、(12)文学情報、(13)歴史情報、(14)情報社会学、(15)法律情報、(16)情報経済学、(17)経営情報、(18)教育情報、(19)芸術情報、(20)医療情報、(21)科学技術情報、(22)知的財産情報、(23)地理情報、(24)地域情報化
		計算基盤	マルチメディア・データベース	
		人間情報学	知能情報学	
			⋮	
		情報学フロンティア	生命・健康・医療情報学	
			ウェブ情報学・サービス情報学	
			図書館情報学・人文社会情報学	
			学習支援システム	
			エンタテインメント・ゲーム情報学	

いて，図書館情報学が「人文社会情報学」とともに情報学フロンティア分科のなかの1つの細目として位置づけられている例である（表6-1参照）。科学研究費は日本の学術政策のなかで大きな位置づけを占めるものであるから，このような位置づけを持ったことの影響は大きい。この表では，図書館情報学には，(1)図書館学，(2)情報サービス，(3)図書館情報システム，(4)ディジタルアーカイブズ，(5)情報組織化，(6)情報検索，(7)情報メディア，(8)計量情報学・科学計量学，(9)情報資源の構築・管理の9領域が含まれている。また，隣接している「人文社会情報学」にこれまで述べたような広義の情報学の諸分野が含まれるとともに，ほかにも「マルチメディア・データベース」や「知能情報学」など図書館情報学と近い領域がある。

　図書館情報学がどのような下位分野によって構成されているのかについては様々な考え方があるが，一定の共通性を持っている。例えば，6.4.3項で述べるLIPER共同研究では，個々の情報専門職領域に共通して保持することが必要なコア領域の知識として，「図書館情報学基礎」「情報利用者」「情報資源組織化」「情報メディア」「情報サービス」「情報システム」「経営管理」に「デジタル情報」を加えた8領域を挙げている[5]。これは科学研究費の分類とは半分ほど重なっている。

6.2 図書館情報学の歴史

6.2.1 図書館学の発達

　歴史的に見ると，王侯，貴族の宮廷，寺院・教会・修道院，学校，個人宅等に置かれていた種々の図書館や文庫を管理する技術や知識には，今日呼ぶところの図書館学に包摂されるものが含まれていた。図書館の管理を行う人びとはしばしば同時に文献に関わる学者であった。近代以前の学問は主として先行著作の系譜の整理と注釈の学問であったから，これを支える図書館員は今日いうところの書誌学的な仕事も行った。そうした人びとのなかに，歴史に名をとどめている学者や文学者がおり，また，図書館に関する著作を残す人もいた。図書館の管理と文献の管理，そしてその時々の学問の方法は密接に結びついており，ここに図書館学につながる学的認識の芽生えを見出すことができる。17世紀フランスのマザラン卿の司書ガブリエル・ノーデは，『図書館建設のための提言』(1644年) を著し近代的な図書館思想の萌芽を示している[6]。また18世紀初頭の思想家ライプニッツはハノーファの宮廷司書を務めた人であり，数々の斬新な図書館管理と知識の組織化のアイデアを提案し実践している[7]。

　図書館学を近代的学問として著した最初のものは，1808年に刊行されたドイツのマルティン・シュレッティンガーの『図書館学全教程試論』である。この著書において，図書館の合理的な整備に関わる様々な知識の体系としての図書館学（Bibliothek-Wissenschaft）が始まった[8]。19世紀後半から20世紀初頭が図書館学の完成の時期であり，イギリスのエドワード・エドワーズやジェームズ・ブラウン，アメリカではジョン・デイナがそれぞれ図書館経営論を世に問うことでこの分野の骨格が形成されていった[9]。大学における最初の図書館員養成機関は1887年にコロンビア大学にメルヴィル・デューイが中心になって設置した「図書館経営学校（School of Library Economy）」である。ここの基本的な考え方も図書館管理のための基礎知識と技術を教育することであった。

　教育の場における知識の中心になるものは資料組織に関するものであった。19世紀半ばに大英博物館図書館のアントニオ・パニッツィが中心になって作成した91カ条規則（91 Rules）は，最初の近代的な目録規則としてその後の規

則の原型となったものである。アメリカでこれを受け19世紀の英米目録法を集大成したのがチャールズ・カッターの辞書体目録規則（Rules for a Dictionary Catalog）である。1876年に発表されたこの規則は，目録利用者の検索行動を分析した上で使いやすさを追求した画期的なもので，今日の目録規則の原型となっている。同じ76年，デューイは十進分類法（Dewey Decimal Classification）を発表し，アラビア数字の持つ合理性と簡潔性を利用した記号システムを考案した。このあたりに見られる英米の経験主義と合理主義の考え方が今日の図書館情報学の思想的基盤を構成しているといってよいだろう。

さきほど述べたように，この当時英米の図書館員は自らが行っている活動やそれを支える知識や技術に対してライブラリアンシップという言葉を使うのが一般的であった。ライブラリアンシップを促進するための団体として，1876年にアメリカ図書館協会（American Library Association: ALA）が設立された。目録規則や分類法の整備と同年（アメリカ建国100周年の年）であるのは偶然ではない。翌77年にはイギリスでも図書館協会（The Library Association: LA）が結成された。

20世紀のアメリカでは，自治体の公立図書館設置がカーネギー財団のフィランソロピー（慈善事業）の重要な対象になったこともあり，同財団の支援を受けつつ全米の大学に図書館員養成のコースがつくられていく。そのなかで，1923年にまとめられたウィリアムソン報告（Williamson Report）は，図書館専門職育成のために，大学院教育を標準のものとすることや，養成機関の認定を行う組織をつくること，そして研究機能を重視して博士課程を持つ上級の養成機関をつくることを提案した[10]。これに基づき，25年にALAが養成機関の認定を行うことになるとともに，29年にシカゴ大学に博士課程を持った大学院図書館学部（Graduate Library School: GLS）が設置された。

シカゴ大学GLSのスタッフは，教員の1人であったピアース・バトラーの『図書館学序説』[11]を科学方法論のマニフェストとして社会科学的な学術研究を推進し，また，学術誌 *Library Quarterly* を編集することでGLSは図書館学研究の一大拠点となった。20世紀中頃にはウィリアムソン報告の勧告通り，いくつかの大学にできた博士課程を出た教員がALA認定の大学の修士課程で図書館学を教えることになり，そうした認定課程を修了することが専門職図書館

員となるための条件となるという体制が整っていった。

以上が図書館情報学の前身になる図書館学の成立発展過程である。この過程はアングロサクソン系のライブラリアンシップが基になっていたが，19世紀から20世紀前半の英米が世界において占める位置づけを反映してアングロサクソン系諸国やイギリスの植民地などを中心に世界中に普及していった。そのなかで特筆すべきは，インドでイギリスのライブラリアンシップに学びながら独自の図書館経営論をつくりあげたシャーリ・ランガナタンである。『図書館学の五法則』[12]（1932年）は図書館経営の基本原則を詳細に述べたもので，現在に至るまでしばしば参照されている。第二次世界大戦後は，アメリカの教育文化戦略の一環としてアメリカ図書館学は世界中で学ばれることになった。

6.2.2　ドキュメンテーションの流れと図書館情報学の誕生

19世紀末から20世紀初頭にかけてベルギーのポール・オトレとアンリ・ラフォンテーヌが創始したドキュメンテーションの活動は，図書館という機関に限定されずに文献情報を処理する技術を開発しようとした点と，これを国際連盟等の国際機関の活動を通じて世界規模で実施しようとしたことで，今日の図書館情報学の源流の1つとなるものである。彼らは，個々の図書館や文献リストに含まれる書誌情報をタイトルレベルではなく，さらに論文記事（文献）のレベルで分析して大規模な総合書誌（世界書誌）をつくる活動を実施した。その際に文献を位置づけるための分類表として，世界十進分類表（Universal Decimal Classification: UDC）を開発し，この活動を世界中の科学文献や学術文献に対して実現させるために国際ドキュメンテーション連盟（International Federation for Documentation: FID）を創設した。オトレの『ドキュメンテーション概論』[13]（1934年）は彼らの思想と方法を集大成した著作である。これは科学技術やビジネスの領域で専門的な文献が大量に出現している状況に従来の図書館では対応しきれないことに対する，アンチテーゼとなる運動であった。

UDCを普及させるためにFIDの支部として各国にドキュメンテーション機関がつくられた。アメリカでは1937年にワトソン・デービスらによってアメリカドキュメンテーション協会（American Documentation Institute: ADI）が創設されたが，アメリカのドキュメンテーションは，マイクロ写真技術によって科

学技術文献の配布を進めようとしたことでFIDとは少々異なった動きをしていた。そして1950年代になると情報検索の理論的研究が始まり，初期にはパンチカードを利用した実験研究が行われた。コンピュータが開発されるとこれを用いての検索実験も行われるようになった。アメリカのドキュメンテーションは情報検索の技術開発が中心になるものだった。

　同じ時期に冷戦体制のなかで東西の軍事技術を中心として科学技術開発競争が激しくなるなかで，科学コミュニケーションの重要性が叫ばれたり，科学文献の量的な研究が開始されたりすることになる。前者に関しては科学者の情報行動についての研究が行われ，その後利用者研究と呼ばれる領域につながっていく。後者については，イギリスのサミュエル・ブラッドフォードが科学文献流通の計量的な測定と定式化の方法（ブラッドフォードの分散則）を提案し，現在の計量書誌学あるいは計量情報学に結びついていくものであった[14]。

　1957年のスプートニク・ショック後の時期に，アメリカでは国策的に科学技術情報流通を振興させる動きが強まった。連邦政府は軍，政府系研究機関，大学に対して情報流通のために豊富な研究開発資金を提供したこともあり，技術開発が進んでいたコンピュータ技術を科学技術情報の流通や情報検索に適用する研究が盛んになった。

　この時期にドキュメンテーションは情報学と名称を変え，図書館学は図書館情報学へと名称を変えた。アメリカドキュメンテーション協会は1968年にアメリカ情報学会（American Society for Information Science: ASIS）と名称変更した。多くの大学の図書館員養成の機関が名称を図書館情報学校（School of Library and Information Science）と変更するのも60年代後半以降である。

　その後の図書館情報学への変化は次のような実質的な側面を伴っていた。第1に，図書館業務や関連の書誌，索引等の技術にコンピュータが適用され，機械可読目録（MARC），書誌ユーティリティ，商用オンライン・データベースの開発に図書館情報学が直接関わっていったことである。第2に，情報の生成から流通，消費の全体的な過程のなかに図書館を位置づけ，とくに図書館の利用者のコミュニケーションや情報ニーズを重視するようになった。第3に，図書館が属する公共セクターにも私的セクターの考え方の影響が強まり，経営学的な概念を取り入れたり，情報市場に関わりを持ったりするようになった。第

4に,かつては人文学的な研究が中心的であった図書館学に対して,社会調査や統計的な方法を導入した実証的な研究方法が大幅に増大したことである[15]。

こうして図書館情報学は科学技術と民間的な手法を取り入れて変化しようとした。しかしながら,もともと公共セクターの職員養成から出発した図書館情報学は情報学の要素を取り入れても完全に情報学になりきることはできない。1990年代以降,いくつかの図書館員養成機関が閉鎖された。そのなかにはもっとも古い歴史を持つコロンビア大学,図書館学の拠点だったシカゴ大学,早くからドキュメンテーションに対応していたケースウェスタンリザーブ大学,州立大学のなかで高いランクを誇るカリフォルニア大学バークレー校など有力校に置かれたものが含まれていた。その背景としては市場志向が強まる世紀末に,従来の公共セクター中心の図書館学が保持していたステータスが低下したという側面を否定することができない。

その後ネットワーク社会が到来し,新たに情報提供の新しい公共的枠組みが要求されていることは確かである。養成機関のいくつかは"School of Information"といった名称に変更して情報学への対応を明確にしているが,ALAの認定への対応は残している例が多い。かつて「図書館」を中心にカリキュラムを構成していたものが必ずしもそうしなくとも図書館情報学の枠組みを維持できるということである。今後とも図書館情報学がいかに自らのアイデンティティを証明できるかが問われ続けるといえるだろう。

6.3 図書館専門職と情報専門職

6.3.1 プロフェッションとしての図書館員

近代的なアカデミズムの基本的な性格として,(1) 思考,観察,調査,実験などの方法の一般性,普遍性,(2) そうして得られた知見を論理的に記述し社会的に共有するための一般的な手続き,(3) そのようにして社会的に共有化された知識の体系性,といった点を挙げることができるだろう。研究者が分野ごとで標準的とされる方法に従って研究活動を行うのが最初の過程である。2番目にその結果を論文にまとめて発表し,それを学会や学術雑誌の編集委員会が査読して雑誌に掲載することで当該研究が公知のものとなる。そして3番目に

公知となったものも様々な評価の機会を通じて，最終的にその分野全体の一部に位置づけられる。こうして社会的に共有化され体系化された知識を表現するのが教科書やそれぞれの分野の専門事典，あるいは百科事典である。アカデミズムは，純粋に学術研究者における学術的な方法や手続きによって学知の決定を行うことを原則とするという点で社会的な価値から独立していると同時に，それを守るための倫理的な基準もまた共有された世界である。

　他方，特定の社会的目的を実現するための職業人養成を大学で行う領域を専門職（プロフェッション）と呼ぶ。プロフェッションは，(1) 体系的な知識を高等教育機関で長期間学ぶ職業であること，(2) 個人的な利益追求だけでなく公共的なサービスを志向すること，(3) このような特性を守るための専門職団体を有する，といった特徴を持っている。アカデミズムの学問と比べると，プロフェッションはある特定の社会的活動領域を持ち，学ばれる知識は体系的であるが複数のアカデミズム領域の方法を採用することで，より総合的になるとともに，実践的な方向性を強く持つものである。プロフェッションにおける社会的活動領域はしばしば〈現場（フィールド）〉と呼ばれ，これを支援することが重要な存在意義になる。例えば，医学と保健・医療，法学と法律，神学と特定宗教（キリスト教学，仏教学など），教育学と教育機関・サービスのような関係である。領域を支えるために多様な分野の知識を総動員するため，きわめて学際的な性格を持ちやすい。また，その領域との密接な関わりを保つために，純粋学問では必須とされる価値中立性（価値自由）の考え方をいくぶんか抑制し，その活動領域を振興することを研究活動の中心にする場合も少なくない。

　アカデミズムにおいては，伝統的にその内部で知識のコントロールが行われてきた。そのメカニズムの核にあるのは研究の成果である論文による評価システムである。学会がピア・レビューに基づいた評価の中心的な役割を果たし，大学は学問の自由を実現する場として学会の評価システムに基づいて人事や研究管理，カリキュラムの整備などを行ってきた。これに対して，プロフェッションはもともと社会的に開かれている。個々の領域は専門職団体との強い結びつきを持ち，その団体は社会の権力構造のなかで一定の力を発揮する存在である。この力関係は大学にまで及ぼされる。

　図書館情報学のルーツは，図書館員養成のために用意された図書館管理論や

資料組織のための知識や技術，および専門情報をビジネスや政府活動に生かすためのドキュメンテーションにあり，それは伝統的なアカデミズムの枠に収まらないものである。ライブラリアンシップや図書館学，ドキュメンテーションにはアカデミズムが持つような特性が欠如していることは明らかであった。これらは，純粋な学問的な手続きに従って何らかの真理を追究すること自体が目的ではなく，文献流通や情報流通の効果的なシステムを構築することを目的としていた。

それを引き継ぐ図書館情報学も同様にプロフェッションへの志向性が強いものである。19世紀後半以降のライブラリアンシップの知識と技術，20世紀前半のこれを科学的なものにする運動としての図書館学の研究方法と成果，19世紀末以来のドキュメンテーションの技術，これら三者の伝統を吸収し，単一の知識体系にまとめようとしたのが1960年代以降の図書館情報学の動きであった。また，これら3つの領域はもともと社会における文献というかたちをとった有用な知識を円滑に流通させるという共通の目的を持っていたので，公共性というプロフェッションの要件についても一応満たしていると考えられる。以下ではプロフェッションの実態を見ておこう。

6.3.2　世界の図書館専門職

アメリカにおいて19世紀末以来，大学で図書館員養成教育が行われていたのはこの国において図書館が重要な位置づけを持つ存在であったからであったが，またこの国において同じ時期に進められた民間で専門職をつくる運動に図書館職がうまく適応したからでもある。専門職運動はその職に対する社会的な需要に対して，大学との協働で教育課程として位置づけるものである。20世紀初頭のカーネギー財団やロックフェラー財団の関与や第二次世界大戦から冷戦期における連邦政府の関与があり，図書館学ないし図書館情報学の養成課程が全米の大学でつくられるようになり，図書館員はほぼ専門職的な位置づけが確保されている。

具体的にはそれは，ALAが大学の修士課程における図書館員養成カリキュラムの基準を定め，また認定する権限を保持していること，図書館におけるそうした課程修了者の専門職の配置は慣習化され，異動は，設置母体を異にする

図書館間の異動も含めて基本的に図書館間のみで行われていること，ALA や専門図書館協会（Special Libraries Association: SLA）といった全国的な図書館員の団体が専門職の研修・研究発表の場としての雑誌や会議を提供している，という点に現れている。これらによって，ライブラリアンシップおよび図書館情報学の基本知識が各大学で教授され，それが ALA 等の団体における研究発表を通じてより洗練されるという閉じた回路ができあがった。大学における研究活動も多くの場合，そうした団体における活動と関わりながら行われていた。その会員数は約 6 万 2000 人で，ほぼこの国の専門職の数と一致していると考えられる。日本の図書館関係者の間で，図書館員の専門職制が必要だという主張がなされることがあるが，その際にはアメリカの図書館員養成制度がモデルになっている。

しかしながら図書館情報学成立後の状況については，必ずしも安定したものにはなっていない。ALA の図書館情報学教育の認定はあくまでも図書館員養成を前提にしたものであり，最近の情報学志向の状況に十分対応できていない。他方，アメリカ情報学会は 2000 年にアメリカ情報技術学会（American Society for Information Science & Technology: ASIS&T）と名称を変更して技術志向を明確にした。さらに 13 年から情報科学技術学会（Association for Information Science & Technology: ASIS&T）と国際化を強めた。しかしもともとドキュメンテーション分野から現れたものであり，アカデミズムを強く志向しながらも依然として実務的なものを包含している。このように図書館学から情報学までの幅のなかで，図書館志向と情報志向の軸と専門職志向と研究開発志向の軸の 2 つの軸において多様な立場が併存しているというのが現在の状況である。

アメリカ以外の各国でも図書館員養成教育が行われているが，必ずしも修士課程とは限らず，学士課程の場合も多い。それぞれの国の教育・文化に対する政策の展開過程に合わせた養成のあり方が選択されている。例えば，ドイツにおいては，専門学校レベル，大学卒業にあたるディプロム（学士）レベル，何らかの学問分野のディプロムレベルを修了したあとさらに図書館関係の修士かディプロムを取得した高等レベルの 3 レベルの資格がある。このうちディプロムレベルは 10 校程度の専門大学で修得できる通常の司書資格とみなせる。近年は，ヨーロッパ各国の高等教育の統一化を目標とするボローニャ・プロセス

の影響で修士課程での図書館員養成が増えつつある。

　フランスにおいては，19世紀初頭に設立されたパリの国立古文書学校（École nationale des chartes）が，フランス革命で旧体制から引き継いだ国家遺産である古文献や古文書を読み解き整理する専門家養成のための高等教育機関（グランゼコール）としての歴史を持っている。これとは別にリヨンにグランゼコールの1つ国立情報図書館学高等専門学校（ENSSIB: École nationale supérieure de sciences de l'information et des bibliothèques）が設置されている。これらにはいずれもボローニャ・プロセスに合わせた修士課程のコースが用意されている。ほかの大陸諸国でも歴史的に学術的な訓練をする大学図書館員養成とそれ以外の図書館員養成が区別されていることが多く，それに対応した図書館員の専門組織がつくられている。

　なお，国際図書館連盟（IFLA: International Federation of Library Associations and Institutions）は1927年に設立された非営利国際機関で，毎年1回の世界大会を開催して国際的な情報交換や関係者の交流の機会を提供している。本部はオランダの王立図書館に置かれており，かつてはヨーロッパ圏の関係者が中心であったが，近年，参加者は世界的な広がりを見せている。日本でも86年に世界大会が開催された。

6.3.3　日本の図書館専門職

　日本の場合には，アメリカと比べるともともとプロフェッションの基盤が弱い。官庁も企業もゼネラリストを様々な部門に配置し，その部門についての知識を学ぶことで十分という考え方がある。これは終身雇用を前提とした日本的な雇用システムと連動している。図書館情報学に関わる図書館職員について見ると，専門職として雇用され，専門職内部での評価基準に従って昇進，異動するという人事体系を持つ例は，国立国会図書館および国立大学と一部の国の機関，私立大学や地方公共団体に見られる程度である。

　表6-2は日本で図書館に関わっている職員数を2011年の各種の統計に基づいて概算してみたものである。日本図書館協会の調査では公共図書館職員数約3万6000人，大学図書館の職員数約1万5000人であり，これ以外に文部科学省調査の学校図書館の司書教諭と学校図書館担当職員（学校司書）が合計で約

表6-2　日本の図書館職員数

	正規専門職員	その他	合　計
公共図書館	6,188	29,724	35,912
大学図書館	5,544	9,182	14,726
学校図書館	6,759	37,459	44,218
専門図書館	2,524	3,640	6,164
国立国会図書館	890	0	890
合　計	21,905	80,005	101,910

4万4000人，国立国会図書館の職員が900人程度，そして各種の団体や企業の図書館・資料室（専門図書館）の職員が約6000人いる[16]。これらを合計した関係者の総数は10万人程度である。

しかしながらこのなかで，正規専門職員としての図書館員はごく一部と考えられる。ここで正規専門職員とは，当該組織の正職員として正規雇用され，かつおもに図書館関係の仕事をする人のことである。公共図書館の司書・司書補有資格専任職員，大学図書館専従職員，学校図書館常勤職員，専門図書館専任職員，そして国立国会図書館の全職員を正規専門職員とすれば，合計しても2万2000人程度ということになる。いずれの領域でも年々，非常勤，臨時，派遣などのかたちの非正規雇用の職員が増えていることが指摘されている。正規専門職員の内訳は次の通りである。

公共図書館の専任職員は全職員の34％にあたる約1万2000人で，図書館法に規定された専門的な職員である司書・司書補資格を持った職員数はその半分の6000人程度に減る。大学図書館では資格が設定されていないので専従職員を正規専門職員と考えると全職員の38％にあたる約5500人である。また，学校図書館では12学級以上の規模の学校に配置が義務づけられている司書教諭は2万5000人にのぼるが，実際には教員の兼務であり，専任司書教諭はごく少数の学校に配置されているだけである。近年増えている学校図書館担当職員（学校司書）のうち常勤のものを学校図書館の正規専門職員とすれば全体の15％の7000人弱にすぎない。だがそのなかで司書や司書教諭資格を持った人は半数以下になるだろう。最後に，専門図書館の場合，専任職員を正規専門職員とすると全体の半数の約2500人になる。

日本図書館協会はアメリカ，イギリスに次いで世界で3番目に長い歴史を持つ図書館員専門団体であり，毎年1回の全国図書館大会を開催しているほか，図書館関係の情報提供や社会的な提言，図書館員の地位向上のための活動を行っている。しかしながら図書館員の専門職としての資格をコントロールする位置づけとなることはなく，今に至っている。個人会員数はALAの10分の1の6000人程度である。さきほど約2万2000人いると概算した正規専門職員数の3割弱しか入会していないことになる。

　以上のことからわかるのは，日本の図書館関係者のアイデンティティは図書館専門職にあるのではなく，所属する組織に基づいて形成されているということである。例えば公立図書館員は所属自治体職員としての，大学図書館員は所属大学職員としての，学校図書館員は所属学校ないし所属自治体職員としての意識がまずあり，次いで，公立図書館員，大学図書館員，学校図書館員としての意識がある。だから，専門職を確立する運動がそうした組織の職員制度に図書館職をつくることを目標にしがちであるが，これはアメリカ流の専門職運動とは大きく異なるものであるし，大きな困難を伴うことになる。

6.3.4　情報専門職は可能か

　情報を選択評価する，コレクションをつくる，これを組織化する，ユーザーに提供するといった行為は，あらゆる個人や組織が日常的に実施していることである。これを担う専門職が独立して成立しうるのかについて，様々に議論されてきた。図書館および図書館員の制度化は1つの解ではあったが，日本では国，地方自治体，大学，研究機関のような公共セクターの一部の組織で置かれたにすぎないし，上記のようにそこでも専門職としての独立性を持つ場合はかなり限られる。

　官庁や企業を中心とした近代的な専門組織においては，日常的に情報の収集と分析・処理を中心とする仕事が重要な柱となっている。その仕事のなかには，個々の部門が処理するだけでは組織的管理が難しいものが含まれる。例えば，研究開発部門は科学技術情報に常時アクセスする必要があるし，特許や商標のような知的財産に関わる部門もまた扱いにくい特殊な情報へのアクセスを必要とする。これらに限らず組織にとって重要な専門的情報を集めるための部門と

して専門図書館をつくる例がある。しかしながら，組織内情報ネットワーク技術の発展もあって，このような集中的な情報部門をつくらずすべての組織が情報を共有できるような組織論が支配的になり，企業によっては研究開発部門を除くと企業内図書館を廃したところも多い。

　他方，通常は総務や庶務といった部門が担当することが多い記録文書管理だが，歴史的に保存蓄積するためには文書管理部門あるいは文書館を別に設置することもある。さらに，それと組み合わせて広報機関として組織情報や製品等の展示，発信の機関（資料館や博物館）をつくる場合もある。

　このように，組織に関わる専門情報を誰がどのように扱うかをめぐっては様々な考え方がある。ドキュメンテーションはこうした領域を扱う分野であった。現在，この分野の団体である情報科学技術協会（INFOSTA）は図書館という機関よりもこのような専門的情報を扱う部門の担当者を横に結びつける役割を果たしている。だが，科学技術情報，特許，ビジネス情報，等々の専門的な情報に関わる人たちは集まってきても，医学，医薬品，法律，行政などの分野における専門情報に関わる人たちはまた別々の団体となっている。さらに，組織文書や公文書，歴史資料，写真，図面，地図，音声資料，映像資料，放送番組に至るまでの知識情報資源（メディア）について統一的に扱う情報専門職は生まれていない。

6.4　日本の図書館情報学教育

6.4.1　司書・司書教諭資格の現状

　1951年に慶應義塾大学に設置された日本図書館学校（Japan Library School）はアメリカ式の養成課程を日本に移植しようというものだった。だが，日本の高等教育の土壌に定着させるのが精一杯であり，アメリカ的な大学院による養成課程に展開することはできなかった。とはいえ，研究的な要素が必要になったことは確かで，53年に日本図書館学会（現・日本図書館情報学会）ができたのも，研究に基づいた教育をする大学という場で図書館員養成が行われることになったことによる。

　1950年の図書館法制定により法的資格としての司書・司書補の養成が始ま

った。しかしこの資格は大学での講習会で現職者が学ぶことを前提とするものであり，まもなく短期大学や四年制大学の課程でも資格がとれるようになったが，教職課程に準ずる資格課程という扱いになった。法律的には2008年の法改正まで60年近くの間大学の正規課程で養成はできないことになっており，大学での単位取得を司書講習科目に読み替えるという解釈で運用されていた。

1953年に学校図書館法が制定され，司書教諭の法定資格がスタートした。しかし，教員が講習を受けて図書館の仕事をするという資格は国際的には対応するものがないし，学校教育におけるカリキュラムの考え方が変化したこともあって，司書教諭の本格的な配置の検討は97年の同法改正で12学級以上の規模の学校に配置が義務づけられるまで行われなかった。

以上のように，第二次世界大戦後の占領期に整備された司書や司書教諭資格は戦後まもない時期の状況に合わせて臨時的措置として始まったものであったが，その後も長い間日本の図書館員養成を規定してきた。

司書養成は図書館法および同施行規則が改正されたために，それ以前の20単位から24単位に変更され2012年度から実施されている。また，新しい科目として「図書館情報技術論」が必修科目として設置された。現在，全国200以上の大学で司書関係科目が開設され，司書講習を含めて全国で年間1万人ほどの新しい司書が誕生しているといわれる。司書教諭資格については，全国の教員養成系大学を中心に開講されている講習会の受講者と大学での科目設置によっており，学校図書館関係科目6科目12単位が要求されている。法改正によって司書教諭の配置が学校に義務づけられたときに，大量の資格取得者が誕生したが今は一段落している。

図書館に関わる法定資格には次のような問題点があると考えられる。

(1) 図書館専門職共通の資格がない。図書館法，学校図書館法に基づいて出される司書，司書教諭は公共図書館，学校図書館の専門資格であり，共通部分もあるが別々に運用されている。司書資格は大学図書館や専門図書館の業務に通用しないという意見もある。

(2) 比較的簡単にとれる資格である。もともと大学での養成よりも現職者を対象とする講習会を前提にした科目構成であり，要求される単位数も多くはない。共通試験もなく，単位を積み重ねることによって取得できる副専攻的な位

(3) 評価が十分に行われていない。文部科学省の行政指導はあるが，課程認定ではない。個々の教授者に教育評価が委ねられているため，資格の最低要件が設定されにくく，結果的に資格取得者がどのような知識や技術を持つのかわかりにくい。

(4) 司書に関しては学歴要件が学士ではなく「大学卒業」であって，短大や高等専門学校レベルでも取得可能である。このために，自治体での司書募集があっても，短大卒レベルに位置づけられ大学卒と差異化される場合がある。

ここ10年ほどで見直しが行われたが，根本的な解決に至ってはいない。要するに，資格付与が統一的に行われていない上に，専門職資格の要件として不可欠な評価的な要素が欠如していて，供給過剰になっているために資格保有者に対する社会的な評価が高くならないということである。それが，さきほど見たように10万人ほどの関係者がいるなかで，正規専門職といえる人は2割程度にすぎず，それも館種や設置者といった枠組みでばらばらになっている現状につながっている。

6.4.2　図書館情報学教育の進展

日本のドキュメンテーション運動は1950年にUDC研究会というかたちで発足した。初期には分類法の研究に加えてパンチカードによる情報検索技術の研究も行われていた。58年に日本ドクメンテーション協会と名称を変更している。同じ時期の59年には国の機関として科学技術情報センター（JICST）もつくられており，この時期の国際的な状況と密接な関わりを持った動きとなっていた。日本学術会議がFIDのナショナルメンバーとなったこともあり，ドキュメンテーションに国を挙げて取り組む姿勢が見られた。

アメリカの影響が強かった慶應義塾大学文学部の図書館学科は1968年に図書館・情報学科に名称変更を行った。64年開学の国立の図書館短期大学は，79年に筑波研究学園都市に移転して四年制の国立図書館情報大学へと再編された。このように日本でも1970年代に図書館情報学という概念がようやく定着し制度化も進んだ。また，日本ドクメンテーション協会は86年に情報科学技術協会（INFOSTA）へと名称変更を行った。日本図書館学会が日本図書館情

表6-3 図書館情報学が学べる大学

	学部	大学院
慶應義塾大学	文学部図書館・情報学専攻	文学研究科図書館・情報学専攻
筑波大学	情報学群知識情報・図書館学類 情報学群情報メディア創成学類	図書館情報メディア研究科
駿河台大学	メディア情報学部図書館・アーカイブズコース	
愛知淑徳大学	人間情報学部人間情報学科	
東洋大学	社会学部メディアコミュニケーション学科	
鶴見大学	文学部ドキュメンテーション学科	
青山学院大学	教育人間科学部教育学科教育情報・メディアコース	教育人間科学研究科教育学専攻
東京大学	教育学部総合教育科学専攻教育実践・政策学コース	教育学研究科総合教育科学専攻生涯学習基盤経営コース
京都大学	教育学部教育科学専攻生涯教育学講座	教育学研究科教育科学専攻生涯教育学講座
東京学芸大学	教育学部人間社会科学課程生涯学習専攻	
大阪教育大学	教育学部教養学科人間科学専攻生涯教育計画論コース	
九州大学		統合新領域学府ライブラリーサイエンス専攻

報学会に名称を変更したのは98年とだいぶ時間がすぎてからである。

その後,駿河台大学,愛知淑徳大学に図書館情報学専門とする専攻や学部ができ,鶴見大学にも学科ができた。図書館情報大学は2005年に筑波大学と合併して,同大学の一部局となった。現在,慶應義塾大学も含めた5大学が学科・コース以上の教育組織を持ち,数名以上の専門の教員を置いて図書館情報学を専攻できる大学である。それ以外にも東京大学や京都大学などにある教育学系の教育組織でこれを専門に学べるところがある。また,2011年から九州大学大学院統合新領域学府にライブラリーサイエンス専攻が開設された。日本の大学で図書館情報学が学べるところの一覧を表6-3に掲げておく。

6.4.3 図書館情報学教育の改革

図書館情報学のカリキュラムは,学部教育の学科レベルで使用するために作成された「図書館・情報学教育に関する基準およびその実施方法」(大学基準協会,1982年)と,大学における司書養成課程および司書講習に適用されている

「図書館法施行規則」（文部科学省令，2009年改正）で示された司書，司書補養成の科目表によって定められている。前者はすでに30年前のもので法的拘束力を持たず，実際に採用されることは少ない。後者の司書科目は，公共図書館における専門職の存在を前提にしてつくられたものであるが，24単位で司書の資格が取得でき，採用枠の割に過剰な数の有資格者が養成されていて，専門職資格として形骸化しているという批判がある。

こういう状況に対して，2003年から教育体制の見直しを中心にした共同研究が日本図書館情報学会の場で行われてきた。これは LIPER（Library and Information Professions and Education Renewal）と呼ばれ，LIPER1（2003-05），LIPER2（2006-09），LIPER3（2010-）の3期に分けて研究を積み重ねている。その考え方の中心は，図書館情報学教育あるいは司書養成に評価的な要素を加えて質の向上を目指すとともに，将来的に両者を統合しまた専門職育成としては大学院修士課程での養成ができる体制を目指すということである。評価的な過程をつくり出すための方法として「図書館情報学検定試験」が実施されている。このようにようやく改善に向けての動きが見えるようになってきた[17]。

国際的に見ると，アメリカの大学の教育課程で統一的に行われる図書館情報学専門職養成は国際的な標準となりつつある。さきほど述べたように，欧州連合（EU）は高等教育制度と大学のカリキュラムの共通化を図るボローニャ・プロセスと呼ばれる改革を実施中で，図書館員養成に関してもこれに基づき，学士課程，修士課程での養成課程をつくりEU域内での学生の移動や単位互換を容易にする動きがある。アジア諸国でもそれぞれの国で図書館情報学の専門教育が実施されており，これを相互に結びつけようという動きも始まっている。

6.5 図書館情報学の構成

6.5.1 図書館情報学の方法

アカデミズムの領域には必ず研究の方法があり，方法についての議論（方法論）がある。しかしながら，プロフェッションの領域は当該専門職を発展させることによって社会的な貢献をすることが目的となるから，専門職が対象とするものに対する純粋学術的な方法に加えて，専門職を発展させるための技術的

工学的領域や制度的経営的な方法が存在する。図書館情報学の場合には，知識情報資源の分布や時系列的な動態，相互の関係を統計学的に記述することやその利用者の行動を質的量的に記述することなどに，実証科学的な方法が適用される。それに対して，情報資源と情報利用者を媒介する図書館や情報機関の制度・法・行政における位置づけの分析や，情報検索システムやデジタル図書館システムの開発，およびこれらをサービスとして提供する企業ないし非営利団体の経営などはそれに規範論的な要素が加わるプロフェッションの領域ということになる。

アカデミズムとプロフェッショナリズムの違いは，理論と実践の対立と単純化していわれることもある。しかし，例えば医学は医師というプロフェッションを育成する分野であるが，同時に個々の医師が身につけるべき生理学，解剖学，病理学，薬理学などのアカデミズム領域の科学研究を行う分野でもある。同様に，図書館情報学でもプロフェッションの部分を推進するためには，その前提となる知識情報資源についての理論的実証的研究に基づく知識が重要である。

以下，知識を獲得するための代表的な5つの研究方法を紹介する。それぞれについて説明し，それぞれの方法を用いた論文が掲載されやすい学術雑誌を挙げておく。

計量書誌学・計量情報学的方法

図書館情報学に固有のもので本書第5章で詳しく述べている。計量書誌学とは，知識情報資源の単位である文献（図書，論文等）をカウントして，その量的特性を記述したり，生産，流通，所蔵，利用の関係や時系列的な動態を分析したりする分野である。通常は，文献に関する特性として，著者，著者の所属機関や国，論文が収録された雑誌，論文につけられたキーワード，参考文献・引用文献などがあり，これらの分布を統計学的に研究する手法がとられる。そのためには大量の文献をリスト化した書誌データベースが必須のものとなる。とくに，引用データベース（現在は Web of Science が代表的なものである）が開発され，引用関係をこの手法で調査することで学術雑誌や学術研究の評価に使われるようになってから，学術研究評価の方法としても注目されるようになった。

計量情報学は情報の特性を定量的に研究するものだからきわめて広範囲のものが含まれる。しかしながら，図書館情報学の文脈でいわれるときは，計量書誌学で用いられる文献という単位をさらに，ミクロなレベルに落としていって，章や節，そして全文テキストに含まれるワード（語）あるいは文字のレベルで取り上げて分析し，そこに規則性を見出したり，文献外の事象との関係を明らかにしたりするものである。

これらの方法を用いた研究論文が掲載される雑誌として，*Journal of the American Society for Information Science and Technology, Journal of Documentation, Information Processing and Management, Scientometrics* が代表的なものである。

システム開発・評価

情報の蓄積と検索は図書館情報学における重要な研究領域であった。用いられた方法は情報システムを開発し，実際に評価するものであった。その手法については，1950年代の実験的な文献検索システムの開発評価から始まり，その後，図書館システム（資料受け入れ管理，目録作成，貸出管理など）の開発導入がほとんどの図書館で行われ，その開発に関わるソフトウェア企業が重要な役割を果たした。関連して情報資源の組織化に関わって，MARC（機械可読目録）およびオンライン目録システムの開発は，書誌情報の流通体制に関わる重要な研究テーマであり続けている。アメリカでは議会図書館（LC），OCLCやRLINといった機関で行われ，日本では国立国会図書館，出版流通業（図書館流通センターなど）や国立情報学研究所が中心となった。

また，1970年代以降，商用オンライン・データベースは新聞・雑誌記事，研究，特許，企業関係など様々な領域ごとに開発され，市場を形成するようになった。と同時に非営利的な情報データベースが官公庁，研究機関，自治体などで個別につくられるようになる。これらの情報の多くは1990年代以降のインターネット普及によって，どこからでも自由にアクセス可能になった。図書館情報学においては，これらを開発すると同時に評価し，また利用環境を整備するための政策的な議論などが行われてきた。

ここに関わる雑誌は *Journal of the American Society for Information Sci-*

ence and Technology, *Journal of Documentation*, *Information Processing and Management* の3誌が中心になる。

社会調査的方法

一般に広く行われている社会調査をこの分野に適用したものである。対象とする人（設置者，情報の利用者，図書館員など）に対して質問紙を配布して書き込んでもらったり，直接質問をしたりするもので，近年はネットワークを使ったウェブ質問調査の手法もよく用いられる。質問紙法は定量的な分析を伴うので一定のサンプル数が必要であり，分析には統計学の方法を適用して行うことが一般的である。公的な機関や法人組織を対象に行う場合は一定の回収率を確保することが可能であるが，メディアの利用者など一般の人を対象にする場合には回収率はかなり低いという問題がある。

他方，質的調査として，個人あるいは集団に対してインタビューを行ったり，行動を観察したり，場合によっては実験を行ったりという方法もよく用いられる。インタビューや観察の記録を分析するためのグラウンデッド・セオリーのような方法も開発されて，図書館情報学に適用されている。具体的な利用調査の事例について詳しくは本書第4章でも述べられている。量的調査にせよ，質的調査にせよ，被調査者に対する事前の説明と承諾，個人情報の保護といった倫理的側面の手当は重要である。

代表的な雑誌として，上記の *Journal of the American Society for Information Science and Technology* や *Journal of Documentation* のほか，*Library and Information Science Research* がある。図書館の館種別の雑誌（例：*College & Research Libraries*, *Public Libraries*）やサービス分野の雑誌（例：*Reference & User Services Quarterly*）もこの方法による論文が多い。

歴史的方法

文献資料の解読や分析，オーラルヒストリーによって歴史的事実を記述する方法である。図書館に関しては図書館史（library history）という分野があり研究が盛んである。古代オリエントの遺跡から出土する粘土板が図書館ないし文書館の遺構であるという記述から始まり，炎上したといわれる古代アレクサン

ドリア図書館や中世の修道院，そして絶対王政の宮廷図書館，市民革命後の市民図書館，さらに，19世紀後半以降の公立図書館を経て現代に至る通史がよく語られるが，これは図書館史というよりは物語である。

　歴史を書くためには歴史資料が必要である。歴史資料を保存する役割そのものを図書館が担っており，19世紀以降制度化された公文書館も含めて，そうした歴史資料保存機関が機能している国では図書館史研究も盛んである。

　日本では歴史資料は図書館や文書館のような専門機関だけではなく，寺院や旧家，官公庁などがそれぞれ保存している例も多く，それらを利用した研究はあまり進んでいなかったといえる。第二次世界大戦後の占領期の研究や戦前・戦中の旧植民地の研究などをきっかけにして，本格的な歴史研究が始まる傾向が見られる。また，オーラルヒストリーは歴史的事象の体験者・証言者による口述記録を利用した研究で，日本でも戦後の公共図書館政策を分析した研究などが現れている。

　歴史研究を掲載する代表的な雑誌として，*Information & Culture: A Journal of History*（前 *Libraries & the Cultural Record*）および *Library and Information History* がある。日本では日本図書館文化史研究会が『図書館文化史研究』を発行している。

　　制度論，比較，規範的，その他の方法
　このカテゴリには図書館やそれに関わる制度全般についての人文，社会科学的な分野で用いられる様々な方法が入る。20世紀前半の図書館学初期の論文の多くはこの範疇に入り，また，現在においてもプロフェッション領域の論文はこのような未分化の状態のものが多いといえるだろう。ライブラリアンシップから図書館学を経て図書館情報学に至る変化は，ここから，上記の歴史，社会調査，計量書誌学など方法が明確なものが分化していった歴史だともいえる。さらに，上記の方法に該当しない図書館や知的自由，情報メディアについての哲学的，思想的な論文や法制度に関わる法解釈学的な論文，図書館制度の国際的な比較，図書館サービスについての経済学的な研究といった研究領域は多様に展開されている。

　ライブラリアンシップや図書館情報学分野の老舗の雑誌として，アメリカの

Library Quarterly, ヨーロッパ大陸系の *Libri*, イギリスの *Journal of Librarianship and Information Science* があり，これらには社会調査や歴史論文も掲載されるがそれにとどまらない広い範囲の論文が掲載されている。日本の図書館情報学の代表的な雑誌として，『日本図書館情報学会誌』（日本図書館情報学会）や *Library and Information Science*（三田図書館・情報学会），『図書館界』（日本図書館研究会）が挙げられるが，これらも掲載される論文の方法は様々である。

6.5.2 図書館情報学のステークホルダ

ステークホルダとは日本語にすれば利害関係者ということになる。かつて学問において利害関係を議論することはタブーとされた。プロフェッションは利害関係を強く意識する領域であるが，アカデミズムは利害関係を超えて中立的に議論を進める領域だとされてきた。しかしながら，意識的無意識的な利害関係を議論することは，図書館情報学のようにアカデミズムとプロフェッショナリズムのはざまにあって揺れている分野では必要なことだろう。

図書館情報学のステークホルダには，直接には研究推進に関わる大学や研究機関，教育や現場職員の研修に関わる大学，アカデミズムに関わる学会，プロフェッションに関わる専門職団体がある。さらにこれらの行政全般に関わる国および地方公共団体，この分野に資金を提供する機関あたりが重要なものである。間接的に関わるステークホルダには，図書館に資料やデータベース・電子出版物を供給する出版・情報産業や図書館に MARC や資料選択の代行サービス，また，労働力や人材提供を行うサービス業がある。

以下では，直接関わるステークホルダについて述べておく。

大学および研究機関

すでに述べたように，世界各国では大学における専門教育課程が図書館情報学における教育研究面での中心になっている。アメリカでは ALA 認定による大学院修士課程での図書館職員養成（LIS スクール）の制度が確立している。情報学を志向した課程も現れているが，現時点では 60 弱ある ALA 認定校がそれらを担う場とされている。これらのうちとくに博士課程を持つ有力大学（多

くは州立のリサーチユニバーシティ）がアメリカにおける図書館情報学の研究拠点になっている。また，これに準じた制度はアングロサクソン系諸国でつくられているし，ヨーロッパ大陸でもボローニャ・プロセスによって大学での養成課程が一般的になりつつある。アジア諸国でも，学部の専門課程ないし大学院での養成が一般的である。

　他方，日本では大学の専門課程における職員養成課程を広げることがうまくいかなかったために，いまだに司書課程と呼ばれる図書館法に基づく資格課程として司書養成を行うところが多い。さきに挙げた大学ないし大学院で図書館情報学を専攻できる専門課程以外に，230校ほどの大学・短期大学で司書の資格を取得可能である。これらは1-2名の専任教員が学部ないし短大で教育を行っているだけなので，研究をベースにした専門職教育を行う資格がある機関としては専攻課程を持つ大学が中心になる。

学会・専門職団体

　アングロサクソン系の国では組織に雇用される専門職であっても，通常，大学教員と同様に最初から永久在職権（テニュア）を持っておらず，業績審査によってテニュアや昇進の権利を得ることになる。その条件として専門領域で研究を蓄積し会議で発表したり，専門職団体が発行する雑誌に論文を掲載することが要求されたりする場合が多い。だから，専門職団体は単にその職を守るための組織づくりと運動をするだけでなく，研究発表の機会を提供し，研究業績のピア・レビュー（同僚審査）を行ったりすることで，学会に準ずる機能を果たしている。

　アメリカ図書館協会（ALA）は世界最大の図書館専門職団体であるが，同時に図書館情報学への影響力もきわめて大きい。館種別あるいは機能別の部会や委員会を多数持っており，図書館情報学の専門的な議論がその場で行われている。さきに図書館情報学の方法の項で挙げた雑誌のいくつかはALAの部会や委員会が発行しているものである。情報科学技術学会（ASIS&T）は図書館情報学のなかで情報学よりの部分をカバーするところで，さきに述べた機関誌は情報学的な手法を用いた図書館情報学の重要論文が掲載される雑誌である。

　各国にはこのように図書館情報学の研究発表の場となる図書館専門職および

情報学の専門機関があり，それらは研究教育全般に関わりを持っている。これに対して日本の場合は，専門職団体は学会と分離していることが多い。これは，終身雇用を前提としてきた日本の労働市場の構造からくるもので，いったん組織に所属すればキャリア形成の上で研究的な能力が問われることが少なかったからであろう。しかしながら，そのような認識は過去のものになっている。すでに，様々な分野で専門職的能力を高めるのに研究的な関心を高く持つことは不可欠と考えられることが多くなっている。図書館情報学においても同様である。

日本図書館協会（JLA）は，図書館員の専門職団体としての性格を持ち，教育部会や図書館員の問題調査委員会を中心にしてそのための活動も行ってきた。また館種別の部会やサービス別の委員会もそれぞれが研究会的な性格も持ちあわせており，毎年秋に開催される図書館大会や出版活動を通して成果が報告されている。機関誌として月刊の『図書館雑誌』，季刊理論誌として『現代の図書館』を発行し，図書館のデータとして『日本の図書館—統計と名簿』や『図書館年鑑』を毎年発行している。2010年度からスタートした「認定司書制度」は一定の経験と自己研鑽を積み重ねてきた司書（当面，公共図書館司書）に対して，ポイント制で示した実績に基づき図書館協会の認定を与えるものである[18]。このなかでは，単に実務報告にとどまらない「著作」を持つことが要求されていて，司書が自ら研究的な関心から仕事をすることが奨励されている。

情報科学技術協会（INFOSTA）は，企業の情報部門担当者，大学図書館員や専門図書館員の研修・教育が中心的な業務となっており，情報検索能力試験を実施したり研究集会を開催するなど専門職団体としての機能もあわせ持つ。ここが出している機関誌『情報の科学と技術』は図書館情報学の各分野をレビューする論考を多く掲載している。これ以外にも，多数の館種別，設置母体別，主題別の図書館関係団体が存在し，それぞれ機関誌を発行したり研究や研修の事業を行っている。

日本のこの分野の特徴として，専門職団体，職能団体以外に，アカデミックな学会として日本図書館情報学会，三田図書館・情報学会があり，より情報学に近い関連学会として情報知識学会が存在することが挙げられる。このなかで，日本図書館情報学会はもともと日本図書館学会と呼ばれていたが1998年に現

在の名称に変更された。年に2回の研究会や機関誌『日本図書館情報学会誌』では社会調査，歴史，制度的規範的方法の口頭報告・論文を多く掲載している。このように，研究活動が専門職団体と学術団体とで行われることで力が分散されることになりがちである。

行政機関・その他

　文部科学省において図書館情報学に関わる行政は，学校図書館関係は初等中等教育局，大学図書館関係が高等教育局，学術情報関係が科学技術・学術政策局，公共図書館関係は生涯教育政策局，子どもの読書関係はスポーツ・青少年局，そして著作権や文化行政に関しては外局の文化庁というように，完全にばらばらになっている。これは，文部科学省が学校教育機関を対象年齢ごとに分けて組織化しているのに対して，図書館情報学が関わるのは様々な対象の人びとに対する教育文化機能の局面だからである。それぞれの機関は日常的に統計を収集したり，関係者と協議したりして情報収集しているが，さらにそのときどきの状況に合わせて政策を展開する際に，学識経験者や利害関係者による審議会や協力者会議を開催し，専門的な意見を取り入れながら行う場合が多い。そのためそうした機関から出る報告書は基礎的な資料として重要な位置づけになる。

　従来，図書館関係の行政は文部科学省がカバーすることがほとんどであったが，デジタルネットワーク化の状況はこれを変化させている。例えば，2009年度補正予算で127億円が配分されて国立国会図書館が資料の電子的保存事業を行ったことで，同館のサービスが図書館だけでなく出版や通信といった分野に大きく関わることになり，総務省や経済産業省も巻き込んだ議論が行われてきた。実際，法情報は法務省や最高裁判所，科学技術情報関係やビジネス情報は経済産業省，医療情報や身体障害者関係への情報提供は厚生労働省というように，図書館情報学が関わる領域は文部科学省が扱ってきた教育や文化といった領域を超えてより広く，なおかつ民間の領域に関わるようになりつつある。

　地方公共団体の図書館に関わることがらも通常は教育委員会が対応するものであるが，国の組織に対応して学校教育対応か社会教育行政対応かなどの違いがある。こちらについても，国と同様の行政手法をとることがある。

国立国会図書館は国の中央図書館であるが，図書館情報学にとって研究の対象であるだけでなく，外国や日本国内の図書館の動向やこの分野の研究動向の情報提供をしたり文献レビューによる情報整理を行ったりする機能を持っている。同館関西館から電子メール，ウェブ，冊子体で出されている情報誌『カレントアウェアネス』はこの分野の概要を知るきわめて重要なツールになっている[19]。

最後に，図書館情報学の研究に対する資金提供を行っている機関として，日本学術振興会があることはすでに述べた。これは大学教員が新しい研究テーマを申請して評価を受けて資金配分が行われるものである。これに対して，公益財団法人図書館振興財団は新しい図書館サービスの展開や人材育成に資金提供をしている団体である。

6.5.3 図書館情報学の関連領域

図書館情報学の構造のところで述べたように図書館情報学には多数の学術領域が隣接している。また，情報学に狭義のものと広義のものがあることについてはすでに述べた。こうしたものとは別に，しばしば取り上げられる関連領域は，扱うものこそ違いがあるが起源や構成に類似点を有するいくつかの領域である。とくに「資料」を対象にすることで共通する博物館学（ミュージアム・マネジメント学），文書館学（アーカイブズ学）については，本シリーズ第3巻でMLA連携について述べるときに触れることができるだろう。また，社会教育学は公共図書館との関係を持つし，読書学や出版学は図書を扱う分野として関連性が高い。さらに書誌学（bibliography）は図書の歴史およびその形態的分析，さらには内容を含めたリスト化というところで密接な関わりを持っていた。

ここでは，以上の領域の名称を挙げておくだけにしておく。

注

1) 根本彰「戦後図書館学論―「学」と「現場」が分離した頃」『図書館情報学のアイデンティティ』日本図書館情報学会研究委員会編，日外アソシエーツ，1998, p.116-144.

2) この図6-1は，根本彰「図書館情報学総説」『図書館情報学ハンドブック　第2版』丸善，1999, 掲載の図1-1を基に作成している。

3) 長尾真ほか編『岩波情報科学辞典』岩波書店，1990, 1172p.
4) 情報処理学会編『新版情報処理ハンドブック』オーム社，1995, 2000p.
5) 上田修一（研究代表者）「情報専門職の養成に向けた図書館情報学教育体制の再構築に関する総合的研究」科学研究費補助金2003年〜2005年度。報告書は日本図書館情報学会のホームページに置いてある。http://www.jslis.jp/liper/report06/report.htm（参照2013-04-22）
6) Naudé, Gabriel『図書館設立のための助言』[Advis pour dresser une bibliothèque, 2ème éd.] 藤野幸雄訳，金沢文庫閣，2006, 136p.
7) Schule-Albert, Hans G. "Gottfried Wilhelm Leibniz and library classification," Journal of Library History, Vol.6, No.2 , 1971, p.133-152.
8) Schrettinger, Martin W. Versuch eines vollständigen Lehrbuchs der Bibliothek-Wissenschaft, 2 Bd. J. Lindauer, 1829. シュレッティンガーの伝記が刊行されている。河井弘志『マルティン・シュレッティンガー──啓蒙思想と図書館学』日良居タイムズ，2012, 268p.
9) Edwards, Edward. Memoris of Libraries. Trübner, 1859, 2 vols. Brown, James D. Manual of Library Economy. Greenwood, 1903, 476p. Dana, John Cotton. A Library Primer. Library Bureau, 1899, 180p.
10) Williamson, Charles Clarence. The Williamson Reports of 1921 and 1923 : including Training for library work (1921) and Training for library service (1923). Scarecrow, 1971, 2vols.
11) Butler, Pierce『図書館学序説』[An Introduction to Library Science] 藤野幸雄訳，日本図書館協会，1978, 135p.
12) Rangathan, Shiyali R.『図書館学の五法則』[Five Laws of Library Science, 2nd cd. 1957] 森耕一監訳，日本図書館協会，1981, 425p.
13) Otlet, Paul. Traité de documentation: Le livre sur le livre. Théorie et pratique. Editions Mundaneum, 1934, 431p.
14) Bradford, Samuel C. Documentation. Crosby, 1948, 156p.
15) このような動きについては，次の文献を参照。上田修一編『情報研究への道』（情報学基本論文集1）武者小路信ほか訳，勁草書房，1989, 241p. 上田修一編『情報検索の方法』（情報学基本論文集2）岸田和明，倉田敬子訳，勁草書房，1998, 200p.
16) 公共図書館，大学図書館については日本図書館協会『図書館年鑑』2011年版，学校図書館については文部科学省初等中等局児童生徒課「学校図書館の現状に関する調査」平成22年度，専門図書館については『専門情報機関総覧』2009年版に掲載された機関の職員数を合計し，大学図書館，公共図書館を除いたもの。

17）根本彰「図書館員養成と大学教育―研究と現場の関係を踏まえながら」『図書館情報専門職のあり方とその養成』（シリーズ図書館情報学のフロンティア　no.6）日本図書館情報学会研究委員会編，勉誠出版，2006，p.1-20 を参照。
18）認定司書については日本図書館協会の HP を参照のこと。http://www.jla.or.jp/committees/nintei/tabid/203/Default.aspx（参照 2013-02-12）
19）「カレントアウェアネスポータル」（http://current.ndl.go.jp/）を参照。図書館の最新ニュースを伝える「カレントアウェアネス-R」（CA-R），メールマガジンである『カレントアウェアネス-E』（CA-E），この領域の状況を整理している雑誌『カレントアウェアネス』（CA）の3種類の情報が提供されている（参照 2013-04-22）。

【参考文献】

Vickery, Brian C. and Vickery, Alina.『情報学の理論と実際』[Information Science] 津田良成，上田修一監訳，勁草書房，1995, 540p.
　　アメリカの狭義の情報学の成果を一冊に集大成した著作で邦訳があるもの。

図書館情報学ハンドブック編集委員会編『図書館情報学ハンドブック　第2版』丸善, 1999, 1145p.
　　すでに10年以上前のものであるが，日本の図書館情報学の全体像をまとめて伝えるもので，その後類書はない。

三田図書館・情報学会編『図書館・情報学研究入門』勁草書房，2005, 226p.
　　日本の図書館情報学の第一線の研究者がそれぞれの研究領域と用いる方法について解説した。

日本図書館情報学会研究委員会編『図書館情報専門職のあり方とその養成』（シリーズ・図書館情報学のフロンティア　no.6）勉誠出版，2006, 250p.
　　図書館情報学に関わる専門職養成の現状と問題点について解説したもの。LIPER 研究の成果をまとめたという性格を持つ。

日本図書館学会用語委員会編『図書館情報学用語辞典　第3版』丸善，2007, 286p.
　　日本学術会議の「図書館情報学用語集」に登録された用語を中心に解説した用語辞典の改訂版。次の版も編集中。

Bates, Marcia J., editor-in-chief. Encyclopedia of Library and Information Sciences, 3rd ed. CRC Press, 2010, 7 vols.
　　アメリカ図書館情報学の全体像および他領域との関係を構造的に把握し，内容をレビューできる大部な百科事典の最新版。ネット上で個々の項目を購入することもできる。

Rubin, Richard E. Foundations of Library and Information Science, 3rd ed. Neal-Schuman Publishers, 2010, 471p.

アメリカの LIS スクールの図書館情報学概論の授業で使われている教科書の最新版。

緒方良彦『情報検索の歴史―日本語処理を乗り越えて』日外アソシエーツ, 2010, 145p.
 日本の情報検索システム開発の歴史について，パンチカード時代（1950年代以前），コンピュータ検索の幕開け（60年代），バッチ処理の時代（70年代），オンライン時代（80年代），インターネット時代（90年代）について略述した。

事項索引

ア行

アーカイブ　29, 30, 181
アーカイブズ学　254
アイゲンファクター　209
アカデミズム　234, 235, 246, 250
アクセス　168
アクセス・ポイント　88
アグリゲーター　168, 169
アナログ音声・動画資料　77
アナログ画像資料　75
アメリカ学校図書館協会（AASL）　120, 121, 136, 140
アメリカ国立衛生研究所（NIH）　182
アメリカ情報学会（ASIS）　233
アメリカドキュメンテーション協会（ADI）　232
アメリカ図書館協会（ALA）　119, 231, 236, 237, 240, 251
アレクサンドリア図書館　22
暗黙知　2
イープリント（e-print）　181, 182
委託販売制　64
一次資料　67
一回性　12, 18, 20, 43
一般への学術情報流通　183-185
意味付与アプローチ　96, 98, 99
医療情報サービス　117
『岩波情報科学辞典』　227
インキュナブラ　59
印刷術　34
印刷出版　33
印刷資料　58
印刷メディア　16, 46
インターネット　66, 184
インターネット社会　223
インターフェース設計　111
インタビュー　248
インパクトファクター　191, 208
インフォーマルコミュニケーション　86, 91, 156-158
インフォメーション・パワー　140
インフォメーションコモンズ　135
引用　160
　引用データベース　246
　引用半減期　209
ウィリアムソン報告　231
芸亭　23
映画術　28
映画フィルム　77
永久在職権（テニュア）　251
エントロピー　6
エンバーゴモデル　178
オーストラリア図書館情報協会（ALIA）　122
大広間図書館　24
オープンアクセス　176, 178-183
　オープンアクセス雑誌　178-180
オーラルヒストリー　249
オブソレッセンス　190, 209
音声　34, 223
　音声資料　73
　音声メディア　57
オンデマンド出版　69
音読　22, 23
音盤　77
オンライン・データベース　88
オンライン書店　69
オンライン目録システム　247

カ行

カーネギー財団　231
絵画　76
科学技術研究　165
科学技術情報センター（JICST）　243
科学技術情報発信・流通総合システム（J-STAGE）　179
科学技術情報流通　233
科学計量学　193
科学研究費補助金　228
学習スキル（study skills/learning skills）　137, 138
学術研究　33, 36
学術コミュニケーション　34, 154, 155, 174, 177, 181, 183

事項索引　259

学術雑誌　161, 162, 165, 173, 176, 181, 234
学術資料　68
貸本屋　25
画像　34, 73, 223
価値中立性　235
学会　159, 165, 179, 234, 250
学校　33
学校司書　239
学校図書館法　123, 242
学校図書館メディアセンター　120
活版印刷術　14, 24, 58
紙芝居　67
紙の判型　63
『カレントアウェアネス』　254
環境スキャニング　111
官公庁刊行物　68
完全計数法　205
刊本　62
記憶　30
記憶素子　74
記憶媒体　74
議会図書館（LC）　247
機関購読価格　166, 167
機関リポジトリ　168, 181
記号内容　18
記号表現　18
記事　15, 71, 225
技術決定論　49
客観的知識　2
球儀　81
九州大学大学院統合新領域学府　244
教育　33, 36
教育委員会　253
共引用　210
教科書　161, 235
共通試験　242
共有性　155
切抜資料　67
記録　31
記録媒体　44
記録文書管理　241
記録メディア　46
近代化　14
偶然の情報獲得　111
グーテンベルク革命　24

鎖付き書物　23, 24
クラウド・コンピューティング　80
グラウンデッド・セオリー　248
クラスター分析　53
グリーンロード　178
クリッピング資料　67
慶應義塾大学　241, 243
計算可能性　20, 43
計算機科学　227
継続的探索　105
携帯電話　66, 70
計量ウェブ学　194
計量情報学　247
計量書誌学　36, 189, 193, 246
ゲートキーパー　157, 158
劇場メディア　46
結合性　83
研究開発部門　240
研究活動　153, 154
研究者の共同体（コミュニティ）　153
研究者の情報探索行動モデル　102, 103
研究発表　159
言語　4
原稿　31, 33
健康医学情報（health information）　184, 185
言説の分析　9
『現代の図書館』　252
顕著性　117
現場（フィールド）　235
件名法　225
コアジャーナル　205
語彙指標　212
光学式ディスク　78
公共セクター　226, 234
構成主義　139
高性能コンピューティング法　82
購読料　165
公文書管理　226
公立図書館法　27
ゴールドロード　178
国際商業出版社　165
国際的流通　166
国際ドキュメンテーション連盟（FID）　232, 243

国際図書館連盟（IFLA）　123, 238
国立国会図書館　247, 253, 254
国立古文書学校　238
国立情報学研究所　247
国立情報図書館学高等専門学校（ENSSIB）　238
古写本　75
個人情報保護　226
異なり語数　212
異なり数　196
戸別宅配制度　65
コミュニケーション　16, 44
コミュニケーション技法　109
コミュニケーションの数学的理論　5
コレクション　21
コロンビア大学　234
コロンビア大学図書館経営学校　230
コンテンツ　224, 225
コンテンツ＋コンテナ・モデル　54, 83, 84
コンピュータ　74
　コンピュータ・ネットワーク　47, 82
　コンピュータ・リテラシー　127, 131, 132

サ行

サイエンスマップ　211
サイトライセンス　172
再販制（再販売価格維持制度）　64
索引　36
索引法　225
作品　30, 33
雑誌　15, 61, 62, 71
　雑誌の価格の上昇　167
　雑誌の出版流通　64
査読　162, 164
さわる絵本　80
参考資料　67
ジオラマ　81
視覚障害者向け資料　80
視覚的探索理論　110
シカゴ大学大学院図書館学部（GLS）　231, 234
磁気テープ　77
試行　196

自己効力感　104
自己組織化マップ　88
司書　239, 241, 242
事象　196-199
辞書学　10
司書課程　251
司書教諭　124, 239, 242
辞書体目録規則　231
司書補　239, 241
システム志向アプローチ　96, 99
視線移動　111
自然科学　31
自然言語処理　10, 228
シソーラス　35
視聴覚メディア　15, 73
実測値　200
ジップの法則　190, 193, 212
質問交渉手順　96, 97
私的セクター　226
児童・生徒の学習のための情報リテラシー基準　121, 136
自動検索　35
ジャーナリズム　33
社会教育学　254
社会調査　248
社会的階級　108
社会的学習理論　104
社会的認識論　35
社会ネットワーク分析　207
写経所　23
写真術　28
写本　62, 75
集団的営為　155
手稿　75
十進分類法　231
出版　36
　出版学　254
　出版産業の縮小　70
　出版社シリーズ　62
　出版の電子化　68
　出版編集　33
　出版メディア　46
　出版流通制度　64
受動的探索　105
受動的注意　105

事項索引 261

商業出版社　166, 177, 179
商事図書館　26
商標　240
情報　2, 43, 99, 222
情報科学　227, 228
情報科学技術学会（ASIS&T）237, 251
情報科学技術協会（INFOSTA）241, 243, 252
『情報科学講座』227
情報学　224, 228
情報格差　107
情報活用　130, 131
情報活用能力　136, 137
情報管理　130
情報機関　246
情報技術　130-132
情報拒否　107
情報グラウンド　100, 108-110
情報源　130, 142
情報検索　10, 36, 130, 222, 225, 233
　　情報検索行動　96
　　情報検索システム　227, 246
情報公開　226
情報工学　19, 227
情報行動　99
　　情報行動研究　130
　　情報行動パターン　102
　　情報行動モデル　139
情報資源組織化　36
情報処理学会　228
情報スキル　124, 131, 137-139
情報遭遇　112
情報探索行動　96, 115, 126, 127, 136
　　情報探索行動の包括的モデル　100
　　情報探索行動モデル　100, 103
　　情報探索プロセスモデル　99, 101, 102, 116, 121, 126, 139
情報知識学会　228
情報伝達性能　51
情報ニーズ　114, 115
　　情報ニーズの変化　96, 97
『情報の科学と技術』252
情報貧困理論　100, 106, 107
情報プロセス　130, 139
情報メディア　44, 227

情報リテラシー（information literacy）117-127, 129-133, 135-143
　　情報リテラシー教育　140
情報量　5
触地図　80
書誌　35
書誌学　30, 64, 230, 254
書誌結合　210
書誌コントロール　225
書籍　62
書物　62
書物奉行　25
シリアルズ・クライシス　167
シリーズ　62
資料　29, 46
史料　31, 32
資料組織化　21
資料批判　30
史料批判　31
新奇性　116
迅速さ　157
身体系メディア　46
『新版情報処理ハンドブック』227
新聞　15, 61, 62, 64, 71
人文学　29
人文社会情報学　229
スキャニング　111
スクール・ライブラリー・メディア・スペシャリスト　120
スケールフリー　215
ステークホルダ　250
ストレス対処理論　103
スマートフォン　57, 70
スモールワールド　215
スライド資料　76
刷り　31, 33
生活への熟達　108
正規専門職員　239, 243
整版印刷術　58
世界十進分類法（UDC）232
世界書誌　232
セルフアーカイブ　180
セレンディピティ　113
全国図書館大会　240
全文検索　36

全文データベース　225
専門事典　34, 235
専門職　235, 236
　　専門職団体　235, 250
専門性　154
専門図書館　241
専門図書館協会（SLA）　237
相互貸借サービス　167
相対頻度　211
ソーシャル・キャピタル　107
ソーシャル・メディア　82, 88
ソーシャル・ライブラリー　26
ソーシャル・ネットワーキング・サービス
　　（SNS）　34
ソース・データベース　88
即時性指数　210

タ行

第1著者計数法　205
大英博物館　25
大学　250
大学図書館　167, 172, 174, 176, 181
大学図書館コンソーシアム連合（JUSTICE）
　　173
タイムラグ　163
タイムリーさ　157
多冊物　62
タブレットパソコン　70
探究学習　139
単行書　62
単独性　12, 18, 20, 43
短命資料　66
逐次刊行物　15
蓄積系メディア　46, 54, 57
知識　2, 8, 43, 228
　　知識基盤社会（knowledge-based society）
　　　141
　　知識構造　98
　　知識資源　29, 32, 36
　　知識情報資源　225, 226, 241, 246
　　知識情報資源の組織化　225
　　知識伝達機制　54
　　知識の現実的存在可能性　20

知識の物象化　17
知識メディア　11, 43
知的財産権　37
調節計数法　206
著作権法　226
通信システム　7
通信メディア　46, 57
定期刊行物　62
データ　3, 195, 203, 223
データベース　160, 227
手書き　33
適合性　114
適切性　116
デジタル/ネットワーク・メディア　15
デジタル・メディア　15, 74
デジタル資料　78
デジタルテクノロジー　15, 18
デジタル図書館　246
電子ジャーナル　168-176, 179
　　電子ジャーナルプラットフォーム　171
電子出版　33, 226
電子書籍　68
　　電子書籍端末　70
点字資料　80
電子的文字メディア　15
電子図書館　113, 226
電子ペーパー　72
電子メール　82
動画　34, 223
　　動画資料　73
東京書籍館　27
登録　162
ドキュメンテーション　222-224, 232, 236,
　　241, 243
読書学　254
読書の電子化　69
読書の未来　71
図書　12, 61
図書の特権性　13, 15
図書館　33, 37, 221, 225, 230, 236, 246
図書館・情報学教育に関する基準およびその
　　実施方法　244
図書館・情報学科　243
図書館員　230
　　図書館員養成機関　234

図書館員養成教育　237
図書館学　35, 221-225, 230, 232, 236
『図書館学序説』　231
『図書館学全教程試論』　230
『図書館学の五法則』　21, 232
図書館協会（イギリス）　231
図書館経営　226
『図書館建設のための提言』　230
図書館コンソーシアム　173
『図書館雑誌』　252
図書館史　248
図書館システム　247
図書館情報学　18, 19, 29, 32, 36, 221, 223, 224, 229, 233, 234, 236
図書館情報学検定試験　245
図書館情報技術論　242
図書館情報大学　243, 244
図書館振興財団　254
図書館専門職　238, 242
図書館短期大学　243
『図書館年鑑』　252
図書館の社会的機能　47
図書館の自由　27
図書館法　27, 242
　　図書館法施行規則　245
図書館流通センター　247
特許　240

ナ行

ナレッジ・コミュニティ　89
ナレッジマネジメント　142, 143
肉筆メディア　46
二次資料　67
日常の情報探索モデル　100, 107
日本学術振興会　228, 254
日本語処理　222
日本語文字コード　222
日本的な雇用システム　238
日本図書館学会　241
日本図書館学校　241
日本図書館協会（JLA）　240, 252
日本図書館情報学会　243, 245, 252
『日本図書館情報学会誌』　253

『日本の図書館―統計と名簿』　252
認識の共有　153
認知キャピタル　107
認定司書制度　252
ネットワーク・メディア　15, 46, 47, 54, 56, 81, 82, 86
粘土板　22
能動的探索　105
納本制度　24
延べ語数　211, 212
延べ語数／異なり語数比　212
延べ数　196

ハ行

パーソナライゼーション　86
パーソナル・メディア　47
灰色文献　66
ハイパーテキスト　17
ハイパーリンク　83
ハイブリッドモデル　179
博物館　33, 37
　　博物館学　254
　　博物館資料　81
パッケージ系メディア　46
パブリック・ライブラリー　26
パラダイム転換　99
パロール　4
ハロ効果　193
版　31, 33
半導体式　79
パンフレット　66
ピア・レビュー　162, 165, 235
非印刷資料　58, 72
被引用半減期　191, 209
光ディスク　79
ビジネス支援サービス　117
非資料　47
非蓄積系メディア　47
ビッグ6（Big 6）　121, 127
　　ビッグ6モデル　100, 105, 106
ビッグディール（Big Deal）　172-174
ビット列　74, 78
『ピナケス』　22

非文字資料　58
百万塔陀羅尼　23
百科事典　34, 235
評価　162
評価基準　164
評価プロセス　161
標本相対頻度　196, 199, 200, 203
比例計数法　206
拾い読み　111
ファイル・アーカイブ　87
ファイル資料　67
フィラデルフィア図書館会社　26
フォークソノミー　89
フォーマルコミュニケーション　86, 90, 156, 160
不確定性　114, 116
複雑ネットワーク　207
不定期刊行物　62
部分的適合　116
プライスキャップ　172
プライス指数　210
ブラウザビリティ　72
ブラウジング　110
ブラッドフォードの法則　190, 193, 204, 233
プラットフォーム　179
ブルックスの基本方程式　98
プログラム学習　127
プロセスモデル　121, 126, 127
プロフェッション　235, 236, 245, 246, 250
文学　30, 36
文化財　81
文献資料　32
文庫　230
文書　223
　文書館　33, 37, 241
　文書館学　254
分析書誌学　64
分節性　83
分類　35
分類法　225
閉鎖性　154, 157
ページチャージ　165
ベネディクト修道会　22
ベリーピッキング・モデル　99, 100
編集プロセス　163

変則的知識状態仮説　96, 98
包括契約　172
放送メディア　46
報知　162
ボストン公立図書館　26
保存　163, 167
ボローニャ・プロセス　237, 245
翻訳論　11

マ行

マイクロ資料　75
マス・メディア　47
マスコミ　44
マタイ効果　192, 204
ムック　62
メガジャーナル　180
メッセージ　48
メディア　44
　メディア・カテゴリ　51
　メディア研究　48
　メディア史　56
　メディア消費行動　107
　メディア情報リテラシー　117, 131, 144
　メディアのアナログ革命　73
　メディアのデジタル革命　74
　メディアの伝達性能　50
　メディアパッケージ　28
　メディア論　11
メディオロジー　50
メモリカード　79
黙読　22, 23
目録法　225
文字コード　222
文字資料　58
文字メディア　57
モデル　195, 203
モノグラフ・シリーズ　62
紅葉山文庫　25
文部科学省　243, 253

ヤ行

ユーザビリティ・テスト　111
郵便メディア　46
有用性　116
ユネスコ　117, 131, 144
読み書き能力　32
予約購読　165, 166

ラ行

ラーニングコモンズ　135
ライブラリアンシップ　223, 231, 232, 236
ランガージュ　4
ラング　4
リーフレット　66
リスク報償理論　103
理想本　31
立体地図　81
リテラシー　32, 117, 118, 133, 136
流動性　84
利用者研究　36, 156
利用者志向アプローチ　96, 99
利用者中心主義　95
利用者の行動　246
理論値　200
リンク　171
累積性　155
歴史　30, 31
歴史資料　249
歴史性　12, 18, 20, 43
レコード　77
レビュー論文　161
レファレンス・データベース　88
レファレンスサービス　36, 225
レファレンス資料　67, 71
録音・録画メディア　46
録音術　28
ロトカの法則　190, 193, 204
論文　225, 234

１枚もの　66
２段階モデル　158
３次元地図資料　80

42 行聖書　59
ALA 認定校　250
arXiv　181, 182
Budapest Open Access Initiative（BOAI）　177, 178
CGM　89
CrossRef　171
DOI（Document of Identifier）　171
Good-Turing 推定法　203
Google　34
　　Google ブックス　226
h 指数　208
ICT リテラシー　117
IC カード　79
"Information Power"　120, 121, 136
ISIC　95
KALIPER　95
Library Quarterly　231, 250
LIPER　96, 229, 245
MARC　247
Nation at Risk　118, 119
National Forum on Information Literacy（NFIL）　120, 125
OCLC　247
PDF ファイル　176
PISA 型学力　141
PMC　182
"Presidential Committee on Information Literacy"　119
Public Library of Science（PLOS）　180
PudMed Central　182, 183
RLIN　247
SIGUSE　95
tfidf　211
TULIP プロジェクト　170
Wikipedia　34
WWW（World Wide Web）　82, 84

人名索引

ア行

甘利俊一　5
イーガン，マーガレット　35
石井茂吉　60
石上宅嗣　23
イニス，ハロルド　50
ウィーナー，ノーバート　19
ウィーバー，ウォーレン　7
ウィトゲンシュタイン，ルートヴィヒ　8
ウォーラーステイン，イマニュエル　14
エヴァレット，エドワード　26
エジソン，トーマス　73
エドワーズ，エドワード　230
大澤真幸　13
オトレ，ポール　232
オング，ウォルター・J　50

カ行

カーネギー，アンドリュー　27
カッター，チャールズ　231
カリマコス　22
カント，エマニュエル　8
キットラー，フリードリヒ　50
ギデンズ，アンソニー　14
グーテンベルク，ヨハネス　14, 18, 59
ケーニッヒ，フリードリヒ　60

サ行

シェラ，ジェシー　35
シャノン，クロード　7, 19
シュレッティンガー，マルティン　21, 230
スコット，レオン　74
ソクラテス　17
ソシュール，フェルディナン・ド　4

タ行

ダゲール，ルイ・ジャック・マンデ　73
タルボット，ウィリアム・ヘンリー・フォックス　73
チューリング，アラン　19
チョムスキー，ノーム　4
デイナ，ジョン　230
デューイ，メルヴィル　230, 231
デュルケーム，エミール　13
デリダ，ジャック　29
ドブレ，レジス　50

ナ行

ニエプス，ジョセフ・ニセフォール　73
ノイマン，ジョン・フォン　19
ノーデ，ガブリエル　24, 230

ハ行

バーク，ピーター　50
バーナーズ＝リー，ティム　82
ハーナッド，ステヴァン　180
バトラー，ピアース　231
パニッツィ，アントニオ　25, 230
フーコー，ミシェル　8
フラー，スティーブ　35
プライス，デレク　194
ブラウン，ジェームズ　230
ブラッドフォード，サミュエル　233
プラトン　17
フランクリン，ベンジャミン　26
ブルックス，ベルトラム　2, 4
フロイト，ジグムント　29
ベイトソン，グレゴリー　16
ベル，アレクサンダー・グラハム　82
ベルリナー，エミール　74
ベンヤミン，ヴァルター　50
ホーナー，ウィリアム・ジョージ　73
ポールセン，ヴァルデマール　74
ポスター，マーク　50
ポパー，カール　2

ポラニー, マイケル 2
ボルター, ジェイ・デイヴィッド 16

マ行

マイブリッジ, エドワード 73
マクルーハン, マーシャル 45, 49
マヌティウス, アルドゥス 61
マルコーニ, グリエルモ 82
見田宗介 19

メイロウィッツ, ジョシュア 50
モールス, サミュエル 82
森澤信吉 60

ラ行

ライプニッツ, ゴットフリート 25, 230
ラフォンテーヌ, アンリ 232
ランガナタン, シャーリ 21, 232
リュミエール兄弟 73

執筆者紹介 (執筆順)

根本　彰［編者］(東京大学大学院教育学研究科教授)［担当：シリーズ刊行にあたって，1.4, 6］
影浦　峡(東京大学大学院教育学研究科教授)［担当：1.1］
海野　敏(東洋大学社会学部教授)［担当：1.2, 2］
三浦太郎(明治大学文学部准教授)［担当：1.3］
三輪眞木子(放送大学教養学部教養学科情報コース教授)［担当：3.1］
河西由美子(玉川大学通信教育部・教育学部准教授)［担当：3.2］
倉田敬子(慶應義塾大学文学部教授)［担当：4］
芳鐘冬樹(筑波大学図書館情報メディア研究科准教授)［担当：5.1, 5.3.1, 5.3.2］
鈴木崇史(東洋大学社会学部准教授)［担当：5.2, 5.3.3］

編者略歴

根本　彰

1954 年　福島県生まれ
1984 年　東京大学大学院教育学研究科博士課程単位取得退学
現　在　東京大学大学院教育学研究科教授

主要著作

『文献世界の構造』（勁草書房，1998）
『情報基盤としての図書館』（勁草書房，2002）
『続・情報基盤としての図書館』（勁草書房，2004）
『コミュニティのための図書館』（共訳，東京大学出版会，2004）
『つながる図書館・博物館・文書館』（共編著，東京大学出版会，2011）
『理想の図書館とは何か』（ミネルヴァ書房，2011）
『探究学習と図書館』（編著，学文社，2012）

シリーズ図書館情報学 1
図書館情報学基礎

2013 年 5 月 23 日　初　版
［検印廃止］

編　者　根本　彰（ねもと　あきら）

発行所　一般財団法人　東京大学出版会
　　　　代表者　渡辺　浩
　　　　113-8654 東京都文京区本郷 7-3-1 東大構内
　　　　電話 03-3811-8814　Fax 03-3812-6958
　　　　振替 00160-6-59964

印刷所　株式会社暁印刷
製本所　牧製本印刷株式会社

Ⓒ2013 Akira Nemoto, editor
ISBN 978-4-13-003491-3　Printed in Japan

JCOPY〈（社）出版者著作権管理機構 委託出版物〉
本書の無断複写は著作権法上での例外を除き禁じられています．複写される場合は，そのつど事前に，（社）出版者著作権管理機構（電話 03-3513-6969，FAX 03-3513-6979，e-mail: info@jcopy.or.jp）の許諾を得てください．

図書館情報学（library and information science）の
理論，歴史，技術，実務の各側面を対象とし，
その全体像を概説するシリーズ

シリーズ**図書館情報学**［全3巻］

シリーズ編者　根本　彰
Ａ５判並製／平均 280 頁／
第１巻 定価 3200 円＋税，第２巻・第３巻 予価 3000 〜 3200 円＋税

第１巻　図書館情報学基礎（根本　彰編）
　　第１章　知識と図書館情報学／第２章　メディアと知識資源／第３章　情報利用者と利用行動／第４章　学術コミュニケーション／第５章　計量情報学／第６章　図書館情報学をつくる
第２巻　情報資源の組織化と提供（根本　彰／岸田和明編）
　　第１章　情報資源の管理とアクセス／第２章　情報資源組織論Ⅰ／第３章　情報資源組織論Ⅱ／第４章　情報検索／第５章　ウェブ情報資源の管理とアクセス／第６章　情報資源と情報資源サービス
第３巻　情報資源の社会制度と経営（根本　彰編）
　　第１章　情報資源制度論の構造／第２章　情報資源管理の法的関係／第３章　情報資源経営の基礎／第４章　情報資源経営各論Ⅰ／第５章　情報資源経営各論Ⅱ